人間関係の学び方

人間性豊かな関係を育む
「ラボラトリー方式の体験学習」
の理論と実践

土屋耕治・楠本和彦・中村和彦 編

ナカニシヤ出版

はじめに

　この本は、関わりの体験をともにふりかえることを通して、自分自身の人との関わり方の特徴や人間関係について学ぶ方法（ラボラトリー方式の体験学習）について書かれています。

　ラボラトリー方式の体験学習は、南山短期大学人間関係科、南山大学人文学部心理人間学科、南山大学人間関係研究センターでの実践と研究をもとに、また、さまざまなラボラトリーの場での探究により育まれてきました。この体験学習に関する授業や公開講座のテキストとして長年用いられてきたのが、『人間関係トレーニング——私を育てる教育への人間学的アプローチ』という書籍でした。

　私たちの先輩である、津村俊充さんと山口眞人さんの編集による書籍『人間関係トレーニング』は、1992 年に初版が発行されました。その著者は、当時、南山短期大学人間関係科や南山短期大学人間関係研究センターに関わっていた 16 名でした。その後、章や執筆者が追加された第 2 版が 2005 年に発行されましたが、初版が発行されて 30 年以上が経ちました。

　『人間関係トレーニング』は、ラボラトリー方式の体験学習に関係する基本的な理論やさまざまな考え方が網羅された良書であり、全国の大学や看護学校における人間関係論の授業でテキストとして用いられてきました。もちろん、私たち編者および著者も授業や講座で用いてきました。

　そのような『人間関係トレーニング』の後継本となることを意識して、本書『人間関係の学び方——人間性豊かな関係を育む「ラボラトリー方式の体験学習」の理論と実践』は、執筆されています。

　2019 年度の南山大学人間関係研究センターの定例研究会で、新刊の発行をめざして、ラボラトリー方式の体験学習の基本的な理論を見直す継続的なディスカッションを始めました。このディスカッションに加わったメンバー 12 名のうちの大多数である 8 名は、第 2 版が企画された後に南山大学人間関係研究センターに加わったスタッフでした。「初版の著者から世代交代をした現在のスタッフの手で、ラボラトリー方式の体験学習の新しい本を出版しよう」という意気込みでスタートしてから 4 年以上のディスカッションや執筆の期間を経て、本書は誕生しました。諸先輩方からバトンを受け継ぎ、ラボラトリー方式の体験学習の現在地を描き出すことを心がけました。

　本書は、体験学習による人間関係論の授業を受講する大学生や社会人の講座受講者、ラボラトリー方式の体験学習を用いたプログラムを企画し実施するファシリテーターの方々を読者と想定して執筆されています。『人間関係トレーニング』と比べると、新たな理論や概念も含めて再構成していること、カウンセリングと臨床心理学に関わる内容を増やしたこと（第Ⅲ部と第Ⅳ部）、ファシリテーター向けの内容を加えたこと（第Ⅴ部と第Ⅵ部）などが刷新されています。

　本書を通して、私たちが体験から豊かに学ぶことがさらに可能になり、それを通して

将来、人間性豊かな関係、ひいては、人間性豊かな社会を築いていくことができる一助になれば幸いです。

　本書の刊行にあたり、大変な編集作業や出版にご尽力いただきましたナカニシヤ出版編集部の後藤南様、山本あかね様に厚く御礼申し上げます。

2024 年 10 月

編者　土屋　耕治・楠本　和彦・中村　和彦

「ラボラトリー方式の体験学習」の動画

https://youtube.com/watch?v=qaL0KnX2Hp0

(NanzanUniversityTV「【人文学部心理人間学科】体験学習の紹介（ロングバージョン）（2015 年度撮影）」)

南山大学人文学部心理人間学科で行われているのの授業の様子です。本書で紹介している「ラボラトリー方式の体験学習」の活動の様子が見られます。ごく一部だけですが、書籍だけではつかみきれない現場の雰囲気や様子をぜひご覧ください。

目次

はじめに　*i* ／ 本書の読み方　*viii*

第 I 部
ラボラトリー方式の体験学習のキーコンセプト

1 章　学び方としてのラボラトリー方式の体験学習　プロセスから、ともに学ぶ

- **1.1** 学び方としてのラボラトリー方式の体験学習　*2*
- **1.2** １つの事例　*3*
- **1.3** ラボラトリー方式の体験学習のステップ　*3*
- **1.4** 何を学ぶか　*4*
- **1.5** どのように学ぶか　*4*
- **1.6** 体験学習の探究サイクル　*4*

2 章　ラボラトリー方式の体験学習の基盤となる理念と構造

- **2.1** ラボラトリー方式の体験学習に関する歴史の概観　*8*
- **2.2** ラボラトリー方式の体験学習、T グループの基盤となる理念やねらい　*9*
- **2.3** 学習法における独自性　*10*
- **2.4** ラボラトリー方式の体験学習、T グループの構造　*11*

3 章　内省的で協働的な探究

- **3.1** 人間性豊かな関係とは　*16*
- **3.2** Lewin が参加者を場に招いたエピソードから　*16*
- **3.3** 内省的で協働的な探究を支えるキーワード　*17*
- **3.4** 個人の探究を支える「ジャーナル」　*18*
- **3.5** 学習や気づきが起こるプロセス　*18*
- **3.6** 狭義のラボラトリーと、広義のラボラトリー　*19*

4 章　フィードバックと自己成長

- **4.1** 人間関係トレーニングにおける自己成長　*20*
- **4.2** 対人関係における気づき――ジョハリの窓　*21*
- **4.3** 変革のプロセス――自己開示とフィードバック　*23*
- **4.4** ジョハリの窓の発展と応用　*26*

第 II 部
プロセスをとらえるための多様なレンズ

5 章　システムのさまざまなレベル

- **5.1** システム論　*30*
- **5.2** 相互作用のまとまりとしてとらえる　*30*
- **5.3** 「全体は、部分の総和とは異なる」　*31*
- **5.4** ラボラトリーというバウンダリー　*31*
- **5.5** システムの階層性　*31*
- **5.6** バウンダリーの任意性　*31*
- **5.7** 第 II 部のさまざまなシステムにおけるプロセス　*32*

6章 個人内プロセス

- 6.1 体験学習の探究サイクルにおける個人内プロセスについて　33
- 6.2 個人内プロセスで「今ここでの私」をとらえる　33
- 6.3 素材集めとしての個人内プロセス　35
- 6.4 身体感覚と感情を用いた個人内プロセスについて　36
- 6.5 創造的表現を用いた個人内プロセスについて　38

7章 対人間プロセス

- 7.1 対人間プロセスと対人コミュニケーション　42
- 7.2 コミュニケーションと言葉の発達　42
- 7.3 コミュニケーションプロセス・モデル──コミュニケーションのなかで何が起きているのか　43
- 7.4 コミュニケーションに影響を与える要因　47
- 7.5 ダイバーシティとインクルージョンの社会に向けて　51

8章 グループプロセス

- 8.1 グループでの人間関係を学ぶ意義　53
- 8.2 グループプロセスとは　54
- 8.3 プロセス・ゲインとプロセス・ロス──グループプロセスを学ぶ重要性　54
- 8.4 グループプロセスの諸要素　57
- 8.5 グループプロセスに気づく　61

9章 非構成グループにおけるプロセス

- 9.1 非構成的なグループ・アプローチで扱える事柄　63
- 9.2 Tグループの枠組み　63
- 9.3 グループ体験での学びの要因──Yalomのグループの治療要因を参考に　64
- 9.4 グループにおけるGibbの4つの懸念　65
- 9.5 グループの発達　65
- 9.6 集団の無意識の過程──Bionの基本的想定　67
- 9.7 相互作用のなかに現れる投影、防衛　67
- 9.8 非構成グループのファシリテーター介入による4つの機能　68
- 9.9 非構成グループのファシリテーターの留意点　69
- 9.10 人間関係を学ぶ機会に　70

#
ラボラトリー方式の体験学習に活かすカウンセリングの観点　人間性心理学的アプローチから

10章 ラボラトリー方式の体験学習におけるカウンセリングの位置づけや影響

- 10.1 ラボラトリー方式の体験学習とカウンセリングの関わり　72
- 10.2 ラボラトリー方式の体験学習にカウンセリングを取り入れた具体例　73

11章 心理的成長とそれを促す態度・関わり

- 11.1 カウンセリングと心理的成長　75
- 11.2 体験学習と心理的成長　76
- 11.3 実現傾向を促進する関わり　77

12章　傾聴（アクティブリスニング）

12.1 人間尊重の態度が前提となる　*81*
12.2 具体的な言葉かけ　*81*
12.3 話し手に伝わっていなければならない　*83*

13章　自己概念と経験・自己理解

13.1 経験と自己概念　*84*
13.2 経験と自己概念との関係　*85*

14章　フォーカシング

14.1 フェルトセンス　*87*
14.2 クリアリングスペース　*88*
14.3 フォーカシング簡便法　*89*

15章　ゲシュタルト療法

15.1 気づきを重んじるゲシュタルト療法　*91*
15.2 自己への気づき、他者への気づきのために　*93*

コラム　「ラボラトリー方式の体験学習」と私――「Ｔグループ」と「エンカウンター・グループ」　*97*

第 Ⅳ 部
ラボラトリー方式の体験学習に活かすカウンセリングの観点　心理臨床の知見から

16章　待つ、沈黙

16.1 カウンセリングにおける「待つ」　*102*
16.2 カウンセリングにおける「沈黙」　*103*

17章　語ること　言語化・象徴化について

17.1 はっきりと自覚できていない体験とその影響　*105*
17.2 「話す」と「語る」　*106*
17.3 語ること・悩むこと・象徴化の過程　*107*

18章　洞察、気づき

18.1 洞察　*109*
18.2 気づき　*110*

19章　無意識、イメージ

19.1 無意識　*113*
19.2 イメージ　*115*

第 部
グループプロセスに働きかけるファシリテーション

20章 ファシリテーションとは？

- 20.1 ファシリテーションの広さと第Ⅴ部での焦点づけ　*118*
- 20.2 話し合いのファシリテーションがなぜ必要とされているのか？　*119*
- 20.3 何を促進するのか？　*121*

21章 プロセスに働きかける

- 21.1 プロセスに働きかける目的　*123*
- 21.2 グループプロセスに働きかけるファシリテーターの力を養うために　*125*
- 21.3 グループプロセスに働きかけるファシリテーターに必要な態度　*126*

22章 グループの話し合いのファシリテーション

- 22.1 ファシリテーターの関わる領域――グループプロセス・コンサルテーション　*128*
- 22.2 ファシリテーターが扱う領域――タスク・プロセスとメンテナンス・プロセス　*128*
- 22.3 グループへのエントリー　*129*
- 22.4 話し合いにおけるファシリテーターの視点と働きかけ　*130*
- 22.5 介入のタイプ――働きかけのマトリックス　*131*
- 22.6 グループ・ダイナミックスに気づく10の手がかり　*131*
- 22.7 ファシリテーターが意味のあるインパクトをもたらすために　*132*

23章 長期的なグループの発達・成長をめざして

- 23.1 課題達成の促進とグループの発達の促進　*134*
- 23.2 先導型と伴走型のファシリテーション　*135*
- 23.3 組織開発というアプローチ　*135*

第 部
ラボラトリー方式の体験学習の設計と実践

24章 体験学習プログラム設計の6段階

- 24.1 プログラム設計のステップ　*138*
- 24.2 ステップ1：プログラム設計に向けての準備　*139*
- 24.3 ステップ2：学習者の理解（ニーズ調査）　*139*
- 24.4 ステップ3：学習目標と成果の設定　*139*
- 24.5 ステップ4：プログラム設計・立案　*139*
- 24.6 ステップ5：プログラムの実施　*140*
- 24.7 ステップ6：プログラム実施後の評価　*140*

25章 設計する

- 25.1 プログラム設計の土台となるもの　*141*
- 25.2 ステップ1：プログラム設計に向けての準備　*141*

25.3 ステップ2：学習者の理解（ニーズ調査） *144*
25.4 ステップ3：学習目標（ねらい）の設定 *145*
25.5 ステップ4：プログラム設計・立案 *146*

26章 実施する

26.1 プログラムの開始 *150*
26.2 課題の実施 *151*
26.3 ふりかえり *152*
26.4 さらに体験学習の探究サイクルを深めるために *155*
26.5 全体を通しての留意点 *155*

27章 体験学習プログラムをふりかえる（評価する）

27.1 プログラム評価の概観 *158*
27.2 体験学習プログラム評価のための情報源 *162*
27.3 評価の進め方——ファシリテーターによるふりかえりミーティング *163*

28章 体験学習プログラムのバリエーション

28.1 非構成的な体験と構成的な体験 *166*
28.2 実習のバリエーション *166*
28.3 プログラムを設計する際の実習の選び方 *169*

コラム 体験学習の成果をどうとらえるか *172*

おわりに *175* ／ 索 引 *176* ／ 執筆者紹介 *180*

本書の読み方

本書は、人間性豊かな関係を育むための学び方である「ラボラトリー方式の体験学習」について紹介するものです。ラボラトリー方式の体験学習とは、関わりの体験（例：ペアで実習に取り組む、グループで課題に取り組む）をもとに、参加者がその体験をともにふりかえりながら、人間関係や人間について探究していく学び方です。

初めて触れる方でも理解しやすくなるように、まずは、本書の構造を説明します。図1に本書の各部の関係を示しました。

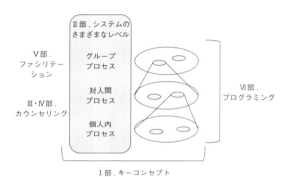

図1　本書における各部の関係

第Ⅰ部は、ラボラトリー方式の体験学習についての概説です。ラボラトリー方式の体験学習を通して学びを深める手がかりとなるいくつかの考え方をご紹介します。具体的には、本書で初めて紹介する「体験学習の探究サイクル」、学びの構造や歴史、価値観、また、ともに学ぶ際に鍵になるフィードバックについて解説しています。

第Ⅱ部では、人と人との関わりのなかで起こってくることをとらえるさまざまな視点を紹介します。ラボラトリー方式の体験学習で行われる実習には、個人（自分自身について）の気づきを高めるもの、1対1のコミュニケーションで起こるプロセスについて学ぶもの、グループで起こっているプロセスについて学ぶもの、などがあります。具体的には、やりとりについて、個人内、対人間、グループという視点から、ラボラトリー方式の体験学習を通して得られる学びを補強する基本的な諸理論を紹介していきます。これらは、何をどのようにふりかえるのかについて、さまざまな視点を与えてくれるでしょう。

第Ⅲ部と第Ⅳ部は、カウンセリング理論についてです。自分自身に気づき、効果的で援助的なコミュニケーションができるようになるための、カウンセリングや臨床心理学に関連する諸理論を解説しています。これらは、ラボラトリー方式の体験学習という学び方を通した、人間性を大切にする支援的な関わりを考える際に有効になるでしょう。

第Ⅴ部では、グループで効果的かつ健全な話し合いができるようになることをめざしたファシリテーションについて紹介します。グループの関わりのなかで起こってくることをどうとらえ、それに伴走していくことができるのかについて解説しています。

第Ⅵ部では、体験学習のプログラムを設計し、ファシリテーターとして実施していく際の過程や留意点を概説しています。参加者が安心安全に体験し、また、その体験から十二分に学びを深めていくために、どのように場を作っていくのかについて解説しています。

もちろん全部をお読みいただくとよいのですが、関心に応じて、組み合わせて読み進めていただくこともできます。たとえば、カウンセリングの観点からは、「Ⅰ部＋Ⅱ部の個人内・対人間プロセス＋Ⅲ・Ⅳ部」を、グループへのファシリテーションという観点からは、「Ⅰ部＋Ⅱ部のグループプロセス＋Ⅴ部」を、Tグループ体験については、「Ⅰ部＋Ⅱ部の非構成グループのプロセス」を、体験学習の設計と実施には「Ⅰ部＋Ⅵ部＋Ⅱ部の該当するシステムのレベル」を、というものです。

また、巻末に索引もつけていますので、キーワードをもとに、関連する箇所をお読みいただくのもよいのではないかと思います。

第 I 部

ラボラトリー方式の
体験学習の
キーコンセプト

　　この本でご紹介する学び方は、ラボラトリー方式の体験学習という学び方です。ラ
ボラトリー方式の体験学習とは、関わりの体験（例：ペアで実習に取り組む、グループ
で課題に取り組む）をもとに、参加者がその体験をともにふりかえりながら、人間関
係や人間について探究していく学び方です。その際、学習の内容（コンテント）だけで
はなく、どのように関わったか、そこでの個々人の経験（行動、感情、思考、願望）
や、関わりで起こってきたことにも目を向けて、そこから学びを深めます。
　　第 I 部では、キーコンセプトとして、関わりの過程（プロセス）からともに学ぶ学び
方や、基盤となる理念や構造や価値観、ともにふりかえる際に鍵となるフィードバッ
クについて紹介をしてきます。

1章

学び方としての
ラボラトリー方式
の体験学習

プロセスから、
ともに学ぶ

本章で取り上げていること

ラボラトリー方式の体験学習では、人との関わりにおける自分を知っていく、他者を知っていく、関わりについて理解を深めることなどに取り組むことができます。こう書くと、とてもシンプルなことのように思えるかもしれませんが、自分とは違う他者を認めていくことはとても奥深いものです。
　この章では、ラボラトリー方式の体験学習をより豊かな学びとするために、いくつかの道具をご紹介したいと思います。

1.1　学び方としてのラボラトリー方式の体験学習

　ラボラトリー方式の体験学習は、「特別に設計された人と人とが関わる場において、"今ここ"での参加者の体験を素材（データ）として、人間や人間関係を参加者とファシリテーターがともに学ぶ（探究する）方法」（津村，2010，p. 173）と説明されています。ラボラトリーとは、実験室という意味です。日常とは違って、設定された関わりの場で探究するという意味合いが込められています（「トレーニング・ラボラトリー」または「ラボラトリー・トレーニング」というよび方もあります）（**図 1-1**）。

図 1-1　実習に取り組んでいる様子

　学習の場を設計し、その場を作り支える人は**ファシリテーター**とよばれます。ファシリテーターは、ねらいを設定し、実習課題を用意し、その後のふりかえりやわかちあいの場を進行していきます（詳細は第Ⅴ部参照）。この形（実習が準備され、ふりかえり、わかちあいと区切られた構造をもつもの）は**構成的なグループ・アプローチ**とよばれます。
　それに対して、ラボラトリー方式の体験学習の1つであり、原点と考えられているものが**Tグループ**（Training group）という学び方です。**Tグループは非構成的なグループ・アプローチ**とよばれ、構成的な実習とは異なり、とくに話題などが決められず、その場での相互作用を学びの素材として、5泊6日などのプログラムで進める学び方です（詳細は2章・9章参照）。
　ラボラトリー方式の体験学習は、人と人との関わりを通して、それを素材にしながら学んでいく

学び方であり、心にも触れていくものです。したがって、ファシリテーターの態度も含めて、場づくりもとても大切になります。

その学習過程は、自分についての弱さやできなさにも触れていくものであり、人の脆弱さが現れる場でもあります。ファシリテーターはそうしたことを心に留めながら、安心安全に丁寧に探究ができる空間を作り、そこに参加者を招き、場を支えていく必要があるでしょう。

1.2　1つの事例

ここで1つの例を紹介しましょう。グループでのコンセンサス（合意形成）実習に参加した例です。

グループの課題は、メンバー各自が与えられた課題について1人で決定をした後に、グループで1つの決定をすることです。一緒の意見の人もいて、少し安心するとともに、違う意見の人もいて、どうしたものかと悩みました。丁寧に話を聞いていくと、その人の見方も一定の理由が見えてきました。時間が来て、個人としての意見はもちつつ、グループとして何を大事にしていくかという軸が見えてきて、最終的に決定していくことができました。

その後、ふりかえり用紙にあげられた観点でふりかえりを書いた後、オープンにしてよいところを紹介し合う時間が設けられました。

すると、少数派の意見の人は心細さを感じていたということが話されました。また、意見の違いは、性別の違いだと理由づけをして考えていましたが、表明されていないだけで、個人の違いのほうが大きいことが見えてきました。どうやら、話し合いの場には、そうした違いは出てきにくいこともわかりました。

自分は、Aさんの意見に「確かにそういう視点もあるね。考えていなかった」と発言しましたが、それは、Aさんをとても勇気づける言動となっていたこと、また、「誰かが意見を譲らなくてはいけない」という見方をもっていたが、グループとして何を大事にしていくかがわかると、それ以外の可能性もあることが実感できました。

ともにふりかえりを行い、他の人の経験を聞かせてもらうなかで、自分自身が何を大事にしていたのかが明確になってきました。

1.3　ラボラトリー方式の体験学習のステップ

上の例のように、ラボラトリー方式の体験学習は、主に次の3つのステップを踏んで行われることが多くあります（図1-2）。

①関わりの体験
②個人でふりかえる
③ともにふりかえる（わかちあい）

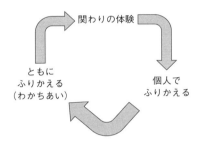

図1-2　ラボラトリー方式の体験学習のステップ

関わりの体験への参画の後、いくつかの観点で意識化をした後、「**わかちあい**」とよばれる時間では、個人のふりかえりを通して意識化された部分のうちオープンにしてよいものを紹介し合います。共通に体験した時間について一緒にふりかえる**共同ふりかえり**（joint reflection）の時間は、ラボラトリー方式の体験学習の特徴です。

共通に体験した関わりの体験をともにふりかえることは、さまざまな気づきをもたらします。同じ見方をしていたことと、違う見方をしていたことが見えてきます。また、関わりの場で出てきた事柄の背後にあったこと、そこで起こってくるさまざまな事柄の相互関係についても知ることができます（図1-3）。関わりの体験の場で見えやすいことが実線のなかだとすると、ともにふりかえることで見えてくることが点線内の部分です。つまり、ともにふりかえることで、個々人が体験したことと相互作用が関連づけられて理解を深める機

会となります。

ここまでみてくると、ラボラトリー方式の体験学習は、日常の人間関係と連続上にありながら、その自然状態では起こってこない枠組みを設けることで、**人間関係**について探究していくことができる場であるといえるでしょう。

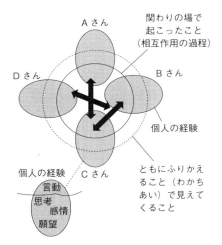

図1-3　個人の経験と、ともにふりかえることで見えてくること
※個人の経験：実際にとった言動と、その背後にあった思考、感情、また願望を氷山図で表したもの

1.4 何を学ぶか

ラボラトリー方式の体験学習では、何を学んでいくのでしょうか。ラボラトリー方式の体験学習は、学習者中心の教育という考え方にもとづいています（2章参照）。

どちらに進んだらよいかは、どちらに進みたいかによって決まります。人間関係について、関わりを通して自らが探究したい事柄を設定しつつ、場に臨んでいきます。したがって、何を学ぶかについての自由度は高くなります。

ラボラトリー方式の体験学習というのは、学び方であり、何を学ぶかということは、他のものとの組み合わせによって設定することができます（図1-4）。思いもよらないことに気づくことになる、ということも、ラボラトリー方式の体験学習の醍醐味といえるかもしれません。

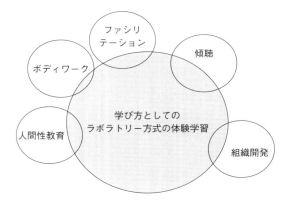

図1-4　学び方としてのラボラトリー方式の体験学習と組み合わせる学習内容

1.5 どのように学ぶか

ラボラトリー方式の体験学習では、体験の場でテーマとされること（**コンテント**自体）と同時に、どのように、また、何から学ぶか（**プロセスから学ぶ**）という点を重視します。次節に挙げる体験学習の探究サイクルを足がかりにしつつ、学びを進めてください。

体験学習の場への参加を通して、とても多くの学びの素材が得られますし、それが得られる仕掛けがとても多く設けられています。自分自身について、「他の人が話していることを聞いて」「自分の他の場面での事柄と対比して」など、さまざまに探究していくことができるでしょう。

1.6 体験学習の探究サイクル

個人のなかでどのようなことを意識しながら体験学習の場に参加するとよいのかについて、**体験学習の探究サイクル**（図1-5）というモデルを紹介したいと思います。

このモデルは、4つの段階を経ることで、関わりの体験が学びとなっていく過程を示します。ラボラトリー方式の体験学習では、個人が各段階を意識し、そこに留まりながら学んでいくことが求められます。実習とそのふりかえりという時間の流れと、これらのサイクルを関連づけて考えていただいてもよいですし、また、1つの実習体験の

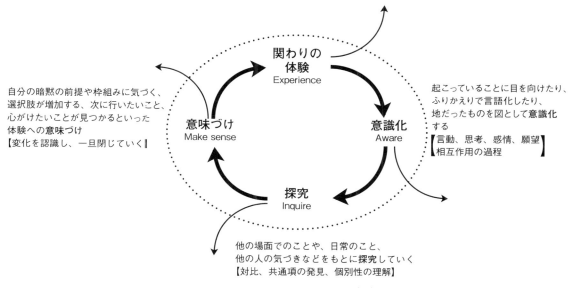

図 1-5 体験学習の探究サイクル [注1]
点線内がラボラトリー方式の体験学習の場で行われること

最中でも、意識化し、過去と対比して探究するという経験がされることもあるでしょう。

このサイクルの各段階は、体験学習の一連の流れに1対1で対応するというよりは、個人が学びを得ていく際に意識するとよいモデルととらえてほしいと思います。

それぞれの段階から矢印は2つ出ています。各段階において、次の段階に回るものもあれば、次の段階に回らない、回さないものもたくさん存在します。たとえば、「関わりの体験」からの2本の矢印は、意識化されたものもあれば、そうでないものもあることを指しています。意識化できない、あるいは、意識化しないという選択もあるかもしれません。

ラボラトリー方式の体験学習の場は、点線で囲われたところです。それぞれの段階に少しずつ留まりながら、自分を知っていく、他者を知っていく、関わりについて理解を深めていく場だということができるでしょう。

1.6.1 関わりの体験

第1段階は、「関わりの体験（に参加する）」です。ラボラトリー方式の体験学習では、実習とよばれる関わりの場が設けられることが多くあります。そこでは、一定のルールや枠組みが設定され、関わりの体験がもたれます。たとえば、グループで問題解決に取り組んだり、合意形成をしたり、話し合いを行ったりします。

関わりの体験において大事なことは、"今ここ"の経験を十二分に体感して過ごすことです。それが、この後の段階においても有効になります。

1.6.2 意識化

(1) 図と地

第2段階は、「意識化（する）」です。関わりの体験において起こっていたこと、感じたことなどに目を向けていく段階です。何を意識化するかについては、**コンテント**と**プロセス**という枠組みが有効になるでしょう。コンテントとプロセスの関係の理解には「**図と地**」の概念が役に立ち、ルビンの壺（**図 1-6**）の説明がわかりやすいと思います。ある部分を図とみなすことによって、それ以外の部分は地となります。一方、地となっていたところに意識を向けることで、その部分が図となり、それまで図だった部分は地となります。

関わりを通して話題、課題に取り組んでいくとき、何について話していたかといった話題や課題などを**コンテント**とよびます。これはふだん、図

図1-6 ルビンの壺

になっているところです。その背景として、つまり、地として存在しているものを**プロセス**とよびます。

　図と地が切り分けられるには、図と地の境界線を引いていく必要があります。ある部分を切り取って、地から図が浮かび上がること、それが意識化です。意識化の段階では、地であるプロセスにも目を向けていきます。

　どういった観点で体験に意識を向けていくかは、参加者のもつ視点によるところが大きいでしょう。例えば、関わりのなかで起こってきたことを、**暗黙の約束事（グループ・ノーム）**という点で見たときには、さまざまなノームの存在について気づくことがあるかもしれません。これは、ノームという観点で体験を見直したことで、ある部分がそのグループに存在していたノームとして（図として）浮かび上がり、意識化されたといえるでしょう。

　意識化は、関わりの体験のときに自分のなかで起こっていたことに目を向けていく作業でもあります。自分が取り組んでいたこと、関わりの場で言葉にしたこと、行動したことが図だとすると、その背景にあったこと、氷山図（**図1-3**参照）でいえば、思考、感情、願望に目を向けるのです。

（2）ふりかえりの観点

　意識化の段階を促進するものとして、**ふりかえり用紙**が用いられることがあります。言語は図と地を切り分ける道具でもあるので、ふりかえり用紙を書く作業は意識化の作業でもあります。

　意識化の段階では、いくつかの観点で関わりのなかで起こってきたプロセスをふりかえることになります（**表1-1**）。

表1-1　意識化されるプロセス

①個人のなかで起こっていたこと（経験したこと：自分・相手の言動で観察したこと、考えたこと、感じたこと、それらの背後にある願望）

②時系列に沿った変化

③相互作用の過程（上記2つの組み合わせを通して）

①意識化の第1の観点：個人のなかで起こっていたことを深堀りするようなふりかえり。特定のコンテントに紐付けながら、自分のなかでどんなことが起こっていたのかというプロセス、すなわち経験したこと（何を見て、考え、感じ、望んでいたのか）についてふりかえる。

②意識化の第2の観点：時系列に沿った変化についてのふりかえり。「こうした経験をしながら、時間の変化に伴って、このような感覚をもっていった、このような考えをもった、こうした望みを抱くようになっていった」などということ。

③意識化の第3の観点：やりとり（相互作用）に関するふりかえり。関わりの過程をどのように見ていたのか（例：グループプロセス）という観点でふりかえっていく。この部分の表現は、第1、第2の視点の組み合わせという形を取ることになる。たとえば、「自分はグループのことについて、このようなやりとりの型が最初に起こっていたと見ていたが、Aさんの言動がきっかけで、こういうやりとりの型に変化していったように感じた」というふりかえりがありえる。関わりの場で起こっていたさまざまな要素がコンテントも含めて相互に影響し合いながら進んでいくことが見えてくるかもしれない。

　ここで挙げたように、何に関して意識化していくかには、とても多くのことがあります。意識化の内容は、関わりの場のねらいや、参加者の意識化したい事柄によって変わってきます。ファシリテーターによってねらいが設定されることで、そ

の点に注意が向きやすくなったり、特定の事柄が意識化されやすくなることもあるでしょう。

なお、第Ⅱ部では、どういう観点で体験をふりかえるのか、さまざまなレベルで紹介しています。

1.6.3 探究

体験学習の探究サイクルの第3段階は、「探究（する）」です。意識化されたさまざまな事柄について、探究をしていく段階です。

ここにはさまざまな素材がもち込まれます。自分が体験したこと、意識化したこと、他の人が意識化したこと、わかちあいを通して紹介した視点、などです。また、自分自身が過去に他の場面で経験したことや見聞きしたこと、知識としてもっていることもここにもち込まれます。

それらが対比されたり、共通項や個別性が見出されたりしていきます。具体的には、「ここではこういうことが起こっていて、自分が感じたことはこういうことだったけど、他の人のなかではこういうことが起こっていた」などということを理解していくことになるでしょう。

また、メンバーの間に起こっていたことの理解、コンテントとプロセスの相互影響関係や、その時系列的変化のモデル化も、探究サイクルに入ります。これらは、関わりの場の状況や文脈、他の場面での状況や文脈も含めて探究されます。他の場面との共通性のなかで、行動や思考が繰り返される型（パターン）が見出されたり、法則が抽出されたり、大事だと考えていたことの優先順位が変わったりする可能性も探られるでしょう。

1.6.4 意味づけ

体験学習の探究サイクルの第4段階は、「意味づけ（る）」です。探究の段階で対比、類推、分析などを加えるなかで、気づいたこと、新たにわかったことなどがあったかと思います。それらを、日常や他の場面との関連で意味づける段階です。これまでの経験、知識、枠組みのなかで、ここまでの段階で探究したことを位置づけることでもあります。

①意味づけの第1の観点：自分の前提としていることや枠組みに気づくこと。自分が無自覚にもっていた前提に気づくこともあるだろうし、自分が大切にしていることに改めて気づくこともあるかもしれない。

②意味づけの第2の観点：選択肢が増加したり、次に行いたいこと、心がけたいことが見つかる。自分の前提や、もっていた枠組みに気づくことで、似たような状況や異なる状況での選択肢が増えることがある。「こういう状況において自分はこれまでAという方略しかとっていなかったが、Bという選択肢もあり、そのときの状況にもとづきAかBかを選択できるようになる」ということもあるだろう。

意味づけは、関わりの体験から意識化して探究したものについて変化を認識し、いったん閉じるという意味ももっています。日常と非常に乖離した状況での体験は、「いろいろな人がいるな」としか意味づけできないこともあるかもしれません。いったんは、そのように意味づけをし、探究を位置づけることが必要なこともあるでしょう。

ただ、ここでの意識化、探究、意味づけされたものが、次の機会の探究サイクルで扱われることもあります。いったん閉じつつ、いつかの体験に向けて開いていることもあります。そういった意味でも、ときには無理な意味づけをしないことも大事になってくるでしょう。

注

1 図 1-5 は、Kolb の経験学習のモデル（1984）、Korthagen et al. の ALACT モデル（2001）、体験学習の EIAHE' のモデル（1992）、津村の体験学習の循環過程（2019）をもとに構成した。

引用文献

Kolb, D.（1984）. *Experiential learning: Experience as the source of learning and development.* Prentice Hall.

Korthagen, F., Kessels, J., Koster, B., Lagerwerf, B., & Wubbels, T.（2001）. *Linking practice and theory: The pedagogy of realistic teacher education.* Lawrence Erlbaum Associates.（武田信子（監訳）（2010）. 教師教育学——理論と実践をつなぐリアリスティック・アプローチ　学文社）

津村俊充（2019）. 改訂新版 プロセス・エデュケーション——学びを支援するファシリテーションの理論と実際——　金子書房

津村俊充・山口真人（編）（1992）. 人間関係トレーニング——私を育てる教育への人間学的アプローチ　ナカニシヤ出版

2章

ラボラトリー方式の体験学習の基盤となる理念と構造[注1]

ラボラトリー方式の体験学習は、長い歴史をもち、取り組まれている領域や目的も多岐にわたります。本章は、南山短期大学人間関係科（以後、人間関係科）および、その流れを汲む南山大学人文学部心理人間学科（以後、心理人間学科）において筆者が経験したラボラトリー方式の体験学習に関して、**人間性心理学**[注2]や**人間性教育**[注3]、**人間中心の教育**[注4]の観点を中心に記します。筆者の体験にもとづいた範囲に限定されることを了解ください。

2.1 ラボラトリー方式の体験学習に関する歴史の概観

1947年に初めて、アメリカのメイン州ベセルで、現在のTグループの原型となった**トレーニング・ラボラトリー**（集中的なグループ経験）がNTL[注5]によって開催されました（Benne, 1964 坂口・安藤訳 1971, pp. 115-121 ; Bradford et al., 1964, p. vii）。

このタイプのトレーニング・ラボラトリーが、1958年に第1回教会集団生活指導者研修会が開催されることによって日本に導入されました。こ

本章で取り上げていること

まず、ラボラトリー方式の体験学習の歴史を概観し（2.1節）、ラボラトリー方式の体験学習について、基盤となる理念やねらいに着目してその特徴を記していきます（2.2節）。その後、ラボラトリー方式の体験学習の学習法における独自性（2.3節）、ラボラトリー方式の体験学習やTグループの構造について記します（2.4節）。

	1日目	2日目	3日目	4日目	5日目	6日目
9:00		朝食	朝食	朝食	朝食	朝食
		Tセッション2	Tセッション6	Tセッション9	Tセッション12	全体会6
10:15 / 10:30		ふりかえり用紙記入	ふりかえり用紙記入	ふりかえり用紙記入	ふりかえり用紙記入	閉会
11:00						
		Tセッション3	Tセッション7	Tセッション10	Tセッション13	
12:15 / 12:30		ふりかえり用紙記入	ふりかえり用紙記入	ふりかえり用紙記入	ふりかえり用紙記入	
		昼食	昼食	昼食	昼食	
14:00						
	開会	全体会2	全体会3	全体会4		
16:00	全体会1				全体会5-1	
		Tセッション4	自由	自由		
17:15 / 17:30		ふりかえり用紙記入				
18:00						
	夕食	夕食	夕食	夕食	夕食	
19:15						
	Tセッション1	Tセッション5	Tセッション8	Tセッション11	全体会5-2	
20:30 / 20:45 / 20:55	ふりかえり用紙記入	ふりかえり用紙記入	ふりかえり用紙記入	ふりかえり用紙記入	ふりかえり用紙記入	
	夜のつどい1	夜のつどい2	夜のつどい3	夜のつどい4	夜のつどい5	

図 2-1 「人間関係トレーニング」（T グループ）全日程の一例（楠本, 2020b, p. 72；楠本, 2016, p. 72 に加筆修正）

の研修会は、11泊12日の日程で山梨県清里の清泉寮において実施され、**Tセッションによる体験学習、理論学習、スキル訓練の三本柱**によって構成されていました（中堀，1984，pp. 11-23）。

現在のTグループは、初期のトレーニング・ラボラトリーに比べてTセッションの比率が増しているものの、全体会という構成的なグループ・アプローチのプログラムも実施されます。つまり、Tグループは、研修全体としては、**非構成的なグループ・アプローチ**であるTセッションを中心にしつつも、**構成的なグループ・アプローチ**をも包含した構造となっています（図2-1，山口，2005，pp. 12-16；楠本，2020b）。

2.2 ラボラトリー方式の体験学習、Tグループの基盤となる理念やねらい

ラボラトリー方式の体験学習には、基盤となる理念や価値観やねらいがあります。まずは、人間関係科の教育について取り上げ、次にラボラトリー方式の体験学習の源流であるNTLの初期の研究者・実践家たちの考えを確認します。

山口（1997，p. 109）は、人間関係科の教育を人間性教育としてとらえ、基本的な原理として、**「1人ひとりの人が大切にされる」**ことを挙げています。人間関係科の教育の主要なねらいは**「人間的な成長」**であり、キリスト教的な人間観を基盤として、愛することや対話的であることも人間関係科の教育のフィロソフィであるとしています。その原理を実現させる学習方法は、**「プロセスから学ぶ」「体験学習」**であり、体験学習を成り立たせるためには学生と教師が1つの**「学習共同体」**を形成していき、信頼関係を築くことが必要だとしています。

NTLの初期の研究者・実践家（教育革新者）たちは、科学のもつ価値、**民主主義**のもつ価値、**助力関係**（helping relationship）のもつ価値に重大な関心をもっていました。トレーニング・ラボラトリーは、それらの価値に対して知的な主体的関与を促進するように設計されていました（Bradford et al., 1964 三隅訳 1971, pp. 10-16）。

ラボラトリー方式の体験学習の一形態であるTグループもある種の価値観や人間観にもとづいています。山口（2005）は、Tグループがもっている価値観として、**「人間の尊厳」「関係の中に生きる」「いまここに生きる」「現実吟味」**を挙げています。そして個別のTグループのねらいとして、次のことを挙げています（pp. 13-14）。

- 個人の人格的成長
- 対人関係能力の向上
- 人間尊重のグループワークや組織開発のスキルの向上

心理人間学科の「人間関係トレーニング」（Tグループ）のねらいの一例を図2-2に挙げます（楠本，2016，p. 72）。このねらいにも、**「いまここのプロセスから学ぶ」**方法の側面に加えて、**「1人ひとりを尊重する」**価値の側面が表現されています。

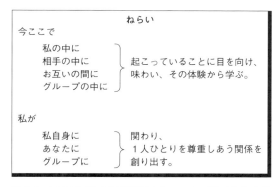

図2-2 2015年度「人間関係トレーニング」（南山大学人文学部心理人間学科科目）のねらい
（楠本，2016，p. 72）

このようにラボラトリー方式の体験学習やTグループは、それらが成立した当初から人間関係科や心理人間学科に受け継がれた後も、民主的で人間性を尊重する価値観や対話的・援助的な関係を重視する価値観をもっています。それらを実現する形として、**自らも関与するいまここのプロセス（体験）**から人間関係を主体的・協働的に学ぶ教育やトレーニングを大事に育んできました。ラボラトリー方式の体験学習やTグループは、**人間性心理学**の特徴をもった、**人間中心の教育**ととらえることができます。

2.3 学習法における独自性

2.3.1 分析的な思考を重視する

　ラボラトリー方式の体験学習やＴグループは人間性を重視した成長促進的な活動です。その実現のために**分析的な思考**を重視する価値観をもつことが、この学習・教育の特徴的な一面となっています。例えば、科学のもつ価値（Bradford et al., 1964, pp. 10-12）や、その場におけるプロセスのデータを集め、検討し、仮説化し、行動化しながら再びデータを集めるという現実吟味の循環過程（山口，2005，p. 13）の重視に、その一面が表れており、ラボラトリー方式の体験学習の特色となっています。

　エンカウンター・グループとラボラトリー方式の体験学習は類似の理念や観点をもちますが、グループ・アプローチにおける学習の場において、分析的な思考を重視する点はラボラトリー方式の体験学習に独自の学習観だと考えられます。

2.3.2 内容と方法の両方を同時に学ぶ

　ラボラトリー方式の体験学習は参加者に学習の場を提供し、**コンテント**だけでなく、その場で起こる**プロセス**からも同時に学ぶ構造となっています（6〜8章参照）。それらを同時に学ぶことを通して、「**学び方を学ぶ学習**」（星野，2005，p. 5）方法だということができます。共通点をもちつつもやや異なる観点から説明すれば、ラボラトリー方式の体験学習は、学習テーマやねらいの内容とそれを学びとる方法の両方、すなわち、「何を」「どのように」の両方を学ぼうとする学習法だということもできます。例えば、あなたがグループワークのなかで他者と相互理解を深めたいと思うとき、そのためにどのようなこと（内容、要因）が大事なのか、それをお互いの間にどのように作り上げていくのか（方法）の両方を、その相手と実際に関わることを通して探究していくのです。

2.3.3 学習者の主体的な学び

　ラボラトリー方式の体験学習は、前節に記したように人間中心の教育ですので、前段落で述べた両面を学習者が中心となって主体的・体験的に学ぶ場でもあります。どのようにすれば学べるのかを参加者とファシリテーターは模索し、参加者の学習が促進・深化することをめざす学習の場がラボラトリー方式の体験学習なのです。ファシリテーターがもっている専門的知識は、あくまで学習者の主体的な学びの補助として伝えられることはありますが、唯一の正解として教えるという形で提示されることはありません。

　このように、すでに確立した理論やスキルがあって、それらを学ぶために体験的なグループワークを使用する学習法と、ラボラトリー方式の体験学習とでは、学習観が根本的に異なるのです。

2.3.4 汎用性の高い教育・学習方法

　本節で取り上げているラボラトリー方式の体験学習の独自性について、柳原（1985）の考えで再確認しましょう。柳原（1985）は「ラボラトリー方式による体験学習とは、ここ（ラボラトリーとしての研修）に設定された学習目標（ねらい）の本質と方法とを、同時的、主体的、体験的に追求する教育（教え↔学ぶ相互作用）である」と定義しています。そして柳原は、人間関係の体験学習としてのラボラトリーは、「**関係的存在**」としての人間の本質を追求すると同時に、どのようにして効果的な諸関係を形成し維持すればよいかを学習するのだと解説しています。

　このように、**学習目標の本質と学習方法の二重構造**を指摘しています。さらに、体験学習の特徴として、「経験主義教育理論に基づくプロセスの重視[注6]」「学習者の主体性を尊重」「目標指向的」「学ぶ者同士の援助関係の重視」「学習の循環過程」を挙げています（pp. 70-76）（1章参照）。

　柳原（1985）による定義や特徴をふまえると、ラボラトリー方式の体験学習は、ある特定のトピックスに特化・限定されたものではなく、さまざまなトピックスに適用できる**汎用性**の高い教

育・学習方法であると考えることができます。

ラボラトリー方式の体験学習では、学習のねらいやプロセスから学ぶことや人間性の尊重などを重視し、それらの基本的要因が阻害されないことを前提とした枠組みにすれば、学習者は学習のコンテント（トピックス、テーマ）を幅広く、自由度高く選択することができます。そして、コンテントを追求する適切な方法を同時的に選択することができれば、体験的・協働的な学習において成果を得ることが可能になるのです。

2.4 ラボラトリー方式の体験学習、Tグループの構造

2.4.1 ラボラトリー方式の体験学習の構造

ラボラトリー方式の体験学習はその構造から、**非構成的なグループ・アプローチ**と**構成的なグループ・アプローチ**に大別できます（**表2-1**）。

（1）非構成的なグループ・アプローチ

非構成的なグループ・アプローチは、時間と人と場所だけがあらかじめファシリテーターによって決められているグループ・アプローチです。話題は事前に決められておらず、その時々に、メンバーによって話したいことや気がかりなことが自発的に選ばれ、語られます。話の進め方や展開もファシリテーターが決めるのではなく、メンバーが中心となって、随時、柔軟に決まっていくという**構造化の程度の低い形態**となります。心理人間

学科における授業を例にすると、「人間関係トレーニング」は、非構成的なグループ・アプローチである**T セッション**を中心とした**T グループ**による授業です。

（2）構成的なグループ・アプローチ

構成的なグループ・アプローチは、時間と人と場所に加えて、課題や作業内容もあらかじめファシリテーターによって決められているグループ・アプローチです。ラボラトリー方式の体験学習では、実習という形で、メンバーが取り組む課題・作業がファシリテーターから提示されます。**実習課題の実施**、その後のふりかえり用紙の個人記入、その**わかちあい**などメンバーが取り組む内容や手順や時間はファシリテーターによって、あらかじめ明確に決められている、**構造化の程度の高い形態**となっています。

例えば、**情報カードを用いた問題解決実習**では、グループ・メンバーが取り組む課題内容（問題）がファシリテーターから提示されます。その課題を考えるうえで必要な情報は、20 〜 30 枚のカードに記されており、5 〜 6 名のメンバーにカードが均等に配られます。メンバーは自分のカードを口頭で伝えつつ、自分たちに与えられている課題（問題）を知り、その答えを協働して考えていきます。

違うタイプの実習である**コンセンサス実習**では、ある課題がファシリテーターから提示されます。その答えをまずは個人で考え、自分の答えを決めます。その後、5 〜 6 名のメンバーからなる

表2-1 ラボラトリー方式の体験学習における非構成的なグループ・アプローチと構成的なグループ・アプローチの特徴（楠本, 2020a）

	長 所	短 所
非構成的なグループ・アプローチ	・深い自己理解・他者理解・相互理解、大きな自己成長・相互成長が生じる可能性がある ・構造化が低いため、多様で豊かなプロセスが生じ、そこから学ぶことができる可能性がある ・関係やグループの成長を体験的に実感できる可能性が高い	・2時間程度の短時間での実施は困難であり、3泊4日〜5泊6日程度の研修期間が必要となる ・1グループあたり、メンバー10名程度、ファシリテーター2名が適切な構成となるため、メンバーに対するファシリテーターの人数比は、構成的なグループ・アプローチに比べると大きくなる
構成的なグループ・アプローチ	・ねらいが明確に、焦点化されているプログラムであるため、ねらいに関する学びがより多くのメンバーに生じる可能性が高い ・2時間程度の短時間の研修が可能である ・少数のファシリテーターで、多数のメンバーに対する研修を実施できる	・非構成的なグループ・アプローチに比べて、多様で豊かなプロセスや大きな自己成長・相互成長は生じにくい

グループにそれぞれの答えをもち寄り、よく話し合い、グループとしての答えをコンセンサスで決定するという作業がファシリテーターから提示されます。

このように、構成的なグループ・アプローチでは、それなりにしっかりとした分量の仕事（課題）がファシリテーターからメンバーに示され、メンバーはその実習に取り組むことになります。

(3) それぞれの長所・短所

非構成的なグループ・アプローチは、構造化が低いため、次のような長所をもちます（**表2-1**）。

①深い自己理解・他者理解・相互理解、大きな自己成長・相互成長が生じる可能性がある。

②多様で豊かなプロセスが生じ、そこから学ぶことができる可能性がある。

③構成的なグループ・アプローチに比べて、長い期間にわたって実施するため、メンバーがお互いの関係やグループの成長を体験的に実感できる可能性が高くなる。

反面、次のような短所があります。

①構成的なグループ・アプローチに比べて、実施に長い期間が必要となる。

②メンバーに対するファシリテーターの人数比は、構成的なグループ・アプローチに比べると大きくなる（楠本，2020a）。

構成的なグループ・アプローチは次のような長所をもっています。

①ねらいが明確に、焦点化されているため、ねらいに関する学びがより多くのメンバーに生じる可能性が高くなる。

②ねらいが焦点化され、方法が構造化されているため、非構成的なグループ・アプローチに比べて、短時間で研修が可能。

③非構成的なグループ・アプローチに比べて、少ないファシリテーターでより多くのメンバーに対して実施可能。

反面、次のような短所があります。

①構造化が高いため、非構成的なグループ・アプローチに比べて、多様で豊かなプロセスや大きな自己成長・相互成長は生じにくいと考えられる（楠本，2020a）。

2.4.2 ラボラトリー方式の体験学習の構造の具体例

ラボラトリー方式の体験学習の構造を考えるにあたって、人間関係科や心理人間学科のカリキュラムから、特徴と特色のある授業を紹介します（山口，1997；山口・伊藤，1998；グラバア・中野，2011；他）。

人間関係科や心理人間学科で実施されるラボラトリー方式の体験学習は、**時間割に工夫がなされ**ています。通常の体験学習の授業は2コマ続き（約3時間）で実施されます。「人間関係フィールドワーク」は、1週間に1日（朝から夕方まで）学外の施設で実習を行います。Tグループを実施する「人間関係トレーニング」は、5泊6日で実施されます。このようにそれぞれの授業において、体験から学ぶために必要となる、ふさわしい時間の構造が設定されています。

ラボラトリー方式の体験学習の授業は、ほとんどの場合、**チームティーチング**で実施されます。授業前後の**スタッフミーティング**において、複数の教員によって多様な観点や発想から授業をふりかえり、次の授業プログラムを構成し、次の授業でそれを実施します。

授業の構造は、「学生が体験からどのような学びを得ることができるのか」「授業全体のねらいや学生個人のねらいを達成することができるのか」に影響する重要な要因の1つです。人間関係科や心理人間学科における特色ある授業として、(1)学外施設で実習を行う授業、(2)構成的なグループ・アプローチを実施する授業、(3)非構成的なグループ・アプローチを中心とした合宿型の授業を挙げることができます。これらの授業は、ラボラトリー方式の体験学習のプログラム例として、プログラムやカリキュラムを企画立案・実施する際に参考になると思います[注7]。

(1) 学外施設で実習を行う授業

学外施設で実習を行う授業として、「人間関係フィールドワーク」を挙げることができます。学生は約4か月間（2017年度以前は約9か月間）、選択した同一施設で1週間に1日学外実習を行

い、その体験や気づきを記したジャーナル（小レポート）を毎週提出します。教員はそれにコメントします。次週の学内授業でその体験や気づきをグループの他の学生や教員とわかちあうこと等を通して、学生は学びを深めていくことができます。

学生は、特別支援学校や成人の障がい者施設、高齢者の福祉施設、適応指導教室等の場で生きる人々と継続的に関わる体験をもちます。出会った当初は、対人関係における今までの体験にもとづいた自分なりの常識では相手とうまく通じ合えず、学生が当惑することも少なくありません。しかし、その当惑を乗り越えていくことによって、相手や自分の生き様により深く触れることができる可能性が開かれていきます。体験した異質性や多様性から、生きることや人間関係について多くの深い学びを得ていくのです。

(2) 構成的なグループ・アプローチを実施する授業

「人間関係プロセス論」や「体験学習実践トレーニング」は、構成的なグループ・アプローチによる授業です。

「人間関係プロセス論」には、ファシリテーション・アプローチとカウンセリング・アプローチという2種類の授業があります。これらの授業では実習が実施され、前者は主にファシリテーションやグループに関して、後者は主にカウンセリングやコミュニケーションに関して、体験から学ぶことができます。

「体験学習実践トレーニング」で、学生は構成的なグループ・アプローチのファシリテーター体験から体験学習について学ぶことができます（**図2-3**）。学生は関心別にグループを作り、オリジナル実習を作成し、それを他のグループの学生や教員に対して実施します。実施後、実習参加者からフィードバックを受けることによって、自分たちが作成した実習内容や自分たちのファシリテーションについてふりかえり、学ぶことができます。学生は、参加者経験からラボラトリー方式の体験学習に関する知識や見解やイメージをもっています。本授業においてファシリテーター体験をすることによって、学生はラボラトリー方式の体

験学習を新たな視点や感覚からとらえなおすことができるのです。

```
到達目標：
・ラボラトリー方式による体験学習の原理や特徴を理解している。
・体験学習を用いた教育プログラムの立案から実施までの留意点を習得している。
・体験学習のファシリテーターとしての関わり方の基礎を理解している。

日　程：
1.  9/16    講義「ラボラトリー方式の体験学習」と体験学習プログラムの体験①
2.  9/19    体験学習プログラムの体験②
3.  9/23    小グループで体験学習のプログラムを設計する①
4.  9/26    小グループで体験学習のプログラムを設計する②
5.  9/30    小グループで体験学習のプログラムを設計する③
6.  10/3    小グループで体験学習のプログラムを設計する④
7.  10/7    小グループで体験学習のプログラムを設計する⑤
8.  10/10   実習（体験学習プログラム）の実施とフィードバック①
9.  10/14   実習（体験学習プログラム）の実施とフィードバック②
10. 10/17   実習（体験学習プログラム）の実施とフィードバック③
11. 10/21   実習（体験学習プログラム）の実施とフィードバック④
12. 10/24   実習（体験学習プログラム）の実施とフィードバック⑤
13. 10/28   実習（体験学習プログラム）の実施とフィードバック⑥
14. 10/31   実習集原稿の完成
15. 11/7    学びのまとめ
```

図2-3　2019年度「体験学習実践トレーニング」のねらい（到達目標）と日程
（楠本, 2020b, p. 75；楠本・土屋, 2020, p. 99に加筆修正）

(3) 非構成的なグループ・アプローチを中心とした合宿型の授業

非構成的なグループ・アプローチを中心とした合宿型の授業には、**T グループ**を実施する「人間関係トレーニング」があります。T グループに関しては、次の2.4.3項で詳しく説明します。

2.4.3　T グループの構造

(1) T グループの構成

T グループは、T セッション、全体会、夜のつどい、自由時間等で構成されています（山口, 2005, pp. 13-15；**図2-1**）。

T セッションは、5泊6日の合宿の場合13〜14回程度実施されます。1回の T セッションは75分間で行われ、その直後にふりかえり用紙記入の時間（15分間）が設定され、各参加者がその T セッションにおける自分の体験や気づきを記します。

全体会はすべての参加者やスタッフが一堂に会し、T セッションとは異なる状況のなかで行われるプログラムです。

最初の全体会（**図2-1**の「全体会1」）では、多くの場合、**T グループ全体のねらい**が提示・共有

されたり、参加者が自分のねらいを明確化するプログラムが設定されます。Tグループでは、ねらいが重視され、その価値観・姿勢を実現する場として全体会1でねらいに着目する時間が設定されます。これはTグループに特徴的な構造の1つです。Tグループ全体のねらいは、開会前日にスタッフが集い、話し合い、合意された、この合宿全体のねらいです。それは、参加者との心理的契約の1つでもあり、スタッフも含めた参加者全員がめざそうとする目標でもあります。さらに、全体会1では参加者が自分個人のねらいを言葉にして明確化する時間がもたれます。個人のねらいは、セッションが進むにつれて、修正されたり、追加される場合も少なくないですが、自分がこのTグループで成し遂げようとする自分自身の目標であり、Tグループにおける自分のあり様のベースとなるものでもあります。

　合宿終盤には、Tグループ全体をふりかえる全体会が設定されます。この全体会ではそれまでの合宿全体（Tセッション、全体会、夜のつどい、自由時間等）を、個人でふりかえり（図2-1の全体会5-1）、それをTセッションのメンバーでわかちあうことを通して（全体会5-2）、気づきや学びを明確化します。この全体会は、合宿終盤という時期に、参加者が合宿での体験に目を向け、それらを合宿全体の流れのなかでふりかえり、自分としての現時点での意味づけを行うために実施されます。このプログラムを通して、それまで明確になっていなかった自分の感覚や気持ち、気づきや学びが意識化されることも少なくありません。

　このTグループ全体をふりかえる全体会は、Tグループが誕生した当初からあったものではなく、Tグループのプログラムが人間関係科において改良・開発されるなかで創出されました。このプログラムもまた、体験から学ぶというTグループの基本的姿勢・発想、目的の実現ととらえることができます。

(2) Tグループ導入当初の前提

　Tグループが日本に導入された最初期の研修会である第1回教会集団生活指導者研修会の開会で提示された「ラボラトリーとしてのこの研修会の

前提」は、Tグループの構造を端的にいい表しています（中堀，1984，pp. 12-13）。

①「ラボラトリーは特定の限定された領域の知識を取り扱う。（中略）このラボラトリーは、集団生活のフィールドで展開するように設計されている」。

②「ラボラトリーは隔離された状況である。（中略）それは"文化的孤島"ともいいうるものである。この意味では、ラボラトリーは"人工的"である。しかし、我々はここで相互の関係の中に生きている。つまりここでの生活には限界があるが、しかしなおそれは真実な生活である」。

③「ラボラトリーは、それ自身の生活の中で生み出された素材を取り扱う。我々の研究する集団生活（グループ・ライフ）は我々がここにつくり出すグループライフ（ママ）である」。

④「ラボラトリーは特定の目標と、それを達成するためにデザインされた方法からなっている。我々の目標は、メンバーとして、グループ状況での自らの行動を向上させることである。ラボラトリーではいろいろなものを組合せてこの目標を達成することを助けるように設計されている。またラボラトリーは試みの場でもある」。

　このようにTグループは、その状況のなかで生み出されたグループプロセスを分析し、学習できるように、特別に設計されています。その場で参加者は生き、相互に関わるのです。その場は、人工的ですが真実であり、参加者はそれぞれの目標（ねらい）に向けて主体的に試みを行い、その試みから自己やコミュニケーションやグループ等について学ぶことができます。

注
1　本章は、楠本（2020b）．Tグループを中心としたラボラトリー方式の体験学習 人間性心理学研究，*38*(1)，71-78. を大幅に改稿しました。
2　村山（1983）は人間性心理学の主な強調点として、次の7点を挙げています。①全体論（Holism）。パーソナリティを理解するために人間を全体として研究する。②現象学。もっとも重要なことは人間の直接経験であり、外側から見た行動ではない。③研究者

は経験の場に関与していることが必要であり、体験的な知識だけでなく、直接的、共感的な理解が重要である。④個性記述的アプローチ。個人の独自性を常に中心におく。⑤生育史や環境要因よりも、目標、価値、希望、将来を重視する。⑥行動を機械論的、還元主義的にみるのではなく、選択、創造性、価値、自己実現という人間独自の性質を強調する。⑦人間は与えられた刺激に反応する存在であるとともに、自ら前進的に行動していく存在である。人間行動の病んだ側面だけでなく、積極面を強調する必要がある（pp. 243-244）。ラボラトリー方式の体験学習は、これらの特徴を備えていると考えることができます。

3　伊東（1990）は、人間性教育が含む要素として以下の点を挙げています。①精神的健康を強調するもの、②個人的・人格的成長を重んじるもの、③グループ・ダイナミックスを適用するもの、④感情・情動を学習のなかに取り入れるもの（affective education）、⑤生徒中心の授業（student-centered teaching）。また、人間性教育は、人間性心理学やカウンセリングの観点を教育に適用する動きでもあるとしています。

4　Rogers（1980）は、人間を大切にする、人間中心の、過程を重視する学習方法（人間中心の教育）の特徴を9つ挙げています。そのうち、ラボラトリー方式の体験学習に関連がより深いものを挙げます。①前提条件。指導者、またはある状況で権威者と認められている人は、自分自身や他者との関わりにおいて安定し、学習者が自ら考え学ぶ可能性への基本的信頼を体験していること。②促進者が学習資料を用意する。自己の内面や自己の体験、書籍や文献、地域社会における経験を資料とする。学習者が自分の体験を資料とするよう、勇気づけられる。促進者は教室外の経験に扉を開く。③学習を促進する雰囲気がある。学校での討論や集会で真実さ、思いやり、理解的傾聴が顕著である。この雰囲気は最初はリーダーによって引き出されるが、学習過程が続くうちに学習者相互によって提供されるようになる。④学習の焦点は継続的学習の育成に置かれる。学習内容は重要であるが第二義とされる。課程の終了は、生徒が知る必要のあることをすべて学び終えたときではなく、知りたいことをどう学んでいけばよいかを十分に学習した時点とされる。⑤学習内容や意味の評価は基本的に学習者が行う。自己評価は他のグループメンバーや促進者の温かい意見によって影響され、かつ豊かにされる（pp. 279-281）。
　また、増田（2012）は、ハンドブックの「人間中心の教育」の項で、Rogers（1983）が求めた学習として「個人が具有する知性と感性、理性と直感、概念と経験などが相互に溶け合い、それぞれにおいて統合され、しかも、統合された学習のさまざま面（ママ）を明確に気づくような学習（全人学習　whole-person learning）」であるとして、そのような教育の事例であり、人間中心の教育の顕著な実践として、イマキュレート・ハート・プロジェクトを挙げています（p. 381）。

5　1947年当時の名称は、National Training Laboratory in Group Development、現在は、NTL Institute for Applied Behavioral Science です。

6　柳原（1985）は、内容（コンテントとしての知識）の軽視ではなく、内容が経験の枠組みのなかで理解されるようにするほうがより効果的な学習となる、と述べています。

7　心理人間学科の授業のシラバスは南山大学シラバスデータベースシステム（https://porta.nanzan-u.ac.jp/syllabus/）で公開されており、各授業の授業概要、到達目標、授業計画（各回の授業内容）などを参照できます。
　さらに詳細な授業内容は、南山短期大学人間関係研究センター紀要「人間関係」に掲載されています（南山大学人間関係研究センター webpage 内、紀要「人間関係」一覧 https://rci.nanzan-u.ac.jp/ninkan/publish/jcbulletin.html）。例えば、コミュニケーション・プロセスに焦点を合わせた授業である人間関係プロセス論B・Dの授業報告が掲載されています（星野他，1997）。

引用文献

Benne, K. D.（1964）. History of the T group in the laboratory setting. In L. P. Bradford, J. R. Gibb, K. D. Benne（Eds.）, *T-group theory and laboratory method: Innovation in re-education*（pp. 80-135）. John Wiley & Sons.（坂口順治・安藤延男（訳）（1971）. ラボラトリにおけるTグループの歴史　三隅二不二（監訳）感受性訓練——Tグループの理論と方法——（pp. 111-179）日本生産性本部）

Bradford, L. P., Gibb, J. R., & Benne, K. D.（1964）. Preface. In L. P.

Bradford, J. R. Gibb, & K. D. Benne（Eds.）, *T-group theory and laboratory method: Innovationin re-education*（pp. vii-x）. John Wiley & Sons.

Bradford, L. P., Gibb, J. R., & Benne, K. D.（1964）. Two educational innovations. In L. P. Bradford, J. R. Gibb, & K. D. Benne（Eds.）, *T-group theory and laboratory method: Innovation in re-education*（pp. 1-14）. John Wiley & Sons.（三隅二不二（訳）教育における2つの技術革新　三隅二不二（監訳）（1971）. 感受性訓練——Tグループの理論と方法——（pp. 1-19）日本生産性本部）

グラバア俊子・中野清（2011）. 大学教育における体験学習の未来　人間関係研究（南山大学人間関係研究センター），10，1-30.

星野欣生（2005）. 体験から学ぶということ——体験学習の循環過程——　津村俊充・山口真人（編）人間関係トレーニング第2版——私を育てる教育への人間学的アプローチ——（pp. 1-6）ナカニシヤ出版

星野欣生・大塚弥生・寺西佐稚代・中村和彦（1997）. 体験学習を用いたコミュニケーション能力の開発と個人の成長のための教育実践——『人間関係プロセス論B・D』の授業展開とその考察——　人間関係（南山短期大学人間関係研究センター），14，179-241.

伊東博（1990）. 人間性教育　國分康孝（編）カウンセリング辞典　誠信書房

楠本和彦（2016）. Tグループ（人間関係トレーニング）のコーディネーター（責任者）の役割・機能に関する一考察　人間関係研究（南山大学人間関係研究センター），15，59-72.

楠本和彦（2020a）. 半構成的なグループ・アプローチにおけるファシリテーション（2）　半構成的なグループ・アプローチの位置づけ——非構成と構成の中間としての形——　JCDAジャーナル，76，18-19.

楠本和彦（2020b）. Tグループを中心としたラボラトリー方式の体験学習　人間性心理学研究，38（1），71-78.

楠本和彦・土屋耕治（2020）. 南山大学人文学部心理人間学科科目「体験学習実践トレーニング」におけるオリジナル実習の作成と実施についての検討：実習「うた　えらび」　人間関係研究（南山大学人間関係研究センター），19，89-109.

増田實（2012）. 人間中心の教育　人間性心理学会（編）人間性心理学ハンドブック　創元社

村山正治（1983）. ヒューマニスティック・サイコロジー　岩波講座　精神の科学2 パーソナリティ　岩波書店

中堀仁四郎（1984）. JICE ラボラトリー・トレーニングの変遷　その1　人間関係（南山短期大学人間関係研究センター），創刊号，11-35.

Rogers, C. R.（1980）. *A Way of Being*. Houghton Mifflin.（畠瀬直子（監訳）（1984）. 人間尊重の心理学——わが人生と思想を語る——　創元社）

Rogers, C. R.（1983）. *Freedom to Learn of the 80's*. Bell & Howell.（友田不二男（監訳）（1985）. 新・創造への教育1　自由の教室　岩崎学術出版）

山口真人（1997）. ヒューマニスティック・エデュケーションの光と影——南山短期大学人間関係科の24年——　人間性心理学研究，15（1），108-117.

山口真人（2005）. Tグループとは　津村俊充・山口真人（編）人間関係トレーニング第2版——私を育てる教育への人間学的アプローチ——（pp. 12-16）ナカニシヤ出版

山口真人・伊藤雅子（1998）. 人間性教育を支える学習共同体の育成——人間関係科の教育理念と共同体づくりの柱について——　人間関係（南山短期大学人間関係研究センター），15，1-25.

柳原光（1985）. "人間関係訓練による"体験学習——トレーニングから学習へ——　人間関係（南山短期大学人間関係研究センター），第2・3号合併号，64-82.

3章

内省的で協働的な探究

本章で取り上げていること

この本のサブタイトルにもある「人間性豊かな関係」とは何を指すのか、また、それがラボラトリー方式の体験学習によって、どのようにもたらされるかということについてご紹介したいと思います。

3.1 人間性豊かな関係とは

　人間性豊かな関係とは何かをひと言で表すと、人間の尊厳を相互に大切にした関係といい換えることができるでしょう。かけがえのない1人として、相手を認めること、また、自分を認めることです。行動の背後に思考があり、感情があり、願望をもつ一個人としてお互いが出会うということでもあります。

　それは、相手が自分の思いどおりになるから、また、他の人の期待に応えることができるから私が存在するということとは異なる在り方です。そうではなく、1人ひとりが一個人として、代わりのいない存在であると知り合うのです。

　それでは、そうした関係はどのように探っていくことができるでしょうか。この本で紹介するラボラトリー方式の体験学習は、"今ここ"での**体験**をともにしながら、また、それをともにふりかえりながら学ぶ学び方です。次節から、ラボラトリー方式の体験学習で大事なキーワードや価値観を紹介することを通して、それらに触れたいと思います。

3.2 Lewinが参加者を場に招いたエピソードから

　Tグループ、また、ラボラトリー方式の体験学習の歴史を語る上で外せないのが、Kurt Lewin（クルト　レヴィン）がアメリカのコネチカット州で行ったワークショップに関するエピソードです。

　Lewinは、ナチスドイツから逃れてアメリカに渡った心理学者です。行動（b: behavior）は、パーソナリティ（p: personality）と環境（e: environment）の相互作用によって決まってくるという方程式（$b = f(p, e)$）を提示したことでも有名です。

　彼が、コネチカット州で、人種差別をなくしていく活動に従事するスタッフを養成するワークショップを実施していたときのことです。日中のワークショップが終わった後、スタッフが打ち合わせをしていたときに、参加者がそのミーティン

グへの参加を申し出ました。そこにいた他の研究者が渋るなか、Lewin は話し合いへの参加を許可したそうです。

日中のできごとをふりかえり、あのとき、あの人にはこういうことが起こっていたのではないか、などと話していると、そこに参加していた本人が「私はあのときにはこう考えていた」などと意見を述べることになりました。その場で起こっていたことについて、本人たちが主観的な事柄を述べながらともに探究することで、関わりのなかで起こっていたことが深く理解される機会になりました。その場で起こっていたことを、本人が話題にし、素材にしながら学ぶという学び方が生まれた瞬間でした。

関わりのなかで起こっていることを理解していくときに、1人ひとりの主観的な体験も有効であること、それを今ここの関係のなかで扱っていくことで探究できることが発見されました。同じ時間をともにしていた人が、同じときのことをともに探究していく場になったのです。

この学び方の発見は、米国 NTL（National Training Laboratories）で、形をもつことになりました。書籍『感受性訓練』（Bradford et al., 1964）のなかでは、そうした経緯が報告されています。

3.3 内省的で協働的な探究を支えるキーワード

Lewin、NTL の取り組みに端を発するラボラトリー方式の体験学習は、**内省的**で**協働的**な探究の精神をもつものであり、次のようなキーワードで表すことができるでしょう。

3.3.1 民主的であること

第1は、**民主的**ということです。1人ひとりを同等に大切にしていくということです。民主的価値の実現は、学ぶ内容としてだけではなく、手段としてもめざされるものです。民主的という言葉が指すものは、必ずしも、多数決とは同義ではありません。たとえば、構成的なラボラトリーの体験学習では、個人のふりかえりにもとづいて、**わかちあい**の時間がもたれます。そこでは、1人ひとりに、話す時間が構造化されてもたれます。これは、1人ひとりが等しく大切にされているという価値の実現ともいえるでしょう。

民主的価値は継続的に学習する必要があることについて、Gordon Allport は、Lewin の考えと John Dewey の考えに「2人とも民主主義は世代ごとに新しく学習せねばならぬことであると考えている」という類似性を指摘しています（Lewin, 1948/1997）。1人ひとりが大切にされるという民主的な価値の実現には、ともに探究し、学習する場が必要だといえるでしょう。

3.3.2 "今ここ"で起こってくることを相互作用としてとらえること

第2は、"**今ここ**"で起こってくることを**相互作用**としてとらえるということです。ラボラトリーでの学習をいい換えるならば、今ここで起こってくるダイナミクスに参画して、共同的なふりかえりを通して、他者、グループ、また、自分に関する理解を深めるということです。"今ここ（here and now）"とは、「あのとき、あの場所で（there and then）」と対比される言葉です。関わりの場への参画をもとに学びを深める体験学習において、"今ここ"の場で起こった事柄を学習の素材としていくことを指します。

"今ここ"という言葉で指されるものは、何もその瞬間のことだけを指すわけではありません。グループ体験における"今ここ"とは、グループのスタートから終了までの間で起こったことを指すのです。たとえば、集団での経験では、いろいろな人間関係が生まれてきます。メンバー同士の人間関係、メンバーとリーダーとの間の人間関係などです。また、1人ひとりの心のなかでも、実際にとった言動、その背後にあった思考、感情、また願望もあることでしょう。それらの事柄は、単一に存在することではなく、さまざまなレベルで相互に影響を与え合いながら、つまり、相互作用しながら存在します。それらすべてが学習の素材になるということです。

3.3.3 探究の精神をもつこと

第3は、探究の精神をもつことです。外から見える行動から、私たちは相手についてさまざまな推測をしてしまいます。**ステレオタイプ**を当てはめることで、それ以上相手について知ることはなくなるかもしれません。**バイアス**をもった見方は、見る側からすれば不自由になることがなく、その見方は維持されやすくなります。また、自分が相手と違う考えをもっていることを知ることは、ときに不安になるでしょう。

しかし、ラボラトリー方式の体験学習の場に参加していくときは、違いに対して好奇心をもちながらその場に臨むことが大切になってきます。関わりのなかで、今ここで起こってきたことを内省的に協働的に扱っていくことは、目の前にいる相手に出会い、ともにあるあり方を探る試みともいえるでしょう。

そこでは、唯一の答えがないものに対して**探究していくという精神**（spirit of inquiry）が大事になってきます。知らないことの不安、怖さから一歩踏み出し、そうした場に身を置くことで、相手に出会っていくことになります。「こんなところで、こういう違いがあったのか」と知り合うこともあるでしょう。自分のもっていたとらえ方の枠組みに気づいたり、起こっていることが新しい見え方をしてくることもあるかもしれません。

体験学習の探究サイクルでは、**探究、意味づけ**という言葉を用いています。これは、唯一の正解が存在するという考え方とは異なります。人がやりとりを通して、物事の意味を付与し、現実を構築しているという考えを**社会構成主義**（social constructivism）とよびますが、そうした考えとも親和性が高いでしょう（Gergen, 2009）。

3.4　個人の探究を支える「ジャーナル」

ラボラトリー方式の体験学習では、モデルやツールを用いながら進めますが、その大事なものの1つが、ジャーナルです（「**学習ジャーナル**」とよぶ場合もあります）。英語では、「日誌」という意味をもちます。ラボラトリー方式の体験学習では、いろいろなタイミングでジャーナルをつけることをおすすめします。

関わりの体験、ふりかえっていく過程などで、さまざまな感情を体験したり、新たな気づきもあるかもしれません。そうしたものを、新鮮なうちに書き留めておくことは、貴重な学びの素材となっていきます。

第1は、自分ひとりが書いて、見るものとしてのジャーナルです。これは、自分専用のノートに書き溜めていってもよいでしょう。そのときに感じたこと、気になったこと、印象的だったことなどを書いてもよいでしょう。また、起こったこと（**観察**）、考えたこと（**思考**）、感じたこと（**感情**）、それらの背後にあるだろう**願望**について書いてもよいかもしれません。文字ではなく、イラストでもよいかもしれません。日付や場所などを書いてから書くと、見直したときに思い出しやすいと思います。これらは、体験学習の探究サイクルの意識化として機能しますし、書かれたものを見返すことで探究することにもなるでしょう。また、プログラムが終わった後、その日の体験を改めてふりかえりながら書くことで、体験からの学びを意味づけることにもなるでしょう。

第2は、学びの共有としてのジャーナルです。実習の最後に、印象的だったこと、学びとなったことなどを記入し、提出を求めることがあるかもしれません。ファシリテーターは、それらを匿名でまとめて、参加者が見られる状態にすることや、そこへコメント（より学びの意味づけや探究を深めるようなもの）を付与して返すことで、より深い学びにつながることもあります。

3.5　学習や気づきが起こるプロセス

次に、ラボラトリーの場で**学習**や**気づき**が起こるプロセスについて紹介したいと思います。先ほどまでで触れてきたように、関わりの場のさまざまな段階（1.6節参照）、またさまざまなレベル（第Ⅱ部参照）で起こってくることが学習の素材となります。

グループの関わりのなかで、言動の違いから自分自身、また、相手について気づきを得ることもあるでしょう。探究のサイクルにおいて、「関わりの体験」の段階での言動についての他の人との比較から、自分について気づきをもつこともあるでしょう。また、「意識化」や、それをともに「探究」する段階で、自分が焦点を当てていなかったことに、他のメンバーが目を向けていることを知り、新たな見方を得ることもあるでしょう。「探究」の段階では、自分の言動が他の人に与えている影響を知ることにより、自分自身について新たな**洞察**を得ることもあるでしょう。

ラボラトリー方式の体験学習は、さまざまな段階で、逐次、さまざまな気づき、洞察、また、学習が起こりますし、それを可能にする場をめざしています。自分のなかに起こっていること、相手のなかに起こっていること、また、関係のなかで起こっていることに関して、好奇心を伴った探究の精神をもって望むことが大事になってきます。

ただし、学習の場というのは、脆弱性が現れる場でもあるので、今は言いたくない話したくないということは無理に話さなくてもよいような、相互尊重の態度も大切にして進めてください。

ジャーナルを書くこと、また、他の人のジャーナルを読むことも学びを深める機会となります。自分がうまく言語化できていなかったことを、他の参加者が言語化していて、自分のなかで扱うことができるようになったり、体験からどのように学ぶのかということ（体験をどう意識化し、それを他の体験と関連づけて、自分のなかで意味づけていくのか）の参考になったりすることもあるでしょう。また、書き溜まったジャーナルを見直すことで、新たに気づくこともあるでしょう。

3.6 狭義のラボラトリーと、広義のラボラトリー

先ほど、"今ここ"という枠組みがあることで、探究できる場が作られることを紹介しました。"今ここ"とは、空間的、時間的に区切られた枠組みです。非構成グループであるTグループでは、人と時間と場所が固定され、そこに参画することによって、メンバーの誰もが"今ここ"で起こったことに言及できる形で進んでいきます。「先ほど、こうしたことがここで起こったけれど」と参照する事柄が、話し手にも受け手にもわかる状態でいることができます。そのような意味において、構成的なグループでの関わりの体験、また、Tグループのような、**"今ここ"という空間的・時間的枠組みのなかにおける体験**が、ラボラトリー方式の体験学習の原型ということができるでしょう。

一方、それぞれが学外の実習先での体験について、ジャーナルを用いて個人でふりかえりながら、その経験をもち寄り、ともに探究するという学習形態が取られることもあります（「人間関係フィールドワーク」）。この場合は、ラボラトリーの枠組みは、多層性をもつものとして認識するのがよいかもしれません。1人ひとりの実習、学内でのわかちあいの場、また、期間の全体を通して起こってくると考えるのです。広義には、そうした**多層性のラボラトリー**のなかで、探究をしていく学び方であるといってもよいかもしれません。

引用文献

Bradford. L. P., Gibb, J. R., & Benne, K. D. (1964). *T-group theory and laboratory method: Innovation in re-education*. John Wiley & Sons.（三隅二不二（監訳）(1971). 感受性訓練――Tグループの理論と方法―― 日本生産性本部）

Gergen, K. J. (2009). *Relational being: Beyond self and community*. Oxford university press.（鮫島輝美・東村知子（訳）(2020). 関係からはじまる――社会構成主義がひらく人間観―― ナカニシヤ出版）

Lewin, K. (1997). *Resolving social conflicts, and field theory in social science*. Washington, DC: American Psychological Association. (Reprint. Original Harper and Row, New York, 1948).（末永俊郎（訳）(2017). 社会的葛藤の解決 ちとせプレス）

4章

フィードバックと自己成長

本章で取り上げていること

自己成長という言葉を聞いて、どのようなことがイメージされるでしょうか。自分がめざす目標に向かって努力をし、なりたい自分に近づいたとき、私たちは「成長した」と感じるでしょう。あるいは以前の自分と比べて、今の自分がより望ましい方向に変化していると気づいたとき、成長している実感をもつかもしれません。「成長」とは、「より良くなる」という価値観を含んだ言葉です。それでは、人間関係において「より良くなる」にはどのようなことをめざし、どのようなことをトレーニングしていくのでしょう。ここには、「より良い人間関係とは何か」という問いが反映されます。

4.1 人間関係トレーニングにおける自己成長

本書のサブタイトルにもある「**人間性豊かな関係**」というものをどのようなものと考えるかによって、私たちがめざす**成長**の姿は異なるでしょう。

日常生活のなかでは、他者との関わりに困難を感じたり、葛藤を抱いたりすることがあります。そのようなとき、私たちは葛藤を避けて他者とうまくつき合っていくために、自分の感情や考えを隠すことでその場をやり過ごすことがあります。ときには誇張して大げさに表現したり、演技したり、思ってもいないことを口にすることさえあるでしょう。あるいはまた、自分が望む反応を相手から引き出すためには、相手に対してさまざまな操作をすることもあります。対人関係における困難や葛藤を避けるためには、常識やその場のマナーを知っていることが助けになっているかもしれません。このようなスキルは、「人とうまくおつき合いをしていく」ために、私たちが社会生活の中で身につけてきたものといえるでしょう。

一方で、人間の多様性を尊重し、他者とともに生きる世界を作ろうとする理念を基本としているラボラトリー方式の体験学習では、「葛藤を避けて他者とうまくつき合っていく」ということだけでなく、「**人間性豊かな関係の構築**」をめざしています。それは、**相互理解**にもとづく関係性を作っていくことにほかなりません。「人間性豊かな関係の構築」は、自分と他者の感情や考え、それぞれの行動を作り出している意図や欲求、そのもとになっているお互いのものの見方や価値観を知り、それらが尊重されることにより実現していくといえるでしょう。相互理解がめざされることの重要性は、個人対個人の関係だけにとどまりません。数人のグループから数十人・数百人の集団、さらには国という大きなまとまりにおいても、その関係性に気づいていけることは、多様性が尊重される社会を構築するうえで重要な力となります。

このような「人間性豊かな関係性の構築」をめざす立場における**自己成長**とは、相互理解につながる気づきを得、その気づきを建設的に活用して

いけるようになることだといえるでしょう（6章・7章・8章・9章参照）。

本章では、人間性豊かな関係性を構築するための**自己開示**と**フィードバック**について考えてみます。初めに、対人関係における相互理解のプロセスを説明する理論である「ジョハリの窓」をご紹介しましょう（Luft, 1969；柳原, 2005）。

4.2 対人関係における気づき——ジョハリの窓

4.2.1 「ジョハリの窓」の成り立ち

1955年夏、アメリカで開催された「グループ成長のためのラボラトリートレーニング」において、サンフランシスコ州立大学の心理学者 Joseph Luft とカリフォルニア大学ロサンゼルス校の Harry Ingham が「対人関係における気づきのグラフモデル」を発表しました。このモデルは、コミュニケーションと対人関係を理解する有効な手掛かりとなると大きな反響を得、以来、現在に至るまで対人関係に関わるさまざまな分野で活用されています。"ジョハリ"とは、このモデルの開発者2人の名前を取ってつけられたものです。【Jo（Joseph）＋ Hari（Harry）＝ Johari】

4.2.2 4つの窓

ジョハリの窓は、相互理解をしようとする活動を、対人関係のプロセスとして説明しています。自分や他者についてよりよく理解していること、あるいは理解していないことは、対人関係においてどのような関わりを生むでしょうか。そしてこの関係性は、どのように変化していく可能性があるでしょうか。

自分の感情や言動について、後にふりかえって「あのときはああだった」と気づくことがあるように、私たちは自分自身についてすべてわかっているわけではありません。私たちは、自分についてわかっている部分と、わかっていないない部分をもっています。私と関わっている他者から見ても、その人が私についてわかっている部分もあれば、わかっていない部分もあります。ジョハリの窓は、自分について、「私がわかっている（known）」または「私がわかっていない（unknown）」という軸と、「他者がわかっている」または「他者がわかっていない」という軸の組み合わせによって、4つの領域があると示しています（**図 4-1**）。それぞれの領域は、

（Ⅰ）開放の領域（The open area）
（Ⅱ）盲点（The blind area）
（Ⅲ）隠された領域（The hidden area）
（Ⅳ）未知の領域（The unknown area）

と名づけられています。それぞれの領域ではどのような対人関係が起こっているのでしょうか。

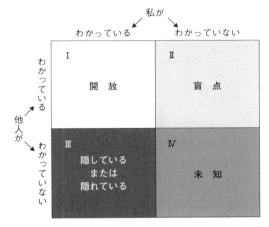

図 4-1　ジョハリの窓

（Ⅰ）開放の領域

この領域は、私自身にも、また私と関わっている他者にも、私のことがわかっているという関係性を示しています。親友や家族など、とても親しい人との関わりを想像してみるとわかりやすいかもしれません。この関係性のなかでは、私は自分の気持ちや考えを自由に表現できています。私と関わっている他者も、私がそのような人であるということを理解しています。私は自分のなかに起こっていることを隠す必要はなく、相手にどう見られるかを気にする必要もありません。私自身が他者に対して開かれているということから、「**開放の領域**」とよばれています。私がありのままの

自分を表に出していくことで、私と関わる他者
は、よりいっそう、私のことを知っていくでしょ
う。この領域は、私にとって安心でき、安全だと
感じることのできる関係性に生きている状態だと
いえます。この領域では、私は自分の活動エネル
ギーを、相手との関係性にとらわれることなく目
前の課題に注ぐことができ、創造的な活動に専念
することができるでしょう。

（Ⅱ）盲　点

　この領域は、私は私の内面に起こっていること
や行動がわかっていない（気づいていない）けれ
ども、私と関わっている他者にはわかっている
（気づいている）という関係性を示しています。
私は自分自身に気づいていない（見えていない）
ことから、この領域は「盲点」とよばれています。
　イライラすると爪を嚙む癖、不安になると髪を
触る癖、貧乏ゆすりや腕組み、あいづちの打ち方
や言葉の使い方など、人は誰でも、何らかの癖を
もっているものです。自分でそのような癖をもっ
ていることを知っていても、その癖が出ているそ
のときには気づいていないことが多いものです。
ましてや、その行為がその場における他者にどの
ような意味をもって受け取られているかは、知る
由もありません。例えば、ものごとを深く考えた
り、落ち着きを取り戻したりしたいときに、貧乏
ゆすりや腕組みをする癖をもっていたとしましょ
う。私のこの行動が他者に「イライラしている」
「威圧的だ」という印象を与えることであっても、
私はそのような影響を与えていることに気づいて
いないような場合です。
　癖をもつことがよくないというのではありませ
ん。ゆっくりとしたスピードで話す癖をもってい
ることで、話し相手が安心感を得るなど、自分が
何気なくやっていることで相手に良い影響を与え
ていることもあります。相手がもっているものの
見方や感じ方、思い込みや期待という枠組みに
よって、また、相手と自分の関係性によっては、
それぞれがもつ癖が影響を与えていても、自分で
はそのことに気づけないことがあるのです。
　癖以外にも、自分が行っていることの影響に本
人が気づけていないことは、たくさんあります。

例えば、私は相手のことが心配で、一生懸命に相
手の気持ちを聞こうと働きかけているつもりの行
動が、相手にとっては「信用されていない」「お
せっかいだ」と感じることかもしれません。真剣
に語り掛けているつもりの口調が、相手に「怒ら
れている」と受け取られていても、私はそのこと
に気づいていないかもしれません。ときには、
「怒っていない」と言いつつ怒りのメッセージが
出ていたり、「平気だ」と言いつつ大丈夫ではな
いような表現がなされていたりと、私の言葉と行
動が一致していないことが起こっていることもあ
ります。
　このようなとき、私が伝えているつもりのメッ
セージは相手には届かず、私は自分が期待したよ
うな反応を相手から返してもらうことができませ
ん。私と関わっている他者も、私から相反する
メッセージが出されてくるため、どう反応したら
よいかわからなくなるでしょう。自分の意図と行
動を一致させ、自分の伝えたいことを正しく相手
に伝えるためには、この「盲点」の領域を小さく
していくことが求められます。

（Ⅲ）隠された領域

　この領域は、自分のなかに起こっていることを
他者には知らせていないため、そのような私がい
るということを、そのときに関わっている他者は
知らないという関係を示しており、「隠された領
域」とよばれています。このとき、私は意図的に
自分を隠している場合もあれば、まだ表現してい
ないため、「隠れている」状態のときもあります。
　私のことを他者がすべてわかっているわけでは
ない、ということは、容易に想像がつくことでは
ないでしょうか。「顔で笑って心で泣いて」とい
う言葉があるように、日常生活で他者とうまくつ
き合っていくために、私たちはそこで表現しては
まずいと思うことを隠して過ごしていきます。で
すが、このような行動は、たとえその場をうまく
過ごすことができたとしても、長い目で見ると、
お互いの関係において問題を生じさせることがあ
ります。
　1つ例を挙げてみましょう。友達と会う約束を
していたとき、その友達が少し遅刻をしてきたと

します。友達を待つ間、私にイライラし、どうしたのだろうと心配もしながら過ごしていました。やがて、そこに遅れて友達がやってきます。友達は「ごめんね」と謝っていますが、笑顔でいます。私はこの後、友達と楽しく過ごしたいと思っているため、ここで怒って雰囲気を壊したくありませんし、心の狭い人だと思われたくもありません。そこで「大丈夫だよ」と言って、何事もなかったかのようにその場をやり過ごします。ですがその次に会う約束をしたときも、その友達は時間を守りませんでした。私はまた、平気なふりをします。以来、その友達は謝ることもせず、約束の時間には無頓着なようにふるまいます。どうやらその友達は、私も約束の時間にはあまりこだわっていないと思っているようです。私のなかにはどんどん不快感がたまっていき、その友達に対しても「自分勝手な人だ」と感じて、会うことが憂鬱になってきました。

このように、その場の雰囲気や流れのなかで自分の本心を隠したために、相手に自分の気持ちが伝わることはなく、相手との関係性がこじれていくことがあります。もしかしたら、「伝えなくてもこちらの気持ちを察してほしい」と期待し、そうしてくれない相手に対して怒りや失望を感じることも起こっているかもしれません。ですが、自分が本心を伝えず、ときには本心とは違うことを表現しているのですから、相手が私を理解することは困難です。もちろん後になって「実はね……」と自分の気持ちや考えを伝えることにより、もう隠す必要がなくなることもあるでしょう。一方で、溜め込んでいた不快感や怒りが、あるときに限界を超え、一気に相手にぶつけられてしまうようなことも起こりえます。怒りに任せてぶつけられた言葉は、相手が受け止めきれないものとなり、ときには相手を傷つけてしまうことさえあるでしょう。

その場の雰囲気や流れに乗るためだけではなく、このような自分がいることを相手に知られたくないと思って隠していることもあります。例えば、自分について否定的な自己概念をもっているとき、このような自分であることがわかってしまうと相手に嫌われるのではないか、馬鹿にされる

のではないかと思い、自分の気持ちや考えを隠したくなることがあります（6章参照）。相手を傷つけたり、相手との関係が壊れてしまうことを恐れたりして、本当のことが言えないでいることもあるかもしれません。本当の自分を知られてしまうことが恐怖になると、私たちのエネルギーは、自分を伝えることよりも隠すことに使われるようになります。それが高じると、率直な気持ちや考えが出せないばかりか、ときには、自分とは異なるキャラクターを演じながら過ごすようになるかもしれません。ですが、そのような自分を他者が認めてくれたとしても、偽りの自分に対する肯定的な評価や承認は、自分がありのままに行動することの助けにはならないでしょう。他者との建設的な関係を構築していくためには、この「隠された領域」も、できるだけ小さくしていくことが望ましいと考えられます。

（Ⅳ）未知の領域

この領域は、自分にも他者にもわかっていない自分自身であり、まだ知られていないことから「未知の領域」とよばれています。精神分析理論（16～19章参照）では、人間には膨大な無意識の領域があるとされています。個人が容易に気づくことのできない、無意識領域に存在する情動や欲求、記憶などがこの領域にあると考えられます。私たちの体験は限られており、これから先の新たな体験によって、はじめて見えてくる自分の姿かもしれません。そういう点では、自分の潜在能力や可能性の領域でもあるといえるでしょう。

4.3 変革のプロセス──自己開示とフィードバック

ここまで見てきたように、私たちがもっている「盲点」と「隠された領域」には、さまざまな対人関係の障害が存在しています。「人間性豊かな関係」を構築しようとするとき、他者との関わりにおいて「開放の領域」を広げていくことが、自己成長の1つであるといえるでしょう。ラボラトリー方式の体験学習では、この「開放の領域」を広げていくことを学習していきます。それには、

「隠された領域」を少なくする働きとしての**自己開示**と、「盲点」を少なくする働きとしての**フィードバック**が役に立ちます。

4.3.1 自己開示

自己開示とは、私にはわかっているけれども相手がわかっていない私のことや、相手に隠している私についての情報を、相手に提供することです。私の考えや意見、感情や意図、欲求や期待、自己概念など、私についての知識を相手がもてるように、率直に伝えていくことで、私の「開放の領域」は広がっていきます（**図4-2**）。

もちろん、言いたくないことや言えないことがあるのは当然です。自己開示をしたときに、相手からの否定的な反応が予想されるようなときには伝えにくいでしょうし、人には言えない秘密を、洗いざらい伝えなければ良い関係ができないということではありません。自己開示とは「秘密の暴露」をすることではなく、相手と自分との関わりのなかで、自分のなかに起こっていたことをオープンにしていくことです。

ラボラトリー方式の体験学習においては、体験をともにふりかえり、わかちあう構造（体験学習のステップ）をもつことで、学習者がお互いの「自己開示」から学んでいく機会を作っています。自己開示は相互の信頼関係を構築するものであり、相手に対して、「あなたと誠実に関わっていきたい」というメッセージを送り合うことでもあるといえるでしょう。

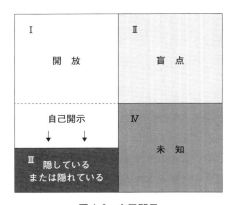

図4-2　自己開示

4.3.2 フィードバック

「開放の領域」を広げていくもう1つの方法は、他者がわかっている私についての情報を、他者から提供してもらうことで「盲点」を減らしていくことです（**図4-3**）。これを「フィードバック」といいます。

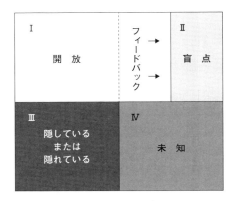

図4-3　フィードバック

フィードバックとは、もともと制御工学の用語であり、電子回路やソフトウェアを調整・改善するために、出力された情報を入力側に返す働きのことをいいます。「改善のために情報を返す」ということから、ビジネスや対人関係において、フィードバックという言葉が使われるようになりました。ラボラトリー方式の体験学習においては、以下のように定義されています。

> 「フィードバックとは、人間関係のなかで──特に"いまここで"の人間関係において──各人の行動が他者にどのような影響を及ぼしているかに関する情報を提供したり、受け取ったりする情報の相互交換のプロセスです。」（津村, 2005）

フィードバックとは、自分が認知した相手についての情報を提供することであり、相手の問題行動を指摘し、相手を変えるために行うことではありません（7章参照）。フィードバックは、相手とともに豊かな関わりを作り出そうとする試みであり、関係のなかで自分のなかに起こっていたことを伝える「自己開示」が、相手にとっては

フィードバックをもらうことになります。他者の自己開示によって提供された情報をどのように使うかは、受け取る側に任されています。相互理解を促進する効果的なフィードバックをやりとりするためには、以下のような点に留意するとよいでしょう（津村, 2005）。

(1) 記述的であること

私たちは他者の行動を見たときに、「優しい人だな」「頑張っているな」「やる気がなさそうだ」「自己中だ」など、瞬時に他者を評価したり、その行動の意味を推測・判断したりすることに慣れています。ですが、フィードバックをもらった相手が、自分の意図と行動を一致させることを助けるためには、その人のとった言動を、できる限り具体的に記述するように伝えることが役に立ちます。ラボラトリー（実験室）方式の体験学習とよばれているように、評価や解釈の前に、**データを**提供するように伝えることです。

例えば、「私が発言をためらっていたときに質問をしてくれた（データ）ので、私のことを気にかけてくれているように感じた」や、「私が話しかけたときに下を向いていた（データ）ので、何か不満があるのかと思った」と伝えることで、フィードバックをもらった人は、自分のどのような言動が、相手にどのような影響を与えていたかを知ることができます。とくに、否定的な意味合いをもつ評価的な言葉を避けることによって、相手は防衛的にならず、情報が伝わりやすくなります。

(2)「私」メッセージであること

人はそれぞれ、いろいろな見方をもっています。ある人の言動について私が気づいたことや感じとったことは、私自身の見方であり、他の人も同じように受け取っているとは限りません。フィードバックは、相手と自分の間に起こっていることについての情報を提供するものであり、自分がフィードバックしていることに責任をもつことが大切です。そのため、「あなたは……だね」と相手を主語にして評価や判断を下したり、「普通は……」や「心理学では……」などと一般論で

伝えたりするのではなく、「私は……と感じた」や「私には……と見えた」というように、**「私」を主語にした伝え方**をすることが大切です。

ナラティヴ・セラピーでは、自分が聞きとった相手の言葉やそこから受けた影響について、評価や判断を避けてそのまま伝え返す行為を、「**アウトサイダー・ウイットネス（外部の目撃者）**」とよんでいます。ここでは、「私の耳に残った言葉は……」や、「私がイメージしたのは……」、「私の琴線に触れたのは……」などの表現を使って、自分がとらえた相手の言動についての情報を提供していきます（White, 2000）。

一方で、自分の枠組みでとらえたものであることを意識しつつ、自分なりの評価や解釈を提供することを「**リフレクション**」といいます（7章参照）。ラボラトリー方式の体験学習で行っている「ふりかえり」と「わかちあい」も、自分がとらえたことや自分のなかに起こっていたことをとらえ、情報として提供していくことですが、そのなかでも「リフレクション」は「私にはこういう意味があるように思える」「こういう見方もできるように思う」など、他者とは異なる、自分にとっての意味や解釈を伝えることに焦点が置かれます（Andersen, 1987）。

大切なことは、どのような見方が正しいか、真実であるかということではなく、ひとり1人が異なった見方をしていることに敬意を払い、それをわかちあうことでお互いの開放領域を広げていくことです。

「私」メッセージで提供される**フィードバック**は、それを提供する人にとっては**自己開示**をしていることになります。

(3) 必要性が感じられること

フィードバックは、送り手自身の気持ちをすっきりさせるために行うことではなく、それをもらう相手が、必要であれば使っていける情報を提供することです。そのため、相手から求められたときに行うことが最も有効となります。体験学習の場では、お互いに学び合う場であることが共有されており、わかちあいの時間を通してフィードバックが交換されます。自分のコミュニケーショ

26　第Ⅰ部　ラボラトリー方式の体験学習のキーコンセプト

ンの力を伸ばしていきたいとき、「私の話し方について気づいたことを教えてくれますか？」、「○○を試みたのですが、どのように映りましたか？」などと、気になっていることを他のメンバーに尋ねてみることは、フィードバックが有効に働く例でしょう。

（4）行動の変容が可能であること

　フィードバックは、それを受け取る人が自分の行動を変えていけたり、自分でコントロールしていけたりする内容であることが大切です。「あなたは年上だから、意見が言いにくい」と言われても、それを受け取った人は年齢を変えることはできず、どうしようもありません。自分を理解してもらうために、自分の感じ方を自己開示していくことも大切なことですが、フィードバックは相手に資するものであることを意識して行うことが大切です。

（5）適切なタイミングであること

　ときに、すべてのことが終わり、もう関わることができなくなった後で「今だから言うけれど、実は……」と、自分の言動が与えていた影響について話されることがあります。このようなフィードバックをもらった人は、今後、同じような状況になったときの参考になるかもしれませんが、その人との関わりのなかではもらった情報を活用することができません。フィードバックは自分と相手との関わりをともに見ていこうとする行為であり、相手が変えようと思ったら変えられるチャンスがあることが大切です。そのため、相手が受け取り、変えられるチャンスがあることが望ましく、その行動が起こった直後が、良いタイミングとなることが多いものです。

（6）どのように伝わったかを確認すること

　フィードバックは相手を非難したり、相手の欠点を指摘したりすることではありません。しかし、伝えるほうにはそのような意図がなく、できる限り伝え方を工夫したとしても、伝えられた本人がどのように受け止めるかはわかりません。フィードバックは伝えて終わりではなく、自分が伝えたかったことが相手に正しく伝わっているかどうか、確認をしていくことが大切です。

（7）多くの人からフィードバックを受けること

　これは、フィードバックを受ける人の留意点です。人はそれぞれ異なる見方、感じ方をもっています。自分に提供された情報が、その人1人だけがとらえたことなのか、他の多くの人にとってもそのように受け取られることなのか、確認してみることが大切です。

4.4　ジョハリの窓の発展と応用

　ジョハリの窓は個人と個人の関係について作られたモデルですが、1対1の関わりだけでなく、グループ内でのメンバーの関係や、グループ間の関係についても広げて考えることができます。

（1）グループ内のメンバー間で

　先に記したように、自分がとらえた相手についての情報をフィードバックすることは、伝える人にとっては自己開示をすることです。グループのメンバー間でフィードバックをやりとりする関わりは、お互いの開放された領域を広げ合うことにつながるだけでなく、多くの人からフィードバックを受けることになります。開放された領域のなかで関わりあうことができるようになればなるほど、メンバーはそのグループのなかでより自由に活動することが可能となり、創造的なグループ活動へとつながるでしょう。

（2）グループ間で

　ジョハリの窓を、1人の人間ではなくグループそのものととらえ、他のグループとの関わりを改善していくモデルとして考えることもできます。例えば、同じ組織における異なる部署、コミュニティにおける集まりといったような、はっきりとしたメンバーが決まっているものもあれば、男性と女性、高齢者と若者、人種や宗教を同じくするグループのように、属性やステレオタイプによって区別されるようなグループもあります。そのど

れもが、自分たちのグループについて気づいていることと気づいていないことがあり、他のグループについて知っていることと知らないことがあります。グループ間においても、自己開示（グループにおいて起こっていることを伝えていくこと）とフィードバック（他のグループについて知っていることを伝えていくこと）を交換することで、相互理解にもとづく関係を構築していくことにつながっていくでしょう。

引用文献

Andersen, T.（1987）. The reflecting team: Dialogue and meta-dialogue in clinical work. *Family Process, 26*, pp. 415-428.（矢原隆行（訳）（2022）. トム・アンデルセン——会話哲学の軌跡—— 金剛出版）

Luft, J.（1969）. *Of human interaction : The Johari model.* Mayfield Publishing.

津村俊充（2005）. 成長のためのフィードバック 津村俊充・山口真人（編）人間関係トレーニング第2版 ナカニシヤ出版

White, M.（2000）. *Reflections on narrative practice: Essays & interviews.* Dulwich Centre Publications.（小森康永・奥野光（訳）（2021）. リフレクションズ 金剛出版）

柳原光（2005）. ジョハリの窓——対人関係における気づきの図解式モデル—— 津村俊充・山口真人（編）人間関係トレーニング第2版 ナカニシヤ出版

プロセスをとらえるための
多様なレンズ

　第Ⅰ部では、プロセスの説明として、相互作用の過程について紹介しました。第Ⅱ部では、プロセスをふりかえるための多様な視点をいくつかの層に分けて紹介します。それは、起こっていることをどのように見つめていくかという意味で、「レンズ」と表現できるのではないかと思います。裸眼で見えないことが、虫眼鏡を通して見ることで見えることもありますし、偏光板を通して見ることで異なった輝きが見えることもあるでしょう。第Ⅱ部で紹介するさまざまなシステムのレベルは、相互作用をとらえる視点を提供してくれるものです。

5章

システムの
さまざまなレベル

本章で取り上げていること

シ ステムとして人間関係をとらえる
ということをご紹介します。「こ
ういう観点から見ると、このように見
える」という学習者としての視点を提
供したいと考えています。

5.1 システム論

システムとして関わりをとらえるとは、「要素同士が相互作用し続ける全体」＝システム、として関わりをとらえるということです（e.g., 赤津他，2019）。システムとしてとらえることを説明する前に、システム論というものを紹介します。

システム論とは、1920 年代から Bertalanffy が生物学における有機体論を源泉に展開した「一般システム理論」をその理論的な原点としています（Bertalanffy, 1968）。1950 年代、生物学の枠を越えて、さまざまな知の領域において、注目され、この時代の精神医学、心理学にも影響を与えるものとなりました。

5.2 相互作用のまとまりとしてとらえる

ここからいくつかのキーワードを挙げながら、「システムとしてとらえる」ということについて、ご紹介できればと思います。

システムとして対象をとらえるとは、**バウンダリー（境界）**のなかで相互作用をし続ける全体としてとらえるということです。ここでは、1 匹の鯉を例に考えたいと思います。水槽のなかに 1 匹の鯉が泳いでいるとしましょう。もう一方に、その成分と同様のものがただ物質として存在しているとします。この両者では何が違うのでしょうか。要素に分解して考えていくと、「同じ」ということができるかもしれませんが、そのふるまいは異なるように見えます。

鯉は、その表面で外界とバウンダリー（境界）をもち、**ひとまとまり**でいます。また、その要素も、例えば、いくつかの物質が相互作用してまとまりをもって 1 つの臓器を作り、それらが組み合わさって、また全体のなかで機能をもっています。要素が相互作用し、機能をもち、全体が維持されています。

さらに、鯉は水槽のなかで呼吸をし、餌を取り込み、排出もします。水槽は、その外側と中とを区切るバウンダリーでもあります。

相互に影響を与え合うなかで、やりとりの型＝パターンが見えてくることもあります。それらがどのように維持されているのかということにも気づくかもしれません。右手と左手を合わせて音が鳴ったとき、左手が鳴ったのか、右手が鳴ったのか、特定することはできません。関わりのなかで音が発生したといえます。これは、個に還元せずに見なければわからない現象でしょう。

5.3 「全体は、部分の総和とは異なる」

関わりの体験から学ぶ体験学習においても、個人のふるまいや、グループで起こってくることをとらえるときに、**相互作用**（interaction）としてとらえることはとても大切になってくるでしょう。人間関係という関わりのなかで起こってくることをとらえるときに、個という要素に分解しては見えにくくなることもあります。システムとしてグループのやりとりが存在しているときには、個に還元せずに、さまざまなレベルで起こっている全体をとらえていく必要もあるからです。

哲学者のメルロ・ポンティの「**全体は、部分の総和とは異なる**」という指摘も、ラボラトリー方式の体験学習において示唆的だと言えます。個人の気づきも大切にしながら、同じ時間を過ごした体験をともにふりかえる（個に還元せずに、全体で起こったことを全体で扱う）ということの意味も問うていると思います。

5.4 ラボラトリーというバウンダリー

ラボラトリー方式の体験学習では、関わりから学ぶ場を設定します。先の章でご紹介したように、関わりの体験をする場、そして、それらをともにふりかえる場が設定されます。これらはその場の体験から学ぶという意味において、ラボラトリーというバウンダリーが引かれたなかでこそ扱うことができるものといえるでしょう。

非構成のTグループにおいても、ラボラトリーという関わりの場が設定されることで、そこで起こったことを"今ここ"でのこととして、参加者がともに言及し、探究できることになります。

5.5 システムの階層性

どこにバウンダリーを引き、どのレベルに焦点化するかを考えるときに、**システムの階層性**について理解しておくことは助けになるでしょう。

先ほど、起こっていることをひとまとまりとしてとらえるということについてご紹介しました。例えば、グループで時間を過ごしたときに、グループの相互作用で起こってきたことに目を向けることもできるでしょうし、個人のなかで体験したことに焦点化することもできるかと思います。

システムはそのなかに**サブシステム**が存在するととらえたり、また、あるシステムもさらに大きなシステムの一部（サブシステム）とみなすこともできます。サブシステム同士の相互作用として、グループ内で起こってくることをとらえることもできるでしょう（**図**5-1）。

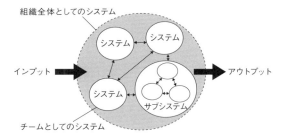

図5-1　システムの相互作用

また、システムを構成する要素も、階層を1つ下げて見てみると、それ自体が全体であり、そのなかの要素の相互作用と考えられます。相互作用をし続ける全体＝システムとして対象をとらえるとは、個人内の機構から、惑星間のダイナミクスまでを関連づけて考えることを可能にします。

5.6 バウンダリーの任意性

それでは、どこをひとまとまり（システム）としてとらえるのかというと、そこには**任意性**が存

在します。関わりの体験について、個人内で起こったことに焦点を当てるのも可能ですし、人と人とのやりとりのなかでのこととらえるのも可能です。また、何人かのサブグループ同士の相互作用としてとらえるのも可能でしょう。このように、どこに焦点づけて、やりとりをふりかえるのか、ということには任意性が存在するので、ラボラトリー方式の体験学習の学習者は、さまざまな層を意識化をして探究することができます。

第Ⅴ部で扱われますが、実施者のねらいの設定や、実習内容やふりかえりで特定の視点を提示することにより、どのシステムのどういった部分に目を向けてもらうのか、どういう部分に目を向けやすい関わりの体験とするか、ということにも影響があります。また、自分が意識化しやすい側面に気づくかもしれません。

グループで起こってくることをとらえるときに、個人間のこと、サブグループ同士のこと、グループ間のこと、というように、どのまとまりの相互作用としてとらえるかという視点も、システム論は提供してくれます。たとえば、グループで何らかの葛藤が起こったときに、性別のまとまり同士の間の葛藤と認識されることがあるかもしれません。また、場合によっては、個人同士の事柄としてとらえられる場合もあるでしょう。このように、相互作用をとらえる単位としてもシステムの考えは有効です。

5.7 第Ⅱ部のさまざまなシステムにおけるプロセス

最後に、第Ⅱ部で扱う内容について紹介していきます。システムのなかにサブシステムが存在し、それらが階層性をもっていることは、図5-2のように表現できるでしょう。

第Ⅱ部では、6章から8章まで順に、個人内プロセス、対人間プロセス、グループプロセスを紹介しています。

6章の**個人内プロセス**では、個人内で体験すること、身体感覚を手がかりにしながら意識化することなどが紹介されています。

7章の**対人間(たいじんかん)プロセス**では、対人間でのやりと

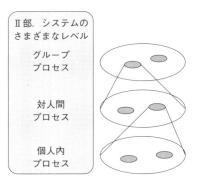

図5-2　システムのさまざまなレベルにおけるプロセス

り、とくに、コミュニケーションのプロセスについて、また、コミュニケーションのさまざまな形について紹介されています。

8章の**グループプロセス**では、グループの関わりのなかで起こってくるプロセスについて紹介されています。なかでも、グループプロセスの諸要素は、第Ⅴ部でのファシリテーションについて理解をしていく際にも鍵になるでしょう。

9章の**非構成グループのプロセス**では、ラボラトリー方式の体験学習の原点でもあるTグループをはじめとした、非構成グループにおけるプロセスについて紹介されています。相互作用を通して何が起こってくるのか、という側面について、非構成グループの経過を伴った変化についても紹介されています。

図5-2で示したとおり、これらは**入れ子構造**になっています。たとえば、グループでの関わりのなかには、対人間プロセスがあり、そこには個人内プロセスも存在するということです。

こうした多層性についての理解は、参加者として起こっていることをとらえていくときや、また、学習の場を設計・運営する人がどのシステムに注目しやすくするかを考えるときなどに、手助けになるでしょう。

引用文献

赤津玲子・田中究・木場律志（2019）．みんなのシステム論——対人援助のためのコラボレーション入門——　日本評論社

Von Bertalanffy, L. (1968). *General system theory*. George Braziller.（長野敬・太田邦昌（訳）(1973)．一般システム理論——その基礎・発展・応用——　みすず書房）

6章

個人内プロセス

本章で取り上げていること

体験学習の探究サイクルにおける「個人内プロセス」に焦点を当て、個人内プロセスから気づくこと、また個人内プロセスを知る手がかりとしての「身体」と「イメージ」について紹介します。

6.1 体験学習の探究サイクルにおける個人内プロセスについて

体験学習の探究サイクルは、"今ここ"にいる個人・対人・集団内での体験、特に関係的過程のなかで起きることがらを**素材**としています。そのことについて、藤岡（1976, p. 120）は、「過去の経験、知識の上に立ち、未来への可能性をひめた、『今ここ』に在る現実の自己と他者、また両者の環境との関係等を学習の素材とする」と述べています。体験学習では異なる「からだ（体、身体、體などの表記がありますが、以降、身体と記します）」をもった学習者 1 人ひとりが体験の主体となり、その学習の素材を他の学習者と共有することが期待されています。ここでいう素材は**データ**ともいえます。

また、体験学習はさまざまなレベルでの「**"気づき"の学習**」（星野, 2005, p. 171）ともいわれ、気づきがなければ深まることも始まりません。『人間関係トレーニング（第 2 版）』「1 体験から学ぶということ――体験学習の循環過程――」（星野, 2005）では、体験学習を大きく 5 つのステップ（体験 - 指摘 - 分析 - 仮説化 - 試行）で説明しています。また、本書の 1 章では、ラボラトリー方式の体験学習の探究サイクルの**モデル**が紹介されています。

体験学習のステップでは、関わりの場で起きたことを個人でふりかえり、それを他のメンバーとともにふりかえります。グループ活動のなかで起きている人との**関係的過程（プロセス）**から個人が感じたことや気づいたことも大切な学びの対象となります。「人との関係」というのは他者との関係もあれば、自分自身との関係も含まれます。本章では、「自分自身との関係」である**個人内プロセス**に焦点を当てます。

6.2 個人内プロセスで「今ここでの私」をとらえる

6.2.1 自身の「身体」を介して気づく

3 章「内省的で協働的な探究」で述べられてい

るように、体験学習の探究サイクルは他者との相互作用によって起こる「今ここでの体験」を出発点にして探究されます。グループ活動でのメンバーの動きはさまざまな要因があって生じます。

例えば、自然破壊をテーマにした実習に参加したAさんは、水産業関係の仕事をされており、自然破壊の問題についても取り組んでおられました。個々のメンバーの考えを話すことになり、Aさんはかなり具体的な話や専門的な話をされ、話す回数も増えてきました。周囲の人もAさんの発言に説得され、うなずきながら聞いていました。Aさん自身は、プライベートなことを言わないようにして、他のメンバーの意見や考えを尊重していたつもりでしたが、身体が前のめりになり、口調がはっきりと自信をもっているように話されました。わかちあいで、Aさんに対して他のメンバーが、「Aさんは説得力があり、はっきりと自信をもって話され、ぐんぐん皆を引っ張る感じがした」というようなフィードバックをしました。そこで、Aさんは自分がこのテーマについて夢中で話していたことにはっと気がつきました（意識化については1.4.2項参照）。Aさんもまた、自身の仕事がこのテーマにとても関係が深いことをメンバーに伝えました。実習中は夢中になって話していたことに気がつかなかったAさんも、ふりかえりで各メンバーの**個人内プロセス**を共有することで、他者と自分との相互作用に気がついたようでした。

このように個人内プロセスは、学習者個人が「今ここで起きている体験」を自身の「**身体**」を介して感じ気づく「**私のなかでの関係的過程**」ととらえることができます。個人内プロセスは体験学習の探究サイクルで絶え間なく起きているといえます。なぜなら個人であろうとグループであろうと、あらゆる体験はまずは個人によってなされるからです。私たちは身体を媒介にして周囲の人・もの・ことを体験します。その身体の反応からその体験がどのような意味をもつのかを理解します（図6-1）。

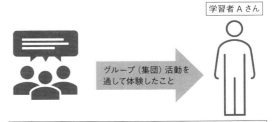

図6-1　個人内プロセスをどうとらえるか

6.2.2　対自的コミュニケーションに似ている

個人内プロセスは、例えるなら、心理療法の場面での**対自的コミュニケーション**（intra-personal communication）（東山，1982）にも似ています。心理療法で治療者と来談者という2者間の対話が進む一方で、それぞれの個人内で、意識できるレベルや言語化できないレベルのやりとりが行われます。例えば、来談者が治療者との面談の翌朝に夢を見たと報告したり、面談中に来談者が即興的に感じたことを芸術表現で表したりすることがあります。また、**身体感覚**（sensation）や**運動感覚**（kinesthetic sense）で感じ取ることもあります。

対自的コミュニケーションは、言語、絵画、音楽、夢など自己の内から象徴的に現れたものを通して自己の内を再統合していくプロセスでもあると東山はとらえています。体験学習においても、実習という限られた体験のなかではありますが、学習者自身が体験する関係的過程に対する自分の内側からの気づきを**意識化**（言語化・イメージ化）し、自分にとっての関係的過程の意味を整理していきます。その際、言語化が困難なときは、身体感覚で表現したり、イメージを用いたりすることもあります。

6.2.3　心と身体は影響を及ぼし合う

私たちの心と身体は切り離されるのでなく、ど

ちらも影響を及ぼし合いながら存在します。こうしたとらえ方として**ソマティック心理学**があります（久保，2011）。マインドフルネス研究においても指摘されていますが、心と身体がお互いに影響を与えていることは明らかです。例えば、緊張してお腹が痛くなったり、冷汗が出たり、心拍数が上がるというような身体反応があります。そうした**身体のサイン**に気づくことで「今、緊張している」と理解できます。

「身体」は環境からの刺激を受け、痛い、暑い、寒い、明るい、暗いなど、**五感**（皮膚感覚含む）を使って環境の意味を理解しますし、生理的な状態も、お腹が空いた、トイレに行きたいなどといった身体感覚を脳でキャッチして自身の状況を理解します。

「心」は、身体の信号をキャッチするうえで大切な存在です。しかし、身体のサインに対して、心は柔軟に（というと聞こえはよいですが）都合よく無視したり言い訳をしたり、理由を別のことにしたりします。認知という高等な精神過程が人には備わっていますが、そこには精神エネルギー、パーソナリティや気質、知能、無意識のような個人の特性などが加わり、その精神過程に個人差が生まれます。そのため、人間としての肉体を介するときでも、理解される過程でその人らしい理解のされ方をしていきます。

6.2.4 自己概念を例に

「私とは何ものか」という問いに対する答えでもある**自己概念**を例にとってみましょう。個人によって自己概念は異なりますが、人前で話すのが苦手で下手であると感じている人は、発表前に緊張しやすいかもしれません。そのため、発表前の冷汗や心拍数の高さと緊張感をつなげてしまうでしょう。一方で、人前で話すことが好きな人は、発表前に心拍数が上がっても特に問題ととらえないで、逆に覚醒してきたととらえるかもしれません。

個人内プロセスでは、周囲の動きや変化に注意を向けることも大切ですが、渦中にいる自分がそれをどのように感じたのか、反応しているのかに

気づくことも大切です。自分がとらえたグループプロセスと他のメンバーがとらえたグループプロセスの違いは、一方向で決めつけない多面的な視点を教えてくれることになります。

6.3 素材集めとしての個人内プロセス

"今ここ"での体験で感じ取ったことが**意識化**されたとき、それは**素材（データ）**として探究され「意味づけ」されます。

星野（2005, p. 3）は、その素材（データ）を集める段階について、「データ集め」「とまって、みる」「感受性」「泥くさく」「知覚」というキーワードを掲げ、五感のような**身体感覚**やイメージでキャッチすることで生きた素材・データにより多く気づくことができるととらえています。感覚的なことは主観的で客観性に欠く一方、主観的な感覚から始まる体験は、「泥臭い」データであり、それを言語化し他者と共有することで、より深い考察へつながり、客観性をもったとらえ方へと導いてくれます。

鯨岡（2005, p. 15）は、保育の現場でのできごとについて、誰が何を言ったのかという具体的なできごとの報告にとどまらず、そこでの人の「思い」や「生き生き感」「息遣い」を記述する、すなわち観察者が主観的に感じたことをありのままにとらえてみることを奨励しています。

間主観的に把握されたもののなかに力動があり、共感されたり誤解が見つかったりすることも大切な気づきとなります。そのため、思考に依ったとらえ方だけなく、"今ここで"起きている身体や心（感情）からの生き生きとした反応にも気づいていってほしいと考えます。

ここで紹介する**個人内プロセス**は、こうした自分自身の身体的な反応や感情に気づくことから始まるといってもよいでしょう。学習者が自身の五感で体験を感じ取り、その体験が個人にとってどのような意味があったかを言語的・非言語的に表現し、意識化していきます。個人の気づきを言葉にしたときに、「よかった」「楽しかった」「つまらなかった」というような抽象度の高い表現をするこ

とがあります。そうした抽象度をできる限り少なくし、具体的なエピソードを用いて伝えたり、非言語的表現を用いて超個人的な体験の様相を伝えるよう試みたりすることで個人の特有な体験が伝わりやすくなります（文珠, 2005, pp. 102-103 参照）。

以下に、それを手助けしてくれる身体感覚と感情の表出と創造的表現についての個人内プロセスを紹介します。

6.4 身体感覚と感情を用いた個人内プロセスについて

自身がどんな体験をしているか、**身体感覚**はそれを知る具体的な手がかりになります。身体にフォーカスを当てて体験学習を長く実践してきたグラバア（2000, p. 45）は、数多くの実践から、「身体感覚への無関心は、自己の内的経験に気づかないこと、または信頼しないことと深くつながって」おり、身体感覚が個人内プロセスに深く関係していることを指摘しています。

6.4.1 さまざまな身体感覚

（1）五　感

身体感覚というと、どのようなことを思い浮かべるでしょうか？　皆さんにもなじみが深いのは、**五感**（視覚、聴覚、嗅覚、触覚、味覚）ではないかと思います。何らかの疾患でない限りはすべての人に備わっている感覚です。そして、生まれてこの方使い続けている感覚ですね。五感は、外界の刺激を受け取る感覚で、**外受容感覚**とよばれます。私たちは五感を通して外界からの刺激（情報）を受け取って、自分がいる環境や対象を認識していきます。

先に紹介した実習の例で、Aさんの前のめりの姿勢やはっきりした口調での話し方から「はっきりと自信をもって話され」「ぐいぐいみんなを引っ張る感じがした」などとメンバーが指摘したように、私たちは、実習やわかちあいの間、仲間の表情や動きを見たり声を聴いたりして、仲間がどんな人か、どんな状態か、この場がどんな場で

あるかということを感じ取っています。また、自身が座っている椅子や床の感じやその部屋の雰囲気などを感じてもいます。もしも椅子の座り心地が悪く不快であれば実習に集中できないかもしれないし、Aさんの声が大きすぎれば少し身を引いてしまうかもしれません。五感は目の前の現実から情報を引き出し、その場におけるあなたの思考や行動にも関係するのです。

（2）内臓の感覚

ところで、**身体感覚**は五感だけではありません。緊張したとき、手に汗をかいたり、胃のあたりが縮む感じがしたり、心臓がドキドキしたりした経験は皆さんにもあるのではないでしょうか。**感情**の経験には、このような**身体反応**の変化が伴うことが知られており、それらの多くは自分の内側の感覚としてとらえられるものです。この感覚は、**内受容感覚**（Sherrington, 1906）といい、心臓の鼓動や、胃や腸などの内臓感覚、のどの渇き、尿意など身体内部の環境やその変化に関する感覚です。一般的には**内臓の感覚**というとわかりやすいでしょう（福島, 2018）。近年、この内受容感覚に焦点を当て、**身体と感情との関係性**を検討した多くの研究で、身体感覚を感じやすい人では感情を強く感じやすいということが示唆されています（寺澤・梅田, 2014）。

しかし、身体の状態と感情の状態は一対一の対応をしているとはいえないところがあります。先に、心拍数の上昇を緊張ととらえるか、覚醒ととらえるかという例を挙げたように、身体の変化に関する情報だけで感情経験が得られるわけではなく、それをどう評価するかという認知のプロセスも関わってくると考えられています。少し難しい話になりましたが、身体感覚と感情には密接な関係がありそうだということが理解できるのではないでしょうか。

（3）動きの感覚

島崎（1952）は**感情**について、「うごきの感じ」（p. 18）であり、感情が動くときには必ず**行動**をしているといいます。Aさんの例のように、話しながら、知らず知らず前のめりの姿勢になってい

たという経験がある人もいるでしょう。また、怒っているようにどすどすと歩いたり、うつむいてじっとしていたり、指先や肩が強張っていたり、思わず笑顔になるなど、私たちの感情は**身体の動き**として表出されていることもあります。自分の身体がどのような姿勢になっているのか、どの筋肉にどの程度の力が入っているのか（筋、腱、関節の緊張・伸縮など含む）といった身体の動きも**身体感覚**でとらえられるもので、**自己受容感覚**といわれています[注1]。身体の動きには無自覚であることも多く、他者からの指摘が気づきの手がかりになるでしょう。

（4）身体感覚と心の動き

春木（2002）は、五感に**内臓の感覚**と**動きの感覚**を含めて**身体感覚**とし、「心の活動が生き生きとしているという感覚は、基盤となっている身体感覚が覚醒してこそ成り立つもの」（p. 46）であり、「身体感覚は物体としてのからだと複雑な現象をする心とをつなぐもの」（p. 46）であると述べています。

身体感覚との結びつきも強い**感情**は、個人内プロセスにおいて何を教えてくれるのでしょうか。感情は、私というひとりの人間が他者や物事とどのように関わっているかを示してくれます。その感情が起きた状況やできごとが、自分にとってどのような意味があるのかを考えてみることで、自分の価値観や、感じ方や考え方の枠組に気づくことができます（寺西，2005，p. 97）。身体感覚や感情を手がかりに、自分の感じ方や考え方、行動などを点検していくと、自分自身のことをより深く知っていくことができるでしょう。

6.4.2　身体感覚を意識する

これまで述べてきたように、身体感覚に気づくことは、感情を含め、自分自身がどういう状態であるかということを教えてくれる有力な手がかりになり、内的な体験、個人内プロセスを豊かにしていくといえるでしょう。

一方で、身体感覚は、それがあまりにもあたりまえで、ふだんは意識することもほとんどありま

せん。よく知られている五感ですら、どの感覚をよく使っているかと尋ねられたら、答えに困るのではないでしょうか。自分の身体の反応や動きに気づくには、練習が必要です。まずは、今ここで、自分の「身体で起こっていること」に意識を向けてみることから始めてみましょう。姿勢や呼吸、心拍のリズムなどは意識しやすいでしょう。最初はわかりにくいかもしれませんが、練習を重ねると少しずつ自分の**身体の反応のクセや特徴**がわかるようになります。自分の身体の反応をとらえることができるようになると、逆に身体の反応から**自分のなかで起きた感情**に気づくこともできるようになります（寺西，2005，p. 98）。そして、**自分自身の感覚に気づくことができるようになる**と、他者の身体にも気づけるようになっていきます。

私たちは、**身体感覚への無自覚性**ゆえに、同じ空間で同じ内容の体験をしたとき、そこにいるすべての人は自分と同じように感じたり、体験したりしていると思いがちなのですが、実はそうでもないのです。グラバアは、五感はすべての人に備わっているが、それぞれが特徴的な使い方の偏りを有しており、1人ひとりが異なる感覚体験をしていることを指摘し、次のように述べています。

人間関係の問題の多くが、時間と空間を共有していれば、他者も自分と同じ体験をしているはずだという思い込みに起因しています。それは結果的に、自分の考え、感情、判断を絶対化することになり、自分と違った経験をしている他者を理解し共に在ることを難しくします。しかし五感を意識し、それぞれ五感の用い方が違うことを実感すると、同時的に他の見方が存在することが了解され、互いの経験した世界を分かちあわないと全体像は把握できないということが理解されます。そのことにより、一人ひとりが違っていることが豊かなことという人間関係の風土が作られ、五感を磨けばそれだけ他者を共感する力がつくことが期待されます（グラバア，2015，pp. 39-40）。

確かに自分の身体で起こっている身体感覚でさえ、自分が人、もの、ことをとらえるときの意味づけや解釈をする枠組みを作っているかもしれません。身体感覚に目を向け、「からだ」の声を聴く。自分の感覚に気づくことは、自分の内的なプロセスだけでなく、対人間やグループ全体のプロセスにも影響していくことでもあるのです。

6.5 創造的表現を用いた個人内プロセスについて

体験学習における個人内プロセスを生き生きとした言葉で表現できる学習者もいますが、ピッタリする言葉が浮かばないという学習者もいるでしょう。そのような場合、体験で感じた感覚をダイレクトに身体を使って非言語的に表現することが有効と考えられます。**非言語的表現**はさまざまな形態（身体表現、ジェスチャーも含めて）があり、加えて、絵画、コラージュ、オブジェなどのような、創造的表現活動も含まれます。

例えば、『ねらい作り』という実習があります。これは、人間関係講座の最初のグループワークに用いられることがある実習で、いくつかの質問をイメージや言葉を用いて表現します。そのなかで「今の気持ちを天気で表現してみる」というものがあります。参加者は、クレパスで八つ切り画用紙に、晴れ、曇り、嵐など、さまざまな天気を描いて表現しますが、曇りのイメージも十人十色です。グループになり、クレパスを用いて表現された天気を互いに見せ合いながら気持ちを伝える過程で、学習者も今ここで起きている心の動きについて打ち解けて話せるようになっていきます。イメージを介して、その人らしさもまた相手に伝わりやすくなります。「曇りだが晴れてくるようだ」というような表現が複数の学習者からあったとしても、その表現のなかに現れた太陽の大きさや位置、雲の大きさは個人によって異なります。そうした**創造的表現**を一緒に見ることもまた個人内プロセスを共有しているといえます。

6.5.1 創造的表現を個人内プロセスに用いるために

創造的表現には、前述した視覚的芸術以外に、音楽、ダンス・ムーブメント、ドラマなどのような**芸術表現**も含まれます。体験学習においても、そうした非言語的表現である芸術活動が個人・グループの課題として提示されることがあります。ここでは、芸術活動でも特に視覚的芸術を具体例として取り上げて説明していきます。

創造的表現は個人的体験のありようを視覚的イメージにしてとらえることができます。そのような創造的表現をどのように用いてふりかえるとよいでしょうか。創造的表現は**芸術療法**という心理療法としても用いられます。創造的表現を通してクライエントは心の葛藤や気持ちをセラピストに伝えることができます。精神科医である徳田（2021）は、言語となる前に思い浮かぶイメージは身体感覚や情動を内包しており、心理治療のための「情報の多彩さ」(p. 69) を提示してくれることを指摘しています。

体験学習においても、創造的表現の「情報の多彩さ」は、個人内プロセスを理解するための手助けになります。図6-2は、徳田が精神科治療で描画を用いる際に生じる「視覚的コミュニケーション」（徳田, 2021, 図1, p. 69）を参考に筆者が作成したものです。体験学習でイメージを用いてふりかえるとき、個人内・メンバー間で起きている個人内プロセスを表しています。作り手Aさんは、今ここでの体験を色・線・形などで象徴的に表現（具象化）したとします。Aさんは、制作

図6-2 創造的表現の制作最中における個人内プロセス

中や制作後の作品を具体的に見ること（対象化）ができます。そして、対象化された作品の色、形、線などからAさんはその体験時のことを感覚的に思い出すことができます。

創造的表現活動の拠り所となる身体感覚はドキドキする、冷や汗がでる、震える、リラックスするなどの気がつきやすい身体感覚から、**フォーカシングにおけるフェルトセンス**のような体の内側に集中を向けないと気づきにくい身体感覚まで扱われます。フェルトセンスについては、11章で詳しく説明されますが、個人の環境との相互作用によって単純な身体感覚表現ではいい表せないものを感じ取ることです。「意味を含んだ身体感覚」（村山，2005，p. 24）といわれ、単純な身体感覚だけでなく、言語化が困難であいまいな限定しがたい感覚でもあります。創造的表現のありようも学習者の身体感覚がどのように開かれるのかによって影響されます。

"今ここ"で感じたことを創造的に表現してくださいと言われたらとまどう人もおられるでしょう。「何を描いたらよいのかわからない」「何も感じない」「下手だから」「こんなことは幼稚だ」などと、無意識に抵抗したくなるかもしれません。そうした反応は誰にでも起こりえます。そうした反応があったとしても、それを否定するのではなく、そのことに気づくことが大切です。

また、なぜそう感じるのかということを意識化すると、「周囲の視線が気になる」「評価を恐れている」など、自分の不安や価値観にも気がつくことがあります。そして、そのような抵抗感や不安感を少しでも軽減するため、安心して創造的表現ができるような環境を整えることも大切です。具体的には、以下のことなどを伝えたりします。

- 表現の上手い・下手をみているのではない
- お互いの表現は尊重される
- 正解や間違いがないことを明確にする
- 制作されたものは大切な個人データとなる

6.5.2 創造的表現によるイメージを用いたわかちあいについて

体験学習における探究プロセスでは、創造的表現による**作品**もまた大切な役割をしていると考えられます。作品を他者と一緒にふりかえるとき、どのように進めていくとよいでしょうか。ここでは、**図6-3**を参考にしながら、制作者Aさんと学習者（観察者）Bさんが一緒にわかちあいをする場面を例にして説明していきます。

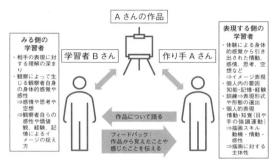

図6-3 創造的表現を用いたわかちあいにおける個人内プロセス

（1）作り手と学習者の双方にとって

創造的に表現されたものは抽象的か具体的かにかかわらず作品としてふりかえる**素材（データ）**となります。作り手Aさんは、表現したときの身体感覚、感情、思いついたことなど、作品のイメージがどのように生まれたのか説明します。そこには、Aさんの個人的な要因（知能、記憶、経験など）が関わり、そのなかには表現形式・形態の選択も含まれます。また、身体的運動機能も関わってきます。例えば、視覚的表現であれば目や手の動きが描画スキルに影響を及ぼします。まっすぐに線を描けない、丸が描けないという学習者もいます。クレヨンを使う場合に、慣れている学習者は巧みにすばやくクレヨンを動かすでしょうし、慣れていない学習者であればぎごちなく動かすかもしれません。そうしたことも作り手の動機や情動、また主体性に影響を及ぼします。そのため、上手い・下手、慣れ・不慣れで判断するのではなく、表現されたものについての作り手の語りをじっくりと聴くことも大切です。

ふりかえりで作り手の作品を見て話を聞く側の学習者Bさんのなかでも個人内プロセスが起きます。創造的表現は見る側の身体感覚にも訴えます。学習者Bさんも自らの身体的感覚で作品を感じ取り、作品から何か連想したりします。また、Aさんとは異なる気持ちが生まれる場合もあります。例えば、天気で気持ちを表現したとき、作り手は「大雨です」と説明していても実際のイメージは「小雨」のように見えるということがあります。そのようなとき、相手に「Aさんは大雨と言われましたが、私には小雨のように見えました」と伝えることで別の見方を提示することになり、本人はそこで改めて自分の体験のあり方を検討するかもしれません。

(2) イメージの特性をふまえて

また、作品をともにふりかえるときに、**イメージの特性**を理解しておくことも有益です。河合（1991）は『イメージの心理学』でイメージの特性をいくつか紹介しています。以下にその特性の一部を紹介し、わかちあいをするときに注意したいことをお伝えします。

先ず、1つ目は、イメージは極めて**個人的**であるということです。河合はそのことを**イメージの「私」性**（p. 24）と表現しています。「個人の極めて主観的な体験としてのイメージ」であり、「『私』の体験そのものであり、『私』以外に──『私』が表現しない限り──知りようがない」（p. 24）と河合が指摘するように、創造的表現は十人十色であり、単純に上手い・下手で判断するとせっかくのその人らしさが見えなくなります。

2つ目は、イメージの意味は分断的ではなく**内包的**であるということです。河合は、それを「**集約性（多義性）**」（p. 30）といっています。創造的表現は、1つのイメージのなかに多くのことが集約され、話が進むと他の感情や考えにつながっていくことがあります。

また、河合は「**直接性**」（p. 31）という言葉で、イメージが見る側に直接訴えることを指摘しています。そのため、見る側も自身の感覚を働かせることでより深い理解が可能となります。

そして最後に、イメージは**象徴的**に表現する（「**象徴性**」）（p. 32）ということです。イメージとなったものは、制作者自身も気づかない象徴的意味を含む場合があります。（それ以外にも、河合は、「自律性」「具象性」「創造性」という言葉を用いて説明していますが、ここでは省きます。）

また、イメージをふりかえる際の特徴について、伊東（2020）は「(1) 主観性・間主観性」「(2) 身体的・感覚的理解」「(3) 共感的・親密的理解」「(4) 多層性・多義性」「(5) 連想的・連続的」「(6) 俯瞰的」（pp. 79-80）と指摘しています。河合の特徴にも重なりますが、イメージを他の学習者とわかちあうということは、他者の主観と自分の主観の間で起きていることに気づくことでもあります。

象徴されたものは、文化差、世代差、個人差などさまざまな層で意味が異なる場合があり、単純ではありませんが、イメージを語ることでそうした差も明確化されます。イメージを俯瞰しながら、少し離れてみたり近づいてみたりすることで印象が変わることもあります。

(3) why よりも how

そのため、イメージを他者とふりかえるとき、作り手に対して「何故（why）」ではなく、「どのようなものか（how）」を問いかけることのほうがイメージを深く理解する上で役に立つでしょう。創造的表現は自律的であると理解するなら、「なぜそのように表現したのか」と聞かれても答

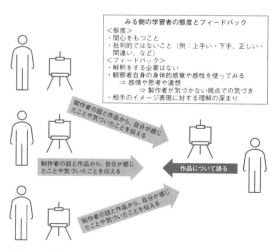

図6-4　創造的表現を用いたグループによるわかちあいとフィードバック

えられない場合があります。むしろ、特定の線や形がどのようなところ（感覚）から生まれたのかを話してもらうことで、作り手の体験に対する身体的感覚がよりはっきりとします。解釈ではなく、作り手の個人内プロセスが明確化されるような問いかけをすること、また、メッセージの主体が「私」であること、「私がどう感じていたのか」を伝えることで、間主観的な立場を理解でき、個人内プロセスに対する豊かな気づきをもたらすといえます（図 6-4）。

（4）ふだんから意識して

このような創造的表現を可能にするためには、学習者自身がふだんから身体感覚や感性を意識的に使ってみることも大切でしょう。特別なことではなく、足元に咲く花を見て感じたことに気づく、美味しい食べ物を食べたときの身体の感覚を感じる、友達と一緒に映画を見て感動したときの身体の感覚を話してみるなど、何気ない日常の体験を感じてみることです。最近よく耳にする「マインドフルネス」もそうした身体感覚に意識を向ける手助けをしてくれます。自分の身体感覚を信頼し、感覚を通して環境と自分自身との関係を考えることができるようになることが体験学習のデータ集めの助けとなります。

（5）イメージを味わう

最後に、体験学習の個人内プロセスに創造的表現を用いる目的は、上手い・下手で評価することではなく、個人内プロセスの生き生きとしたデータとなり気づきを深めるためでもあります。私はよく「相手のイメージを味わってみましょう」と声がけをすることがあります。皆さんは食事を「味わう」とき、口に入れてすぐにのみ込むよりは、噛みながら異なる食材の味や歯ごたえを感じたり、異なる調味料の味に気づいたり、原形をとどめない食材の味を見つけ出したりすることもあるでしょう。同じように、イメージがもつ微妙な（繊細な）趣は、そのような味わいととらえるとわかりやすいかと思います。

注

1 身体の動きに関しては、バランスを調整する前庭感覚もあります。

引用文献

藤岡俊子（1976）．体験学習（Experiential Learning）その1　南山短期大学紀要，4，117-129．
福島宏器（2018）．身体を通して感情を知る――内受容感覚からの感情・臨床心理学――　心理学評論，61（3），301-321．
グラバア俊子（2000）．新・ボディワークのすすめ　創元社
グラバア俊子（2015）．ソマティック・エデュケーション――教育プログラムとしてのボディワーク――　久保隆司・日本ソマティック心理学協会（編）ソマティック心理学への招待――身体と心のリベラルアーツを求めて――（pp.27-41）コスモス・ライブラリー
春木豊（編著）（2002）．身体心理学（p. 46）　川島書店
東山紘久（1982）．遊戯療法の世界――子どもの内的世界を読む　創元社
星野欣生（2005）．体験から学ぶということ――体験学習の循環過程――　津村俊充・山口真人（編）人間関係トレーニング第2版（pp. 3-6）ナカニシヤ出版
星野欣生（2005）．ふりかえりについて　津村俊充・山口真人（編）人間関係トレーニング第2版（pp. 171-172）ナカニシヤ出版
伊東留美（2020）．創造的表現を用いた内省的実践についての一考察――アートベースによる考察の試み――　人間関係研究（南山大学・人間関係研究センター），19，71-87．
河合隼雄（1991）．イメージの心理学　青土社
久保隆司（2011）．ソマティック心理学　春秋社
鯨岡峻（2005）．エピソード記述入門――実践と質的研究のために――　東京大学出版会
文珠紀久野（2005）．言葉によるコミュニケーション――「報告」・「推論」・「断定」・「抽象化」――　津村俊充・山口真人（編）人間関係トレーニング第2版（pp. 100-103）ナカニシヤ出版
村山正治（監修）福森英明・森川友子（編）（2005）．マンガで学ぶフォーカシング入門　誠信書房
Sherrington, C. S. (1906). *The integrative action of the nervous system*. New Haven: Yale University press.
島崎敏樹（1952）．感情の世界　岩波書店
寺西佐稚代（2005）．感情との付き合い方――自己成長のために――　津村俊充・山口真人（編）（2005）．人間関係トレーニング第2版（pp. 97-98）ナカニシヤ出版
寺澤悠理・梅田聡（2014）．内受容感覚と感情をつなぐ心理・神経メカニズム　心理学評論，57（1），49-66．
徳田良仁（2021）．心と芸術と――精神科治療への道を探って⑤――　日本芸術療法学会誌，52（1, 2），67-75．

7章

対人間プロセス

本章で取り上げていること

私たちは、日頃から家族、友人、クラスメート、上司や同僚など、集団のなかに身をおき、人と関わって生活しています。本章では、個人内のプロセスに続き、対人間プロセスについて、コミュニケーションの視点から考えていきたいと思います。

7.1 対人間プロセスと対人コミュニケーション

　星野（2005, p. 45）は、「私たちが、生きているということは、いつも、何か（**コンテント**）をしていますが、同時にそれをしている自分の内でも、また、誰か他の人との間でもさまざまなことが起こっています（**プロセス**）」と指摘しています。

　体験学習の循環過程のいかなる場面でも、私たちは、自分自身、1人あるいは複数の他者、グループ全体に対してと、さまざまなレベルでやりとりをしています。自分自身や他者に対する、言語や非言語的表現方法を用いたやりとりを**コミュニケーション**とよびます。そのため、対人間プロセスは、言葉だけでなくジェスチャーや態度、表情など言葉に依らない表現も含むコミュニケーションプロセスでもあるといえます。コミュニケーションをひと言で定義することは難しく十分な説明はここではできませんが、コミュニケーションは個人内、対人間、集団間などさまざまなレベルで行われ、個人の置かれた文化や体験、性格、価値観などによっても、表現や理解のしかたが異なります（Pearson et al., 2011）。

　竹内（2005, pp. 105-106）は、**非言語コミュニケーション**をとらえる手がかりとして「動作」「姿勢」「ジェスチャー」「顔の表情」「視線」「声の調子」「触れ合い」「空間」「生理的表出」「緊張」などをあげています。また、身にまとう装飾や服装も自分を表すものと指摘しています。非言語コミュニケーションは意識しないと気づかない場面も多くありますが、言葉以上にその人を表すこともあるので大切な要素でもあります。

7.2 コミュニケーションと言葉の発達

　対人間プロセスは、人と人との間でのやりとりで生じるプロセスです。コミュニケーションは、日常生活のなかで自分の意思を相手に伝えようとするときに誰もが行います。誰もがと書きましたが、生まれたばかりの赤ちゃんも「泣く」「笑う」

という行動で「お腹がすいた」「おしっこがでた」「気持ちがいい」というような自身の状態を相手に伝えようとしています。

7.2.1 言語・非言語コミュニケーション

　また、コミュニケーションは、語彙力や表現力の発達と関係しており、個人の**言葉の発達**は、社会生活の営みのなかでの人やものとの関わりを抜きにしては難しいといえます（内田，1999）。語彙が豊かになる幼児期には大人も驚くほどの言語的表現を用いてやりとりをすることができるようになります。一方で、思春期・青年期の若者になると、自分の言動に対して客観的にとらえるようになり、周りの目を意識するようになります。体験に対しても批判的に「良い・悪い」「正しい・間違い」でとらえることもあります。また、周囲の評価や批判などを気にして自分が感じたことを伝えることに恥ずかしさを感じ抵抗感を抱く場合もあります。

　さらに言語的発達が進み、論理的思考ができるようになると、公の場や集団内では感情的・主観的な表現を回避することがあります。特に、学校や会社などでコンテンツが評価の対象となる場面においては、情報を収集するうえでも言語的理解を優先させてしまい、非言語的表現に注意を払おうとしないこともあります。言語によるコミュニケーションは論理的であり情報収集には適していますが、情緒的側面の理解やその場の雰囲気を感じ取ろうとするときは**非言語コミュニケーション**に注目することも大切です（竹内，2005）。

　体験学習では、学習者個人が言語・非言語によるコミュニケーションから集めた情報に目を向け、それを「良い・悪い」で判断するのではなく、他の学習者と共有し、相互に理解しようとします。そのように考えると、体験学習は、豊かなコミュニケーション能力を育てるための有益な学習方法であるといえるでしょう。

7.2.2 文化の影響

　言葉の発達以外にもコミュニケーションに大き

な影響を及ぼすものが**文化**です。文化は言葉の発達にも影響を与えています。そのため、異なる文化のなかでは、これまで学んだコミュニケーションのルールが使えないということもあります。海外留学を経験されたことがある方は、何かを伝えようとして理解してもらえなかった、ジェスチャーが違う意味になってしまった、などの体験があるかもしれません。日本で、「こちらにおいで」という意味で使う手の動きは、アメリカでは「あっちへ行って」という意味になります。こうした体験がカルチャーショックにもなります。自分の思いが相手に伝わらないだけでなく、誤解されてしまったという経験でもあります。

　こうした**異文化間**でのコミュニケーションの難しさは、頻度や大きさの差はありますが、同じ国内で同じ言語を使っていても生じます。Pearson et al.（2011）は、異文化間でのコミュニケーションの違いだけでなく、同じ文化のなかでも多様な異なる文化（co-culture）があり、そうした多様な違いにも着目しています。そう考えると、対人間プロセスにおいても、そうした異なる文化をもつ個々人を理解する態度、すなわち多様性を尊重する態度は必要であるともいえます。

7.3 コミュニケーションプロセス・モデル ── コミュニケーションのなかで何が起きているのか

　私たちは日常生活のなかで周囲の人やものと言語・非言語コミュニケーションをとりながら関わっています。そうした、コミュニケーションのなかで何が起きているのでしょうか。**コミュニケーションプロセス**については、研究者らがモデルを用いて説明をしています（Shannon & Weaver, 1964；Schramm & Roberts, 1971；安村，2003；津村・山口，2005）。

　私たちは、対話を通して相手が発した言葉を機械的に理解するだけではありません。言葉はあえていえば、「氷山の一角」（安村，2003, p. 13）であり、言葉の意味するところは1つとは限りません。例えば、朝一番に教室に入り友人に「今日は寒いね」と声をかけて、「はい」「いいえ」で終わることは少ないでしょう。それは、相手が本当に

寒さについて聞いているのではないと理解できるからです。むしろ、その会話から、暖房のスイッチを入れる、学校を休みたかったが休まずに来られてよかった、などと会話を広げたりします。そのときの心理的理解に対しては、言葉が発される過程の場面や文脈、双方の関係性、その言葉と同時に発される非言語的表現などが影響を及ぼしています。そのため、発話者が意図した内容を受信者がそのまま理解することは困難な場合もあります。特に、言葉にのみ頼った対話（SNSなど）では、誤解が生じ関係性がこじれることも少なくありません。

7.3.1 相互作用

コミュニケーションには、言葉の具体的なやりとりの背後に、その対話者の心理的・関係的意図がある場合があります。そのため、どのようにその言葉が選択されたか、どのような場面で発せられたか、また誰に発せられたかによって、受け取り側は発話者の意図を理解し、その反応を**フィードバック**します。コミュニケーションは、そうした発話者に対してどう感じたのか、考えたのかを受け取り手である受信者がフィードバックしているともいえます。

コミュニケーションプロセスにおける発話者と受信者の相互作用について理解するために、Pearson et al.（2011）が提示する視点、「人」「メッセージ」「チャンネル」「フィードバック」「コード化」「エンコーディング（記号化）・デコーディング（解読）」の6つのキーワードを用いて、津村・山口（2005, p.80）の「コミュニケーションモデル」を説明していきます。「発信者」「受信者」という表現をここでは用いていますが、対人間では、どちら側も両者が担うことを考え、発言者を「**発信者**」、聞き手を「**受信者**」ととらえます（図7-1）。

対人間で行われるコミュニケーションを考えるとき、誰もがコミュニケーションの担い手であり、絶えることなく変化するやりとりのなかに身をおく可能性をもっています。また、個人はユニークな存在であり、社会環境や生活環境も異なるなかで生きています。そのため、考え方、価値観、好みなども異なります。発達段階によっては理解のしかたも異なります。そうした、異なる価値観や人生観、世界観などをもった個人個人がコミュニケーションをするということが最初の出発点でもあります。

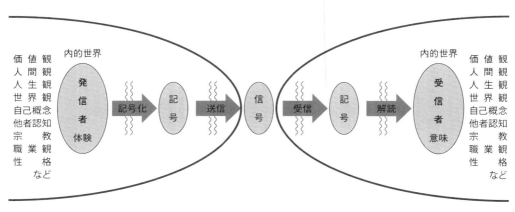

図7-1　コミュニケーションモデル（津村・山口, 2005より）

（1）発信者による記号化（エンコーディング）過程

発信者は、自分が相手に伝えたいことを伝えます。そのとき、発信者と受信者との関係性によっては、自分が相手に知ってほしいことをダイレクトに表現しない場合があります。学生が教員に、部下が上司に対してなど、私たちは地位や場面、関係性などを考え、表現を回りくどくすることがあります。あるいは、日本語がわからない受信者に対して、どのように伝えたらよいかととまどう

ともあります。

このように、私たちは、相手との関わりによって言葉を選び、態度を変えたりすることがあります。そのような**記号化（エンコーディング）**過程に影響を及ぼす要因として、**信号**となって相手に伝わる「**メッセージ**」を構成する言葉や態度などの記号選択のしかたがあります。メッセージには、言語・非言語どちらも含まれます。そして、言葉、態度、ジェスチャー、創造的表現などさまざまな表現形態で直接・間接的に表現されます。

表現形態は個人的であり、ダイレクトな表現、回りくどい表現、命令的な表現など、発信者の価値観や態度などが影響することがあります。また、発信者の思考過程も影響を及ぼします。話をしている最中にも、新たに次々と話したいことが思い浮かび、発信者はとりとめもなくつなげていき、何を言いたかったのか本人さえもわからなくなるということがあります。また、発信者の口調や話す速さ、声の大きさなども聞き取り易さ・にくさに影響があります。

（2）メッセージを届ける信号送信過程

ここでは、発信者が発した表現や態度などのメッセージが相手に受信されるまでの過程を説明します。

発信者も受信者も一生懸命に話そう・聞こうという態度でいても、メッセージを聞き逃すことがあります。コミュニケーションが行われている環境もまた、やり取りの質を決める要因となります。その原因として、メッセージが発信者から受信者に移る際の媒介を指す「**チャンネル**」の障害があります。

例えば、音であれば空気を介して、文字であれば紙媒体で、テレビのニュースであればケーブルを伝わってメッセージは届けられるでしょう。

コロナ禍では、体験学習をオンラインで実施することがありました。その際、パソコン画面や音声はインターネットケーブルやWi-Fiを介して受信者に届きます。そのためインターネット接続が不安定な環境では、画面が途中で止まったり、音が聞こえなくなるなどのトラブルがありました。これも信号過程における障害といえます。また、

コミュニケーションが起きている環境（場所）によっても影響されやすいです。心理面接などで、静かな部屋で外部の声が聞こえないような場所が選ばれる1つの理由は、信号送信過程による障害を少しでも減らし、誰にも聞かれないという安心な空間とするためです。グループワークによる話し合いでは、周囲のメンバーが発信者の妨げになる場合もあります。こうした環境の影響もコミュニケーションプロセスでは無視できません。

（3）受信者による受信過程

送られてきたメッセージは、受信者によって**コード化**されます。コード化とは、例えば、パソコンでメール送信をすると入力された言葉はコード化されインターネットを介して相手のメールボックスに受信されます。相手のパソコンに日本語ソフトが入っていないと、日本語のメールは文字化けして読めなくなります。同様に、言葉は象徴的表現であり、それが**文法**というルールで統一され、発信されます。非言語であれば、身体的表現や態度などの**象徴的表現**となります。それを受信者は、自分の言葉や文法・ルールで**デコーディング（解読）**します。解読もまた、受信側の考え方、とらえ方、性格や態度などに影響されます。そのため、デコーディングされたメッセージは、発信者が言いたかったこととまったく同じ内容で解読されるとは限りません。

受信過程に影響を及ぼす要因として、個々人がメッセージをどう理解するかという「枠組み」（津村・山口，2005，p. 81）の存在があります。発信者も受信者もそれぞれが異なる枠組み、すなわち、「価値観、人間観、人生観、自己概念、相手に対する見方、宗教、職業観、性格など」（p. 81）をもっています。以前、ある学習者が、私たち1人ひとりがそれぞれの辞書をもっていて、同じ言葉を使っても相手の辞書で意味を調べると違っていることがあるという気づきを共有してくださったことがあり、とてもわかりやすいたとえだと思いました。

（4）フィードバックのやりとり

また、コミュニケーションは**フィードバック**の

46   第Ⅱ部　プロセスをとらえるための多様なレンズ

やりとりという見方もできます。津村（2005, p. 68）は、「コミュニケーションを一方的な情報伝達のプロセスではなく、相互の理解を深めるためのプロセスであると考えるなら、コミュニケーションそのものがフィードバックであり、そのフィードバックがいかに効果的におこなわれているかが人間関係の質を規定しているといえる」と伝えています。フィードバックは相手に対して、発信者の言動が受信者にどのような影響を与えたのかについて伝えることです。フィードバックについては後ほど詳しく説明しますが、フィードバックは対人プロセスで起きていることも含めた情報であり、コミュニケーションの齟齬を少なくするだけでなく、相手との関係性の変容にも影響を与えるものでもあります。

(5) コミュニケーションのスタイル

また、コミュニケーションのスタイルにも個人差があり、コミュニケーションプロセスに影響を及ぼします。Bourne（1995）は「アサーティブ」「操作的」「受身的」「受身的・攻撃的」「攻撃的」の5つの異なるタイプを提示し、コミュニケーションのスタイルの違いを説明しています。

相手との関係性や立場などによって、自分の言いたいことを率直に言うことが難しいと感じることがあります。しかし、**アサーティブな表現**は、自分が言いたいことは何かを自らが考え、相手に知ってもらうという態度です。同時に、相手に対しても同じような態度でいることを認めています。アサーティブな表現によるコミュニケーションは、ときには納得がいかない、解決策が見出せない、お互いに意見の食い違いで終わるということもあります。一方で、双方が「相手に自分の考えを聞いてもらえた」という気持ちが生まれます。双方が言いたいことは何かが理解できるという点で、**アサーション**というスタイルは、コミュニケーションプロセスに影響を及ぼすといえます。

すなわち、アサーションとは、自分や他者のどちらか一方を優先するという自己表現のしかたではなく、両者（自分と他者）のどちらも尊重し合えるアサーティブな表現のしかたです（平木, 1993）。

7.3.2　他者に働きかけるコミュニケーションの形

対人間プロセスの意味を理解するだけでなく、実際のやりとりのなかでどのような対人間プロセスが起きているのかに注目し気づくことができるようになることは、コミュニケーションの質を変えることにもなります。

先述したように、コンテンツ、情報そのものに注目すると、言葉の意味だけを理解することになり、その背後にある隠れた意味を見逃す可能性もあります。コミュニケーションは伝えようとする内容そのものだけによるのではなく、そのとき、どのような姿勢や態度で相手と向かい合っているかという点でも影響を与えていきます。

以下に、相手に働きかけ、影響を与えるコミュニケーションの形（姿勢・態度）についてまとめてみたいと思います。

(1) アウトプット（表出）

文字どおり、自分のなかにある感情や考え、意見などをそのまま表出することです。そこには伝える相手がいますが、自分の気持ちや考えを相手に伝える（わかってもらおうとする）ことによって相手に働きかけるありようで、その目的は自分を相手に理解してもらうことです。ときには他者の反応を気を止めずに話し続けたり、感情のままにふるまったりするなど、その場の自分を出すことに突き動かされ、力がそそがれることがあります。あるいは自分の考えを受け取り、同意してもらえるように、そして期待する方向に動いてもらえるように、相手を説得したり操作したりする形になることもあるでしょう。

(2) コンサルテーション

あることについてよく知っている人が、そうでない人に対して、相手のニーズに沿う形で自分の中にあるもの（知識や情報）を提供します。あくまで相手の利益が前提ですので、相手の存在が無視されることはないでしょう。そこでなされる働きかけは、コンサルタント（あるいは対人援助職）個人の欲求ではなく、「専門家」の立場から、

その役割として、相手に役立つと思われる情報やアドバイスが提供されます。社会的に確立した役割でなくても、自分の知識や経験をもとにアドバイスすることはよくあることでしょう。

（3）フィードバック

前述したように、お互いに相手の言動に対して何らかの反応を返し合うコミュニケーションのやりとりそのものを「フィードバック」と考えることができますが、**狭義のフィードバック**は、自分の**認知のスクリーンに映ったこと**（見たことや聞いたこと）をそのまま相手に**伝え返す**ことを指します。このとき、前提として相手に対する情報提供（データ提供）ということがありながらも、自分の認知をわかってもらおうとする、自分のニーズも含まれることがあります。ですが、大事にされるのは、それはあくまでも「個人の認知枠組みに映ったものである」という点が認識されており、他の人は別のことを見たり聞いたりしている可能性があるという点です。そのため、伝えるときにはできるだけ「主観」を排除し、相手にも、そしてそこに関わっていた他者にも了解可能な**客観的データ**を提供します。

たとえば、「私が話しかけたとき、あなたは下を向いていた」「A さんは B さんの発言の後、それに付け加えて自分の考えを述べている」などの伝え方がなされます。これは、ラボラトリー方式の体験学習において、グループや他者へのフィードバックを行うときに大事にされている姿勢です。もちろん、何をもって「客観的データ」といえるのかという疑問はありますが、「実験室でデータを収集するような科学的姿勢」で解釈や分析を保留し、情報提供しようとします。

そこには提供先の相手がいますが、このフィードバックを受け取るかどうか、そしてどのように使うかは、相手に任されています。つまり、相手に直接的に働きかけることや、あるいは自分を表出することが目的ではなく、他者とともに、そこに起こっていたことをできるだけ広い視野で見ていこうとする姿勢がそこにはあります（4 章参照）。

（4）リフレクション

リフレクトとは、「反射する」「反映する」という意味をもち、対人コミュニケーションにおいては、自分がとらえたことをそのまま相手に**伝え返す**行為を指します。そのまま伝え返すという点では「フィードバック」と同様ですが、客観的なデータの提供というよりも、個人の価値観や視点によって感じ取られたことや、解釈されたことをもとに行動したり、伝え返したりする点が意識された行為です。ビデオやテープレコーダーに記録されたことを再生するような「客観性」ではなく、他者の言動によって自分が受けた影響や、自分のなかに生じた評価や解釈、自分自身が注目した点などを返すことによる影響が重要視されています。

Donald Schön（ドナルド　ショーン）は、自分が置かれている状況と自分の行動および内面に目を向け、特に状況との相互作用のなかで自分の内面に生じていることを手掛かりとして判断していく姿勢を「Reflective Practitioner」（**反省的実践家**もしくは**省察的実践家**）とよび、専門家にとって重要な態度であるとしています（Schön, 1983）。

また、家族療法家の Tom Andersen（トム　アンデルセン）は、「はなすこと」を「外的対話」、「きくこと」を「内的対話」と位置づけ、話し手と聞き手が、相互に自身の「内的対話」を映し返していくことを「**リフレクティング・プロセス**」とよび、この共同作業が新たな意味を創造していくことを示しています（Andersen, 1991）。

体験学習の場においても、日常生活においても、相手の語りが自分に与えている影響に目を向けることや、自分の語りが相手にどう影響したかを知ることで、私たちの気づきが促進されることがあります。リフレクションは、お互いの「違い」を生かし合う協働であるといえるでしょう。

7.4 コミュニケーションに影響を与える要因

2 者間のコミュニケーションは、情報の伝え手と受け手の両方が、お互いに影響を与え合って作り上げていきます。コミュニケーションが始まる

以前に、お互いがもっている、相手がどのような立場のどのような人であるかということの情報や知識、先入観や思い込みによっても影響を受けるでしょう。私たちはこれから起こることに対しての予想を立て、意図や期待をもちながらコミュニケーションを開始します。言語コミュニケーションにおいては、2人の間で話し手が何をどのように話せるかは、聞き手の態度や反応に影響されますし、聞き手の受け取り方は、話し手がどのような表現をするのかによって異なるものになるでしょう。話し手と聞き手、相互のやりとりのプロセスが、お互いの理解を左右します。

ここでは中堀（2005）の説明とMyron（1974）の著述をもとにして、2者間の言語コミュニケーションに影響を与える要因について考えてみます。

7.4.1　自己概念

私たちは、自分がどのような人間であるかについて、いくつかの概念をもっています。「私は、大人数で何かをするよりも、1人でいることが好きだ」「私は、何かを始めるとき、理屈で考えるより直感的な感覚で決めている」「私は、感情を表すことが苦手だ」など、「私は…」で始まる文章を作ってみると、自分が自分をどのような存在であると思っているか、その一部分が見えてくるでしょう。このような、自分がどのような特徴をもち、何に属し、何ができ、何に価値を置き、何を信じる、何者なのかという自分についての概念を、**自己概念**といいます。

これらの自己概念は、生まれてから現在に至るまでの対人関係のなかで作られてきたものです。自分の言動に対して周りの人々が返した反応や評価を通して、私たちは自分が何者なのかという概念を作っていきます。ですから、関わる人や場所によって、意識化されることや意味づけられることは異なり、さまざまな自己概念の側面が出現します。対人関係を通して作られていく自己概念は多様な側面をもち、経験を通して変化していきますが、そのとき・その場でどのような自己概念をもっているかによって、私たちのコミュニケーションは影響を受けます。

「私は人よりうまくできない」、「自分には価値がない」などの否定的な自己概念は、他者とのコミュニケーションを難しくさせます。このような自分がいることを他者に知られたくないと思うと、他者と関わることそのものが不安になります。他者に嫌われるかもしれない、馬鹿にされるかもしれないと思うと、自分を隠し、正直な感情や意見・考えを伝えることができなくなるでしょう。自分の意見はつまらないものだと思っていると、他者と意見の食い違いが起こったとき、自分の意見を引っ込めてしまうかもしれません。

自己概念は、自分をどのように伝えていけるかということだけでなく、他者の言葉や言動をどのように聞き、理解するかという部分にも影響を与えます。例えば、自分がしたことに対して、他者が「どうしてそうしたの？」と尋ねたとしましょう。相手はただその理由を知りたかっただけかもしれませんが、もし「自分は未熟で不十分だ」というような否定的な自己概念をもっていると、相手の問いかけは、自分を非難しているように聞こえるかもしれません。自分の方を見ないで返事をする他者の行動は、相手にはそのような意図がないのに、自分が無視されたように感じるかもしれません。否定的な自己概念は、他者とのコミュニケーションのなかに疑心暗鬼を生じさせ、他者の言動の意味を正しくとらえることを難しくさせることがあります。

自己概念は、私たちがどのように物事を見聞きし、判断し、理解するかに影響を与え、コミュニケーションに影響を与えます。同時に、コミュニケーションのプロセスが、私たちの自己概念を作っていきます。他者とのコミュニケーションが率直で安心なものであるとき、そのやりとりはお互いの相互理解を促進するだけでなく、それぞれの自己概念を修正し、豊かにしていくものとなるでしょう（13章参照）。

7.4.2　感情の取り扱い

喜び、怒り、悲しみ、寂しさ、幸福など、私たちは人と関わるなかでさまざまな感情を体験します。感情を表す言葉はたくさん存在しています

が、言葉にすることのできない感情もあるでしょう。感情は、心のなか（身体のなか）に起こる動きであり、今ここに起こっていることが、自分にとってどのような意味や価値をもつものであるかを教えてくれます（6章参照）。対人コミュニケーションのプロセスにおいて、湧きあがり、揺れ動く感情を、私たちはどのように扱っているでしょうか。

（1）否定的感情の存在

特に、**否定的感情**は、対人コミュニケーションにおいて扱いづらいものでしょう。否定的感情は、相手との関係やその場でのやりとりが、自分にとっては望ましいものではないことを知らせていますが、そのような感情をもつ自分を認められないときがあります。相手とうまくつき合っていくために、否定的感情を押さえつけたり、無視したりして、なかったことにしようとするかもしれませんし、自分の感情がこれ以上揺さぶられないようにしようとして、相手の話を聞くことができなくなるかもしれません。あるいは、否定的感情を体験することがないように、そのような感情が生じる相手との関わりを避けようとするかもしません。人によっては、押さえつけ無視しつづけた結果、些細なことがきっかけで、溜まっていた感情が爆発することもあるでしょう。

相手にとってみたら、なぜこのような些細なことでそれほど感情的になるのか、理解することができない状況となるでしょう。自己概念の個所でも述べたように、表現されない感情は他者に理解されることができず、たとえその場をやり過ごすことができたとしても、対人関係のプロセスにおいては効果的だとはいえないでしょう（4章参照）。

（2）否定的感情を押さえつけると

感情は身体の感覚であり、自分の意志で感じたり、感じないようにしたりできるものではないため、押さえつけたり無視したりすることは、感情をコントロールすることにはなりません。むしろ、自分ではその感情の意味に気づくことができない形となって存在し続けることになります。

その結果、理由のわからない不快感やストレスとなって、別の形で自分を苦しめます。それは自分の感情に鈍感になって感情に支配されることであり、対人関係のプロセスにおいて望ましいことではありません。感情に気づき、感情が伝えていることは何かを理解して、他者とのコミュニケーションに反映させていくことが大切だといえます。

（3）否定的感情の表現と受容

それでは、対人関係のプロセスのなかで、否定的感情はどのように表現できるでしょうか。「自分は傷ついた」「あなたに腹が立っている」と、自分の感情をそのまま言葉にすることができれば、相手は自分の言動の影響を知ることができます。しかし、他者から示された否定的感情を受け止めていくことは、たやすいことではありません。否定的感情の裏には「○○してほしかった」、「○○になると思っていた」というような、相手や状況に対する「願いや期待」があると考えられます。

私たちが真に相手にわかってもらいたいのは、自分が抱いた否定的感情ではなく、私たちのなかにある、相手に対する願いや期待ではないでしょうか。否定的感情の奥にある、このような願いや期待を伝えていくことで、相手の理解は助けられるでしょう。また、他者からの否定的感情表現に出会ったときも、相手はそのことで何を伝えたいのだろうと考えてみたり、相手の願いや意図を知ろうと働きかけてみたりすることは、建設的な関係づくりに役立つでしょう。

近年、「アンガーマネジメント」、「マインドフルネス」など、否定的感情を適切に扱うさまざまな手法が広がっています。これらは、今・ここでの自分の感情を自分のものとして気づき、受け止めていこうとするものです。さまざまな心理療法やカウンセリングにおいても、クライエントの感情が受容され、理解されることを基本とし、大切にされます。カウンセラーとの信頼関係のなかで、自分では受け止められない、理解できない自分の感情と向かい合い、自分の一部として受容していくプロセスのなかで、クライエントはこれまでとは異なるものの見方や感じ方と出会うことができるのです。

50 第Ⅱ部 プロセスをとらえるための多様なレンズ

このプロセスは、日常生活における対人関係においても同様です。対人コミュニケーションにおいて、お互いの感情をどのように伝え合い、扱っていけるかによって、そこに新たな意味が創造される可能性が開けていくでしょう。

7.4.3 自己開示

自分の感情、考え、意見、特徴など、自分についての情報を、ありのままに他者に示すことを**自己開示**といいます。先の「自己概念」「感情の取り扱い」でも触れたように、否定的な自己概念や感情は、他者への不信感や不安、恐れとなって自己開示を妨げます。自分を開示しないコミュニケーションは形式ばった、よそよそしいものとなり、そのような雰囲気のなかでは、ますますお互いの自己開示を難しくさせるでしょう。「ここでは何を話しても非難されることはない」という信頼や安心がある場では、私たちは自由に自分を表現することができ、お互いの理解を深めます。特に、お互いに相手に対して抱いている思いを開示することができていくと、そのやりとりを通して、1人では思いつくことができなかった新たな意味を創造することにつながっていきます（4章参照）。

ありのままに自分を開示することは、歯に衣を着せずにずけずけものを言うことや、自分の秘密を洗いざらい告白することが望ましいということではありません。ともに信頼関係を築き、共通理解を生み出していくために、率直な自分を伝えることで相手と出会おうとする行為なのです。

7.4.4 表現の明確さ

ここでは特に、コミュニケーションにおける、伝え手側の要因について考えてみたいと思います。私たちは、自分のなかにある感情や考え、意見、情報を他者に伝えようとするとき、それらを**言葉やジェスチャー**に置き換えて表現します。このとき、相手に伝わりやすい明確な表現がなされることが大切です。そのためには、自分のなかに起こっていることや、相手に伝えたいことが何であるかについて、自分がはっきりと意識できてい

ることが必要となります。言葉とジェスチャーが食い違うことや、何を言っているのかがわからないような表現は、メッセージの受け手を混乱させてしまいます。

自分が表現したいことが表現できたとしても、それが相手に届くかどうか、相手が受け取れるかどうかを考え、その方法を工夫することも大切なことです。とにかく言いたいことを言って終わりではなく、相手がそれを受け取れるような表現となっていなければ、相互理解には結び付きません。相手の言動に腹が立ったときに相手を罵倒することは感情の表出ですが、もし自分の思いをわかってほしいと思うのであれば、相手が受け取れる表現にしていく必要があります。

言葉やジェスチャーは、私たちが生まれてから現在に至るまでの個人の経験から学んできたものです。ですから、同じ言葉やジェスチャーを使っていても、その意味合いは、相手がその言葉やジェスチャーに対して抱いているものと同じとは限りません。ある人が「最近、気分が落ち込んでいて」と話すとき、相手が表現している「気分の落ち込み」の感覚は、私が想像する「気分の落ち込み」の感覚と同じとはいえないでしょう。同じ言葉を使っていると、自分が理解したことが、相手が伝えようとしたことだと思い込んでしまいがちです。伝え手は、自分の表現でとにかく伝えて終わりにするのではなく、相手にどのように受け取られたのかを確認していくことも大切です。

7.4.5 傾　聴

先に述べたように、言葉は相手が伝えようとしていることそのものではなく、言葉の形に託されたものにすぎません。否定的な言葉が常に相手を非難しているのではなく、ときには親しみの表現であったりすることを、私たちは知っています。私たちはその場の文脈や、相手の非言語メッセージから、相手の真意を受け取っていきます。

言葉そのものではなく、その言葉が選ばれた背景を感じ取り、その言葉によって相手が伝えようとしていることを受け取ろうとしていく積極的な聞き方を**傾聴**といいます（12章参照）。そのため

には相手の言葉に集中し、聴く意図をもって相手と向かい合うことが求められますが、それはたやすいことではありません。相手の話を聞いている間には、自分のなかにさまざまな感情や考えが浮かんでくるでしょう。自分の意見を言いたくなったり、話のなかのある部分が気になってそこばかりを聞きたくなったりするかもしれません。あるいは、聞き手にとっては心地よい話ではなく、それ以上は聞きたくないと思うかもしれません。聞き手が自分の欲求に従って反応してしまうと、話し手の話は中断され、話し手が伝えたかったことを表現することができなくなります。傾聴とは、単に耳に入ってきたように「聞く」ことではなく、話し手に主導権を与え、話し手の表現を助けるように「聴く」積極的な行為です。

聞き手が自分の話に興味や関心をもち、理解しようとしてくれていることを感じることができれば、話し手は、より安心して率直な自分を表現していけるでしょう。そのプロセスのなかで、聞き手がどのように聞いたのかをフィードバックすることは、お互いの理解を深めるだけでなく、話し手が自分自身と向かい合うことを助け、自分の表現を修正したり、自己理解と自己受容を深めたりすることを助けていきます（4章参照）。

7.5 ダイバーシティとインクルージョンの社会に向けて

私たちは、日常生活であたりまえのようにコミュニケーションをとっています。学生からときどき、コミュニケーションが苦手でどうしたら上手く話せるのかと質問されることがあります。私は、学生にコミュニケーションも学習できますよと答えるようにしています。先述したように、コミュニケーション能力は誕生後、社会のなかで人と関わりながらそのスキルを学習し獲得していきます。コミュニケーションは学習でき、学習することでより効果的かつお互いを尊重するコミュニケーションができるようになります（Pearson et al., 2011）。

グローバル化が進む現代社会において、日本で長く働く外国人労働者、日本生まれの外国人、

海外で生まれた日本人、長期間海外生活をしてきた帰国子女らも増えています。また、**多様性**（diversity：**ダイバーシティ**）という言葉が示すように、多様な価値観をもつ人たちが日本社会においてもともに生きています。こうした社会情勢を考えるとき、排他的になるのではなく、包括的になる**インクルーシブ**な社会構築が進めば、誰もが生きやすい社会となります。そのためには、多様性を尊重する態度が必要となり、コミュニケーションはその態度にも影響されます。

星野（2005, p. 185）は、「教育は関係が生みだすもの」として、教育の内容や技術（コンテント）だけでなく、教師と生徒・学生との関係性（プロセス）にも注目するべきと伝えています。同じように、筆者は多様性を考えるときにも星野が指摘するような「お互いに、個として、相手を承認し尊重していく関係」を築くことが大切であると考えます。それは、マジョリティとマイノリティを対立させたり、異なる存在として対象化し排除しない、**ともに存在する関係**（Withness：ともにあること）の構築ともいえます。

星野（2005, p. 186-189）は、「**WITH-ness**」のための要素として、「人間性（being fully human）」「現実性（reality）」「相互関係性（being interactive）」「開放性（openness）」「感受性（sensitivity）」「親密性（intimacy）」「楽天性（being optimistic）」をあげています。私たちが"今ここに"存在するということは、精神的・肉体的存在としての自己の存在が現実感をもって意識される体験でもあり、その感覚は人間らしさでもあります。対人間プロセスにおいて、今ここで起きているやりとりに自身の存在をすべて没入して相互にやりとりすることができれば、この WITH-ness の体験が可能となるでしょう。

体験学習における対人間プロセスに目を向けることで、自分の意図がコミュニケーションのなかで相手と共有できたか、できなかったとしたら何が妨げになっていたのかを検討する機会となります。さらには、今ここにいる相手の存在を理解し、尊重することにもつながります。そして、こうした対人間プロセスをとらえることが、我々個人や社会の多様性やグローバル化に対する価値観

に気づく機会ともなります。

　対人間プロセスについて理解を深めるだけでなく、対人間プロセスで何が起きているのかに気づき、その場で対応できる力は、複雑な社会のなかで生きる私たちが関係構築を建設的に進めるうえでも必要であり、その必要性は今後ますます増えてくるといえるかもしれません。

引用文献

Andersen, T. (1991). *The reflecting team: Dialogues and dialogues about the dialogues.* New York: W. W. Norton. (鈴木浩二 (監訳) (2015). リフレクティング・プロセス——会話における会話と会話—— 金剛出版)

Bourne, E. J. (1995). *The anxiety and phobia workbook* (6th ed.). New Harbinger.

平木典子 (1993). アサーション・トレーニング——さわやかな〈自己表現〉のために—— 日本・精神技術研究所

星野欣生 (2005). グループプロセスで何を見るか　津村俊充・山口真人 (編) 人間関係トレーニング第2版 (pp. 45-47) ナカニシヤ出版

星野欣生 (2005). ともにあること (WITH-ness)　津村俊充・山口真人 (編) 人間関係トレーニング第2版 (pp. 185-189) ナカニシヤ出版

飯島喜一郎 (監修) 三國牧子・本山智敬・坂中正義 (編著) (2015). ロジャーズの中核三条件　共感的理解　カウンセリングの本質を考える3　創元社

飯島喜一郎 (監修) 坂中正義・三國牧子・本山智敬 (編著) (2015). ロジャーズの中核三条件　受容　カウンセリングの本質を考える2　創元社

Myron, R. C. (1974). Five components contributing to effective interpersonal communications. The 1974 Annual Handbook for Group Facilitators. University Associates.

中堀仁四郎 (2005). 効果的コミュニケーションのための5つの要素　津村俊充・山口真人 (編) 人間関係トレーニング第2版 (pp. 89-92) ナカニシヤ出版

中堀仁四郎 (2005). 自己概念・経験・成長　津村俊充・山口真人 (編) 人間関係トレーニング第2版 (pp. 112-115) ナカニシヤ出版

大塚弥生 (2005). 対話の中での聞き手の留意点　津村俊充・山口真人 (編) 人間関係トレーニング第2版 (pp. 93-96) ナカニシヤ出版

Pearson, J., Nelson, P., Titsworth, S., & Harter, L. (2011). *Human communication* (4th Ed.). McGraw Hill.

Schramm, W., & Roberts, D. F. (Eds.) (1971). *The process and effects of mass communication.* Revised edition. University of Illinois Press.

Schön, D. A. (1983). *The reflective practitioner: How professionals think in action.* Basic Books.

Shannon, C. E., & Weaver, W. (1964). *The mathematical theory of communication.* The university of Illinois Press.

竹内敏晴 (2005). 非言語コミュニケーション——からだが語る言葉—— 津村俊充・山口真人 (編) 人間関係トレーニング第2版 (pp. 104-107) ナカニシヤ出版

寺西佐稚代 (2005). 感情とのつきあい方　津村俊充・山口真人 (編) 人間関係トレーニング第2版 (pp. 104-107) ナカニシヤ出版

津村俊充・山口真人 (2005). コミュニケーションのプロセスと留意点　津村俊充・山口真人 (編) 人間関係トレーニング第2版 (pp. 80-84) ナカニシヤ出版

内田伸子 (1999). 発達心理学——ことばの獲得と教育—— 岩波書店

安村通晃 (2003). コミュニケーションとインタラクション　*Keio SFC Journal*, 2 (1), 10-29.

8章

グループプロセス

本章で取り上げていること

日常生活では、「私」と「あなた」という2者間の関わりだけでなく、複数のメンバーと関わる場面も多くあります。たとえば、企業組織では、ミーティングで重要な決めごとや問題解決をすることもあります。大学生は、授業、ゼミ、サークルなど、グループで活動する場面も多くあります。私たちはグループでの関わり抜きには生活できないといえるでしょう。

本章では、グループで生じるさまざまな人間関係的な側面について概観します。それによって、「私」について洞察が深まるだけでなく、グループではどのようなことが生じているのかについての理解を、対人場面と比較しながら、より深めることができるでしょう。そのような気づきや体験学習での学びを通して、グループにおいて多様な人々の存在や価値観を認め合い、人間性豊かな関係性を構築し、お互いに人間的な成長をめざしていけるのではないかと思います。

8.1 グループでの人間関係を学ぶ意義

改めてグループでの人間関係を学ぶ意義は何でしょうか。さまざまな意義があると思いますが、ここでは3点指摘しておきたいと思います。

第1に、グループの学びは、自己理解を深める助けとなります。6章と7章で扱った個人内プロセスや対人間プロセスに加え、グループ内で他者と関わることで、自分が気づいていなかった信念や価値観、他者との関わり方に気づくことができます。例えば、複数のメンバーからフィードバックを受けることで、自分のもつ考え方や他者への接し方について、新たな理解を得られるでしょう。

第2の意義として、グループでの人間関係は、「あなた」と「私」の2者間の対人状況とは異なる心理的状況となることもあるので、より複雑な対人関係のプロセスを理解することができます。たとえば、親しい友人同士では気軽に話せるのに、グループ活動になると、とたんに自分の考えをうまく伝えられなくなったり、どう参加していいのか不安になってしまったりするということがあるでしょう。人数が多くなったために、不安が高まるなど、個人内のプロセスに変化が生じるのです。それだけでなく、自分の考えをうまく伝えられないもどかしさや停滞した雰囲気が対人間やグループ全体に影響を与えてしまうかもしれませんし、周りの雰囲気が自分に知らずに影響を与えているという双方向性の影響過程もあるかもしれません。このようにグループ場面に特有のプロセスに注目することは、グループのさまざまなプロセスの理解に役立つと考えられます。

第3に、日常場面におけるグループとの関わりは、何かの課題やタスクを達成するための場面が多いため、どのようにその課題を達成したらよいのか、グループにどう働きかけるのかについて学ぶことができます。

とくに、グループには特有の作用があることは広く知られており、たとえば「3人寄れば文殊の知恵」といわれるようなグループの**シナジー効果**や、アリストテレスの時代から知られている「全体とは部分の総和以上の何かである」というグ

54　第Ⅱ部　プロセスをとらえるための多様なレンズ

ループの**ゲシュタルト的特徴**について理解を深められることができると思います（5.3節参照）。

　一方で、グループだからこそ、お互いの考えの腹のさぐり合いになって結局解決できなかったり、誰かが課題をやってくれるだろうと消極的な態度になってしまったりするかもしれません。

　そのようなグループ特有のプラスとマイナスの両面があることを理解したうえで、お互いに満足し人間性豊かな関係を作るためのグループへの働きかけのしかたを考えます。

　本章では、グループとしてどのようなことが生じているのか、個々人の影響過程や個人と集団の複雑な相互作用過程に注目します。これにより、自己理解を深め、お互いの多様性を認め合いながら、どのようにグループの課題を円滑に達成し、良好な人間関係を構築できるのか、そのグループのあり方を理解する一助となればと思います。

8.2　グループプロセスとは

8.2.1　グループとは

　グループとは、大雑把にいってしまうと、「複数の人の集まり」ということになります。さまざまな定義や特徴がありますが、Forsyth（2019, p. 3）では、グループとは「社会関係によって、またそのなかでつながりがある2人またはそれ以上の人々」（two or more individuals who are connected by and within social relationships）と定義しています。複数の人々がある社会的な関係性をもち、個人がバラバラで独立的ではなく、**何らかのつながり**をもっていることが強調されています。その関係性は、比較的永続的なものもあるでしょうし、偶然出くわした関係かもしれません。必ずしも良好な関係性ではない場合でも何らかのつながりがあるというところに、グループの複雑さがあるように思います。

　グループには目的・性質によって「チーム」「組織」「家族」「クラブ」などさまざまなよび方が存在します。たとえば、共通の目標を達成するためにメンバー間の相互依存性が高いグループは

チームとよばれます（Nijstad, 2013）。**組織**とは、責任の所在と階級がより明確になった集団で、メンバー間での相互作用や役割を通して目標達成のための課題を遂行していきます。

　いずれにせよ、グループでは複数人が相互作用を行うことから、その人間関係的な関わりもより複雑化します。

8.2.2　グループプロセスとは

　本書ではこれまで、他者との関わりにおいて、何が話されているのか、どのような課題を解決するのかという「なに（what）」に関連する**内容側面（コンテント）**とともに、「どのように（how）」他者と関わるのかに関連する**人間関係側面（プロセス）**の両面に目を向ける重要性を指摘してきました（1章参照）。グループにおいても、このコンテントとプロセスの2側面を理解する必要があります。グループにおいては、グループの話題、課題（仕事）などの側面がコンテントとなりますし、**グループプロセス**とは、グループのなかで起こる人と人との関係的過程になります。

　往々にして対人やグループでのプロセスでは、自分の思い込みで人を判断してしまったり、お互いにモヤモヤを感じたまま仕事をしてしまったりしがちです。これを Bushe（2010）は、「**対人間のグチャグチャ（interpersonal mush）**」と表しています。グループの関わりでは2者間の関係性と比べ、その「グチャグチャ」はより複雑なものになるでしょう。このようにグループの関わりのなかで生じる個人、対人、グループについてのさまざまな感情や考え方などが**グループプロセス**です。また、ほぼ同義の用語として**グループ・ダイナミックス**も社会心理学で広く使用されています。

8.3　プロセス・ゲインとプロセス・ロス ——グループプロセスを学ぶ重要性

　ここでは、グループプロセスの理解がなぜ必要であるのかを示すたいへん興味深い概念を紹介したいと思います。

8.3.1 プロセス・ゲインとプロセス・ロスの定義

グループが円滑に機能しているかどうかについて、これまで社会心理学研究では、グループとしての課題達成度や効果性を「**グループ・パフォーマンス**」とよび、その目標到達度合いの視点から研究されてきました（20章参照）。とくにグループの課題の達成度について、グループだからこそ、より効果的な結果になった場合と、うまくいかなかった場合とのプロセスの違いから検討されています。「3人寄れば文殊の知恵」のように、課題遂行能力が個人の総和よりも高まる場合については、グループプロセスの**利得**（**ゲイン**）（process gain）が見られたと考えられます。一方、「船頭多くして船山に登る」のように、複数のメンバーがそれぞれ意見や指示を出しても、誤った方向にグループを導いてしまったり、まとまらなかったりするという状況については、グループプロセスの**損失**（**ロス**）（process loss）という概念から説明されます。

初期の研究では、**プロセス・ロス**に注目して研究がなされ、「スタイナーのモデル（Steiner's model）」として知られていますが、**プロセス・ゲイン**も考慮に入れたモデルとして以下のものが知られています（Hackman & Morris, 1975）。

> 実際のグループ・パフォーマンス ＝
> 　グループの潜在力 － プロセス・ロス
> 　＋ プロセス・ゲイン

グループの**パフォーマンス**が、通常想定されているグループとしての**潜在力**より高くなればプロセス・ゲインが見られたということになりますし、想定されているグループの潜在力より達成度が低ければ、プロセス・ロスが見られたということになります。

8.3.2 課題タイプとグループの潜在力

では、グループで想定される潜在力とは何でしょうか。一般的には、それぞれの個々人が出せる最大限の力を合わせた総和がグループの潜在力と考えられます。しかし、私たちの日常でも意思決定や共同作業などさまざまなグループ活動がありますので、グループが行う**タスク**のタイプによってその前提となる潜在力は異なることも想定できます。

たとえば、綱引きなどの課題では、個々人の力を合わせ最大限発揮することが潜在力と関連してきそうですが、もっとも適切な解があるような課題を解決するための話し合いの場合は、正解に導く解法を最終的に決定することが潜在力となります。このタスクによる潜在力の違いの説明としてSchultz-Hardt & Brodbeck（2020）が参考になります（**表8-1**）。

表8-1　タスクとグループの潜在能力の違い (Schultz-Hardt & Brodbeck, 2020, p. 540 より)

タスクのタイプ	タスクの例	グループの潜在力
加算型	綱引き、ブレイン・ストーミング、雪かき	メンバー個々人のパフォーマンスの総和
離接型	問題解決、意思決定、数学演習	もっとも能力の高いメンバーのパフォーマンス
連接型	集団登山、仕事の正確性、機密保持	もっとも能力の低いメンバーのパフォーマンス

この表では、少なくとも3つのタスクのタイプによって、想定されるグループの潜在力も異なることを示しています。

（1）加算型

加算型（addition）のタスクとは、みんなで力や知恵を出し合って達成するような課題（綱引き、ブレイン・ストーミング、雪かきなど）を指し、想定されているグループの潜在力は、メンバー個々人のエネルギーや能力の総和ということになります。

（2）離接型

次の**離接型**（disjunction）タスクとは、グループで協働しながら取り組むものの、最終のグループ・パフォーマンスは1人のメンバーの解にグループとして合意できたかどうかによるタスクで

あり、問題解決、意思決定や数学問題演習など、より適切な解の存在が想定される課題がこれにあたります。この場合、グループの潜在力は、結果としてもっとも能力の高いメンバーのパフォーマンスであることが想定されています。

(3) 連接型

最後の**連接型**（conjunction）タスクは、全員が達成しないとパフォーマンスが振るわないようなタイプを指します。集団での登山、仕事の正確さ、機密情報の保持等が挙げられ、パフォーマンスの質はグループのなかでもっとも能力の低いメンバーのパフォーマンスが想定されます。

こうしたグループの潜在力と比較して、実際のパフォーマンスが高ければ、プロセス・ゲインが見られ、一方低かった場合はグループとしてのプロセス・ロスが生じたということになります。

このように、グループプロセスもタスク（コンテント）の特徴から影響を受け、プロセスはグループの効果を高める正の要因ともなれば、その効果を低める負の要因ともなることがおわかりいただけたのではないかと思います。

8.3.3 プロセス・ロスとプロセス・ゲインが生じる心理的要因

グループでの関わりには特有のプロセスがはたらき、それが課題達成を促進する効果（プロセス・ゲイン）と弱めてしまう効果（プロセス・ロス）をもつことがわかってきました。では、どうしてそのようなプロセスが生じてしまうのでしょうか？

これについては、さまざまな要因があると指摘されていますが、Schultz-Hardt & Brodbeck（2020）の記述を参考に、これまでに研究の蓄積のある**調整**と**動機**の2要因から検討します（**表 8-2**）。やや専門的になりますが、グループでの関わりにはさまざまな心理的・関係的プロセスが生じるということを理解する一助になればと思います。

表 8-2　プロセス・ロスとプロセス・ゲインが生じる心理的要因（Schultz-Hardt & Brodbeck, 2020, p. 540 より）

プロセス	ロス	ゲイン
調整	リンゲルマン効果 生産性阻害	
動機	社会的手抜き 不要性効果 被搾取者効果	社会的補完 社会的競争 ケーラー効果

(1) 調整の要因（プロセス・ロス）

まず調整プロセスの影響について見ていきましょう。**調整ロス**（coordination loss）とは、個々人の貢献が最適にグループに影響を及ぼしていないと発生するものです。具体的な例として、綱引きのような課題において、1人ひとりが最大限の力を出すだけでなく、同時にタイミングを合わせられるように調整されないと、グループの潜在力が最大限発揮されません。このような現象は、フランスの農学者である Maximilien Ringelmann が、綱引きの人数が増加することにより、1人あたりのパフォーマンスが低下することを明らかにしたことから、**リンゲルマン効果**として知られています（Ingham et al., 1974；Kravitz & Martin, 1986）。

もう1つの調整ロスの現象として、グループで**ブレイン・ストーミング**を行う際に、個々人が考えていたアイデアの数よりグループで提案されたアイデアの数が減少してしまうことがあり、これは**生産性阻害**（production blocking）とよばれます。ある人がアイデアを説明する際に、他のメンバーはアイデアを考えることを中断して、話を聞かなければならないので、課題への取り組みから意識がそがれてしまうことによるものです。

(2) 動機の要因（プロセス・ロス）

第2の要因として、グループで取り組む際の個々人の動機への影響があります。皆の動機が個人で行う状況に比べて高まればプロセス・ゲインとしてはたらくことが予想できますが、課題に対する動機が低下してしまえば、プロセス・ロスにつながります。プロセス・ロスになる現象として3点指摘されています。

第1に、グループの人数が増えれば、「私だけ

あえて頑張らなくてもいいや」と考えやすくなることから、課題達成への動機が低下する**社会的手抜き**（social loafing）が生じやすくなります（Latane et al., 1979）。

第2に、**不要性効果**（dispensability effect）があります（Kerr & Bruun, 1983）。これは、グループのメンバーに自分より能力が高い者がいた場合、自分が努力しなくてもその人が代わりに行ってくれるため、自分は課題達成には不要であると考え、グループへの所属や課題達成に対する動機が低下してしまう効果です。別名「**ただ乗り効果**（free-rider effect）」ともよばれる現象です（Kerr & Bruun, 1983）。

第3に、能力ややる気の高いメンバーからすると、1人でもただ乗りしているメンバーを見ると、自分は「他のメンバーから都合良く利用されている」、つまり、自分がメンバーの都合の良いカモ（sucker）になっているという意識になり、努力しなくなったり、能力を発揮しなくなったりするという**被搾取者効果**（sucker effect）が生じるとされています（Mulvey & Klein, 1998）。

（3）動機の要因（プロセス・ゲイン）

このようにグループになるとプロセス・ロスが生じる場合も多く見られますが、グループのメンバーとの関わりが、個々人の動機を高め、結果としてプロセス・ゲインになる現象もあります。

まず、グループのメンバーとの相互作用を通して、他者と自分とを比較（**社会的比較**）することにより、「あのような人に私もなりたい」、「私もあのような人から認めてもらいたい」というように、自分の能力以上に優れた人と比較する上方比較が働く場合があります。このようなプロセスは、「社会的補完（social compensation）」、「社会的競争（social competition）」、「ケーラー効果（Köhler effect）」という概念から説明されています。

①**社会的補完**：グループの目標達成が重要であり、かつメンバー間の関係性が必要不可欠と感じる場合、より能力のあるメンバーが、能力の劣るメンバーのパフォーマンスを補い、ふだん以上の努力をすることを指す（Williams & Karau, 1991）。グループプロジェクトの際に、他のメンバーの能力を補い、人一倍努力をしてプロジェクトを仕上げる状況がその一例。

②**社会的競争**：他のメンバーのパフォーマンスより自分のほうが優れたいという動機をいう（Stroebe et al., 1996）。ライバルのような関係では、負けてなるものかと発奮したり、課題達成に向けてお互いに良い刺激をしあったりする場合がある。

③**ケーラー効果**：ドイツの産業心理学者のOtto Köhler の研究成果によるもの。加算型の課題の際に、能力に自信がない者が、「チームの足を引っ張ってはならない」とグループへの動機を高めてふだんの能力以上の力を発揮するという現象（Witte, 1989）。例えば、リレー競技において、ふだん1人で走るときのタイムより速くなるなど。

グループプロセスの重要性を理解するために、グループで行う**タスク**の内容の違いとともに、**プロセス・ゲイン**と**プロセス・ロス**の要因について概観してきました。実際私たちが行っているグループでの課題やその目標は、上記のような単純なタイプではなく、加算型や連接型など状況に応じて変化するでしょうし、グループの課題に対しても同時並行に複雑なタスクを私たちは行っていますので、上記の要因だけでは説明できないことのほうが多いとも考えられます。

しかし、**グループ・パフォーマンス**との関連で比較的わかりやすい例を挙げたことによって、個人の心理状況やメンバー間の関係性などのグループプロセスがいかに私たちのパフォーマンスに、ポジティブあるいはネガティブに働くのか、その一端はおわかりいただけたのではないでしょうか。次の節では、さまざまな要素が考えられるグループプロセスの中身を検討していきます。

8.4 グループプロセスの諸要素

グループプロセスでは、グループでの相互作用に関する認知、感情、行動などの心理的、関係的

要因が「グチャグチャ」(Bushe, 2010) になっています。このことから、Reddy (1994 津村監訳 2018, p.70) が述べるように、グループプロセスは「とても複雑であり、あるものは目に見えて、あるものは見えないままで、多層なレベルで同時に存在している」(ゴシック原文ママ) との指摘は的を射ていると思います。これまで複雑かつ見えないグループプロセスは氷山図を描くことによって明らかにされてきました(例：Reddy, 1994；Minahan, 2014；津村, 2012)。そこで、本セクションでは日頃見えていない部分の記述を試みることによって、グループプロセスにはどのような要素があるのかを示します。

8.4.1 代表的な氷山図モデル

(1) Reddy の氷山図

まず代表的なモデルの1つに Reddy (1994 津村監訳 2018) があります (図 8-1)。これは、レベルⅠ～Ⅴまでの見えやすさの違いからグループ・ダイナミックスの構成要素を表したものです。

レベルⅠはコンテントの側面で、レベルⅡ以降がグループプロセスに関係する部分です。そのなかでも、レベルⅡは、コミュニケーションに見られる相互作用過程やタスク、対人葛藤に関係する側面です。このレベルまでは、氷山が海面上に現れており、比較的観察可能です。一方、レベルⅢからレベルⅤまでは水中に隠れた部分であり、他者から観察しづらく、グループでの関わりのなかでも見えづらい側面です。レベルⅢは、核となるグループの課題であり、グループの所属意識や権力関係、メンバー間の関係性に関連する自律性、能力、親密性、友好関係、セクシュアリティに関する側面です。レベルⅣは、個々人の価値観、信念や前提に関係した側面を表しており、構成要素として防衛機制、成育歴、パーソナリティ、基本的欲求などが含まれます。レベルⅤでは、無意識の領域もグループの関わりに影響を及ぼしているとされています (4.2.2 項、19 章参照)。

このように見えない部分も多層性が想定され、グループプロセスには、個人の無意識や価値観が影響します。それらが、お互いの意識や権力関係、雰囲気など関係的側面に影響を及ぼしているという概念図は、グループプロセスの構成要素の理解に大きな示唆を与えていると思います。

(2) Minahan の氷山図

次に Minahan の氷山図 (Minahan, 2014 柴田他訳 2018, p.355) を見てみましょう (図 8-2)。これは、グループプロセスの諸要素のうち、対人間やグループレベルの要素を中心に表したものと解釈できます。グループ諸要素として、①構造・役割、②規範 (コミュニケーション、葛藤対処、問題解決、意思決定)、③メンバーシップ、④リーダーシップ、⑤目的 (目標の明確さ、目標の調整) の5項目が指摘されています。どの要素も他のメンバーとの関わりに影響を与える要素ですし、グループとしてそれぞれの要因がグループにどう影

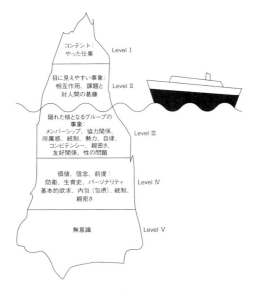

図 8-1 グループ・ダイナミックスの氷山図
(Reddy, 1994 津村監訳 2018, p.400)

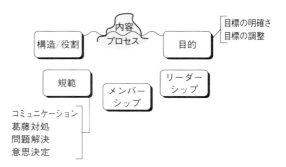

図 8-2 グループ・ダイナミックス (Minahan, 2014 柴田他訳 2018, p. 355 をもとに作成)

響するのかによって、お互いの満足度に大きく影響しそうです。たとえば、意思決定では、メンバーが納得したうえで解決しようとする規範を共有しているのか、権威がある人の意見が優先されるような規範があるか、その規範が共有されているかによって、個々人のグループへの満足感やコミュニケーションのしかた、ひいてはグループの成果に影響すると考えられます。

(3) 津村の氷山図

最後に、南山大学人間関係研究センターが開催している人間関係講座（グループ）で作成した資料（2018）をもとに、グループプロセスの諸要素を説明します（図 8-3）。本資料は、津村（2012）が作図をした氷山図に修正を加えたものです。津村（2012）は Reddy の氷山図（Reddy, 1994 津村監訳 2018）に、星野（2005）が指摘したグループプロセスの 9 つの着眼点を含めています。

まず、大きく分けるとグループで行われる**コンテント**（課題や仕事の内容）と**プロセス**に分類できます。グループプロセスは、Reddy（1994 津村監訳 2018）が指摘しているように、他の要素と比較して、より見えやすい要素と見えづらい要素があると考えられます。

図 8-3 でも、水面上に現れている比較的見えやすい要素として、「コミュニケーションの様子」

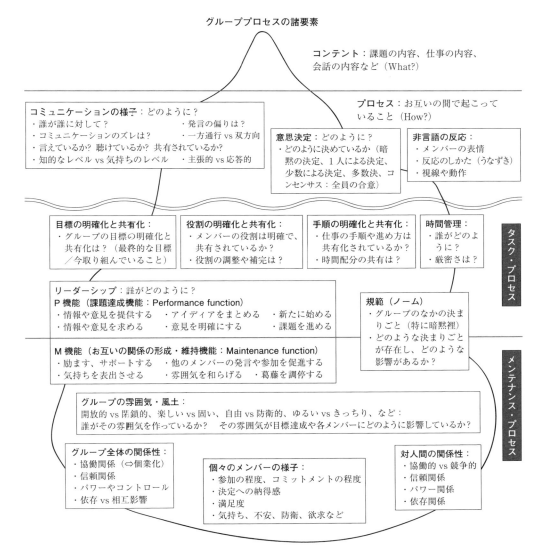

図 8-3　グループプロセスの諸要素（南山大学人間関係研究センター，2018 より）

「意思決定」「非言語での反応」があります。これらは、他のメンバーとどのようにコミュニケーションが行われているのかという行動的な側面に関して、実際に観察しようと思えばできる要素です。たとえば、コミュニケーションの様子では、誰が誰に対して話をして、どのようなトーンで会話をしているのかという側面です。グループでどのように意思決定がなされるのかも比較的見えやすい部分と考えられます。1人が決定をしようとしているのか、一部の人たちが発言をして決めようとしているのか、多数決によって決めようとしているのかということです。また、顔の表情や視線や座り方などの非言語情報は会話に注目しているとなかなか気づかないこともありますが、見ようと思えばどのような特徴があるかに気づくこともできます。

8.4.2 タスク・プロセスとメンテナンス・プロセス

図 8-3 に示すように、プロセスの構成要素としてタスク・プロセスとメンテナンス・プロセスがあります。**タスク・プロセス**とは、グループにおいて課題（タスク）を円滑に遂行するために必要なプロセスです。**メンテナンス・プロセス**とは、良好な対人関係の維持や発達を促したり、良好なグループの雰囲気を作り出したりといった人間関係維持のために必要なプロセスの側面です（2つのプロセスについては 20、21、22 章も参照のこと）。

タスク・プロセスとメンテナンス・プロセスの両方に関係する要素に**規範（ノーム）**と**リーダーシップ**があります。

（1）規　範

規範については、「グループとしてどうあるべきか」に関する暗黙に共有された信念や価値観を指しており、これは、タスク・プロセスやメンテナンス・プロセス両方に関連していると考えられます。たとえば、「このグループでは地位や年齢による上下関係はなくし、率直に何でも語り合うべき」という規範が共有されることになれば、タ

スク・プロセスとして、お互いに自由に発言し合い、異なる意見をより丁寧に聞き合うようなコミュニケーションがとられやすくなる役割意識や手順がとられるでしょう。またメンテナンス・プロセスとして、お互いの緊張関係をほぐしたり堅苦しくない関係性を作ったりするための発言や微笑みなどの非言語行動がなされるようになるでしょう。

（2）リーダーシップ

このタスク・プロセスとメンテナンス・プロセス両方に関係する要素としてリーダーシップも挙げられます。リーダーシップに関する研究は古くからあり、リーダーシップの概念もさまざまありますが、ここでは、「メンバー間の社会的影響過程」（津村，2012，p. 13）ととらえます。リーダーシップ論も、リーダーの特性やリーダーとしての人物論でとらえる理論もありますが、本書におけるリーダーシップは、機能として誰もが発揮する可能性があるものという見方をします。特定の人物がリーダーシップを発揮するのではなく、メンバーの1人ひとりがそれぞれの機能を発揮したほうが、お互いの満足度が高まるとも考えられます（Schultz-Hardt & Brodbeck, 2020）。

リーダーシップでは、タスクを円滑に進めていくために必要なタスク・プロセスへの働きかけ、また良好なメンバー間の関係性へのメンテナンス・プロセスへの働きかけの両視点があります。これに関連して、リーダーシップには「**課題達成（performance）機能**」（P 機能）と「**集団維持（maintenance）機能**」（M 機能）があることを理論化した三隅（1978）は、**PM 理論**を提唱し、リーダーシップの類型化を試み、一般的に両方の機能が高い場合がもっとも効果的であることを示しています。P 機能は、目標を達成するために、情報提供や集約、意見を求めたり課題を進めるための行動を起こしたりすることなどがその例です。また、M 機能は、メンバー間の関係性を重視し集団のまとまりを維持していく側面であり、相手への理解を示す、情緒的なサポートを行う、よい雰囲気づくりをするなどの例が挙げられます。

（3）タスク・プロセスの構成要素

さて、ここで、より詳しくそれぞれのタスク・プロセスとメンテナンス・プロセスの構成要素を見ていきましょう。

まず、**タスク・プロセス**には、

・目標の明確化と共有化
・役割の明確化と共有化
・手順の明確化と共有化
・時間管理

があります。たとえば、**目標の明確化や共有化**がグループのメンバー間でなされていないと、グループとしてのまとまりに欠け、グループで達成しなければならないタスクに対して中途半端に終わってしまったり、メンバーのなかにはグループの決定に対してモヤモヤしたまま終わってしまったりすることもあるかもしれません。グループでタスクに取り組むときに、コンテントとなる課題にのみ集中して向き合ってしまうことが多々ありますが、これらと同時にタスク・プロセスに注目して、グループでの目標について確認したり、また話し合いの途中で誤解が生じてきた際には、現在の目標や今後の進め方などの手順について確認したり、時間管理をするなどのプロセスに注目する必要があります。

（4）メンテナンス・プロセスの構成要素

メンテナンス・プロセスの要素には、

・グループの雰囲気・風土
・グループ全体の関係性
・個々のメンバーの様子
・対人間の関係性

があります。メンバー間の関係性や場の雰囲気により、グループへの所属意識や満足度は大きく異なってくることは皆さんも経験したことがあるでしょう。和気あいあいとした雰囲気のグループでは、お互いの考えを認め合え、意見が言いやすく、問題解決もしやすくなるでしょうし、お互いにグループに参加したという満足感も高まるので

はないでしょうか。

8.5 グループプロセスに気づく

このようにグループプロセスには、タスク・プロセスとメンテナンス・プロセスの2側面を中心として、さまざまな要素が含まれます。また、個人内、対人、グループのさまざまなレベルに相互影響していると考えられ、グループの効果にも影響します。本節の内容で全容が明らかになるわけではありませんが、その複雑な様子の一端をひも解いて検討してきました。日々、体験学習の探究サイクルを意識しながら（1章参照）、グループプロセスに気づき、グループでの活動がお互いの多様性を認め合いながら、グループでの潜在力を発揮できるような働きかけについて考えていきましょう。

本章では、グループの一員から見たグループプロセスとは何かということに焦点を当ててきました。そのプロセスに気づくことはなかなか難しいことです。意外と自分たちの様子は見えているようで見えていないということもあるのです。ここで**ファシリテーター**の役割が重要になってきます。

ファシリテーターは、グループプロセスに意図的に働きかけ、グループの潜在力を最大限発揮することを促進する役割を担っています（第Ⅴ部参照）。

グループの一員であれファシリテーターであれ、グループプロセスに気づき、またそこに働きかけることはグループでの活動の際にとても大切なことなのです。

引用文献

Bushe, G. R.（2010）. *Clear leadership: Sustaining real collaboration and partnership at work*（Rev. ed.）. Nicholas Brealey.

Forsyth, D. R.（2019）. *Group dynamics*（7th ed.）. Cengage.

星野欣生（2005）. グループプロセスで何を見るか　津村俊充・山口真人（編）　人間関係トレーニング第2版（pp. 45-47）　ナカニシヤ出版

Hackman, J. R., & Morris, C. G.（1975）. Group tasks, group interaction process, and group performance effectiveness: A review and proposed integration. *Advances in Experimental Social Psychology, 8*, 45-99.

Ingham, A. G., Levinger, G., Graves, J., & Peckham, V.（1974）. The Ringelmann effect: Studies of group size and group performance. *Journal of Experimental Social Psychology, 10*（4）, 371-384.

Kerr, N. L., & Bruun, S. E. (1983). Dispensability of member effort and group motivation losses: Free-rider effects. *Journal of Personality and Social Psychology, 44* (1), 78-94.

Kravitz, D. A., & Martin, B. (1986). Ringelmann rediscovered: The original article. *Journal of Personality and Social Psychology, 50*, 936-941.

Latane, B., Williams, K., & Harkins, S. (1979). Many hands make light the work: The causes and consequences of social loafing. *Journal of Personality and Social Psychology, 37,* 822-832.

Minahan, M. (2014). Working with groups in organizations. In B. B. Jones, & M. Brazzel (Eds.), *The NTL handbook of organizational development and change* (2nd ed.) (pp. 385-406). Wiley. (柴田郁夫・組織キャリア開発フォーラム（訳）(2018). 組織におけるグループでの協働　NTL ハンドブック――組織開発（OD）と変革―― NextPublishing Authors Press)

三隅二不二 (1978). リーダーシップ行動の科学　有斐閣

Mulvey, P. W., & Klein, H. J. (1998). The impact of perceived loafing and collective efficacy on group goal processes and group performance. *Organizational behavior and human decision processes*, 74 (1), 62-87.

南山大学人間関係研究センター (2018). グループプロセスの諸要素　人間関係講座（グループ）資料

Nijstad, B. A. (2013). Performance. In J. M. Levine (Ed.). *Group processes* (pp. 193-213). Routledge.

Reddy, W. B. (1994). *Intervention skills: Process consultation for small groups and teams*. Jossey-Bass/Pfeiffer. (津村俊充（監訳）林芳孝・岸田美穂・岡田衣津子（訳）(2018). インターベンション・スキルズ――チームが動く，人が育つ，介入の理論と実践――　金子書房)

Schultz-Hardt, S. & Brodbeck F. C. (2020). Group performance and leadership. In M. Hewstone, & W. Stroebe (Eds.), *An Introduction to social psychology* (7th ed) (pp. 526-564). John Wiley & Sons.

Stroebe, W., Diehl, M., & Abakoumkin, G. (1996). Social compensation and the Köhler effect: Toward a theoretical explanation of motivation gains in group productivity. In E. Witte, & J. Davis (Eds.), *Understanding group behavior: Vol. 2. Small group processes and interpersonal relations* (pp. 37-65). Erlbaum.

津村俊充 (2012). プロセス・エデュケーション――学びを支援するファシリテーションの理論と実際――　金子書房

Williams, K. D., & Karau, S. J. (1991). Social loafing and social compensation: The effects of expectations of co-worker performance. *Journal of Personality and Social Psychology, 61* (4), 570-580.

Witte, E. H. (1989). Köhler rediscovered: The anti-Ringelmann effect. *European Journal of Social Psychology, 19* (2), 147-154.

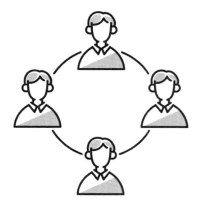

9章

非構成グループにおけるプロセス

本章で取り上げていること

非構成グループ、主に、Tグループにおけるプロセスについて、いくつかの理論を紹介していきます。グループでの学びが生起する過程、グループにおける懸念やグループの発達、また、グループの相互作用において起こる心的作用について取り上げます。最後に、非構成グループのファシリテーターの留意点についても紹介します。

これらの視点は、グループワークでの体験やTグループのなかでの体験を整理することに役立つと思います。なお、ここで挙げるモデルや考え方は、こうすべき、こうあるべき、というものを示したものではありません。ご自身の体験をとらえる際に、こうした位相にいたのかな、などと、ふりかえる助けになればというものです。

9.1 非構成的なグループ・アプローチで扱える事柄

Tグループ（Training Group）とは、とくにあらかじめ決められた話題がなく、そこでの相互作用を素材にして学んでいく学び方です。実習・ふりかえり・わかちあい、という構造をもつ構成的なグループ・アプローチに対して、Tグループは**非構成的なグループ・アプローチ**とよばれます（詳しくは2章参照）。

集団精神療法、ベーシック・エンカウンター・グループ、そして、Tグループは、それぞれ、治療、体験、学習と重きを置くものが違えど、同じグループ・アプローチのカテゴリーに入れて考えることができます（坂中，2015）。これらに共通しているのが、"今ここで"の関係で起こってくることに重きを置く点です。

グループ・アプローチの醍醐味は、関わり、相互作用の場でのみ扱える事柄があることです。個人の内省は大事ですが、関係のなかにこそ、個人の関わりのパターン、枠組み、思い込みが現れたり、再現されたりして、それらを通してしか洞察できないこともあるのです。

グループ・アプローチでは、日常での関わり（家族という密な関係も含めてパターン化されたもの）が、"今ここ"の関わりにおいて現れます。それをその場で扱うことでしか、その変容は図られません。グループのなかでは、他の人への期待、自分の関わり方の特徴が浮き彫りになるからです。

関わりの場で、1人ひとりが何を考え、どう感じ、どうふるまったのかを内省とともに紹介し合うことを通して、自分の前提やとらえ方を再考できるのです。そのなかで、ともに在ること、1人ひとりが尊重されるあり方について探究することができます。

9.2 Tグループの枠組み

非構成的・集中的なグループ体験であるTグループでは、"今ここ"の関係で起こっていることを学習の素材にしていきます。学び方や構造

64 第Ⅱ部 プロセスをとらえるための多様なレンズ

は、2章をご覧ください。また、そのルーツについては、3章で扱った、Kurt Lewin のエピソードが参考になるでしょう。

Tグループは、「文化的孤島」とよばれるような、日常の喧騒から離れた場所で行われることが多いです。合宿では、Tセッションとよばれる参加者6～10名くらいと、ファシリテーターともよばれるスタッフ2名とで組まれるグループで過ごすことが主となります。

Tセッションはファシリテーターの次のような声掛けで始まっていきます。「Tグループでは、とくに、話題を与えるわけではありません。時間と、場所と、人（グループのメンバー）は決まっています。これが枠組みとなります。それでは、始めてください」。

時間と場所と人、すなわち、物理的・空間的バウンダリー（境界）が設定された枠組みのなかに身を置くことがグループを成立させます。ファシリテーターの第一義的な価値は、この枠組みを維持することです。この枠組みが安定して保持されていることによって、参加者はさまざまな探究を行うことができます。

9.3 グループ体験での学びの要因——Yalom のグループの治療要因を参考に

まず、Tグループへの参加を通した学びについて、Irvin D. Yalom が集団精神療法について整理した治療要因をもとに紹介したいと思います。Yalom が扱っているのは、治療を目的とした集団精神療法の文脈ですが、グループの関わりにおいてどのような多層的な経験がなされるのか、ということは参考になると思われます。ただし、Tグループは、学習、教育の場であり、治療を目的としたものではないことにご留意ください。

Yalom は、集団精神療法において変化への強い治療的推進力となるのは、凝集性と「今，ここで（here and now）」起こっている集団相互作用のなかにあると考えました。初めて出会った人たちのグループでさえ、多くのことが経験され、対人的学習がさまざまなレベルで起こります。体験のなかでは、強い感情も経験することになります。日

常においては、その場その場の関係や状況、暗黙の規範に依拠しながら、そこに生きていることを知りますが、それがないなかで、相手やグループと出会っていき、何が起こるのかを体験していきます。グループのなかで起こることについて、無意識のパターンを含めて、枠組みを知っておくことは、起こったことを理解する助けになるでしょう。これらの経験や関係を通して、関係のなかに生きること、1人ひとりが尊重される関わりのあり方について探究する機会となり、それは、実感を伴って民主的価値について再学習する機会になると考えられます。

Yalom が治療要因として挙げる次の要素は、グループの関わりが、どのように1人のメンバーに影響を与えるかについて示唆を与えてくれます。

①普遍性：他のメンバーも自分と同様の感情、考え、問題をもっていると認識する

②愛他主義：他のメンバーを援助することを通じて自己概念を高める

③希望をもたらすこと：他のメンバーの成功によって、自身の改善を楽観視できると認識する

④情報の伝達：ファシリテーターやメンバーによって提供される教示や助言

⑤原家族経験のやり直し：危機的な家族力動を、グループ・メンバーとの間で再体験して修正する

⑥ソーシャルスキルの発達：グループが、適応的で効果的なコミュニケーションを育む環境をメンバーに提供する

⑦模倣行動：他のメンバーの自己探求、ワーキングスルー（未解決の心理的課題をやりきること、克服すること）、人格成長を観察することを通して自身の知識や技能を伸ばす

⑧凝集性：信頼感、所属感、一体感を体験する

⑨実存的要因：人生上の決断に対する責任を受け入れる

⑩カタルシス：現在、過去の経験についての強い感情を解放する

⑪対人学習－インプット：他のメンバーからのフィードバックを通して自分の対人的インパ

クトに関する個人的な洞察を得る

⑫対人学習－アウトプット：自分たちがより適用的な方法でやりとりできるような環境をメンバー自身で作り出すこと。自己解決・自己理解・自分の行動や情動的反応の奥にある心理的動機についての洞察を得る

これらを見ていただくと、個人が体験し、学ぶだけではなく、グループの他のメンバーの取り組みや、言動、また、“今ここ”での関係のなかから、洞察や学びを得ていく手がかりが得られることがわかると思います。

9.4 グループにおける Gibb の 4つの懸念

次に、グループにおいて体験される**懸念**とその解消過程について紹介したいと思います。

Jack Gibb は、人間は、自分自身および他人をよりよく受容するようになることを通して成長することを学ぶと考えました（Gibb, 1964）。そのなかで、グループにおける受容にとって根本的な障害となるのは、**恐怖**と**不信頼**という、自己を心理的に守ろうとする防衛的感情であるとし、社会的相互作用の起こるすべての場面では、懸念が4つの様態をとって必ず現れてくると考えました。

①受容懸念：自分はこのグループにふさわしいか、いていいのか、という懸念
②データの流動的表出：こんなことを言っていいかといったコミュニケーションに関する懸念
③目標形成懸念：今やっていることがわからないなど生産性に関する懸念
④社会的統制懸念：誰かに頼っていたいなど、関係に関する懸念

これらの懸念についての、「**根源的な様態的懸念**」「**派生的な様態的懸念**」「**解消されていない懸念の兆候**」「**懸念が解消されている兆候**」を**表9-1**に示しました。これらの視点で見ていくことは、グループの相互作用、経験を理解するうえで有用だと考えられます。

ここでは、とくに、**受容懸念**が解消していくことの重要さを指摘したいと思います。受容懸念が解消されていることは、他の懸念が解消へ向かっていく前提となります。自分がここにいていいのか、ふさわしいのか、という受容懸念がある程度解消していることは、関わりから学びを深めていったり、関係が深くなったり、協働していく土台を形成します。ファシリテーターとしては、受容懸念の解消に向けて、どのような働きかけができるのかを考えていくことが大事になるでしょう。

表 9-1 グループの発達過程において現れる様態的懸念の諸様態

根源的な様態的懸念	派生的な様態的懸念	解消されていない懸念の兆候	懸念が解消されている兆候
受容（アクセプタンス）	メンバーシップ（メンバーとしての地位、正当性）	恐怖 不信頼	受容 信頼
データ	意思決定	いんぎんな見せかけ 慎重策	自発性 過程のフィードバック
目標	生産性	無関心 競争	創造的活動（仕事、演技）
統制（コントロール）	組織	依存 反依存	相互依存 役割配分

9.5 グループの発達

続いて、グループで起こること、また、体験することを理解する際の、**グループの発達**について紹介したいと思います。

健康なグループ風土を発展させ維持するために、とくに、ファシリテーターは、**グループの3つの構造レベル**（個人内、グループ内、対人関係）をよく観察し、適切に働きかけを行う必要があります。ここでは、アメリカ集団精神療法学会によって記された「AGPA 集団精神療法実践ガイドライン」（The American Group Psychotherapy Association, 2007）をもとにしながら、グループで起こってくることの理解と、そこへファシリテーターがどう働きかけていくのか、という点について紹介していきます[注1]。

すべてのグループは時とともに変化していきます。グループ発達の知識は、メンバーの行動が個人的なことがらを反映したものなのか、グループ発達上の問題を反映したものなのかを見分けるのに役立ちます。さらに、メンバーがグループ発達上の問題に直面したときにどのように対処するのかを正しく理解すれば、そのグループの発達段階に特有な働きかけを組み立てやすくなります。

グループのモデルでは全般的に、発達は体系的に生じ、各位相や段階を通して進んでいくという見解を有しています。発達過程が以下のいずれなのかによって、モデルはさまざまです（Mann et al., 1967）。

①直線的：段階が一定不変の連続的パターンに沿って漸進的に生じる
②周期的に循環する：グループはある段階もしくは特定の問題を、ある間隔おきに、またはある状況下で繰り返す
③直線的パターンと周期的パターンの混合

そうしたなか、グループ発達モデルが提出した段階や数や名前はさまざまですが、共通性は見出せるという指摘もあります（Wheelan et al., 2003）。Tuckman（1965）、Garland et al.（1973）、Wheelan et al.（2003）のモデルに準拠した**5段階連続モデル**の概要を紹介します。

（1）形成期・前親和期

グループ過程の開始時は、グループは「**形成期（forming）**」（Tuckman, 1965）、あるいは、「**前親和期（preaffiliation）**」（Garland et al., 1973）とよばれます。その焦点は、「**依存と包摂（inclusion）**」（Wheelan et al., 2003）にあります。

メンバーが近しい関わりに対して接近 - 回避的行動をとる特徴があり、グループについての不安、アンビバレンス、不確かさをほのめかしたりします。メンバーは不安を経験し、適切な行動についてファシリテーターに指導を求めたり、自己開示して感想や参加目標を伝え合ったりします。自己開示と参加目標の伝え合いが次第に起こっても、ためらいがちであったりもします。

類似性・共通性を探る言動が現れ、コミュニケーションは暫定的で、丁寧であり、曖昧さとグループの目標への懸念が経験されたりします。リーダー的役割の人が活動的になったり、その一方、メンバーは従順的であったりします。

（2）混乱期・統制期

グループがひとたび定着してくると、「**反依存と逃避**」（Wheelan et al., 2003）、「**権力と統制**」（Garland et al., 1973）の問題にまつわる衝突によって特徴づけられる「**混乱期（storming）**」（Tuckman, 1965）に入ります。

メンバー間の競争と衝突、グループの安全感とファシリテーターの権威に関する不安がこの段階の共通の関心事となってきます。そうしたなかで、ファシリテーターの権威と、グループで起こることが適切に扱われる場である**コンテイナー（容器）**としてのグループの安全感が要求されます。グループにおける権威と地位についての衝突**は、本物の凝集性と協力の出現**にとって必須であるという指摘もあります。

この段階で、メンバーは情動的に関わりはじめます。メンバーが上下関係を作ろうとするときに、サブグループが現れたりもします。衝突と否定的な敵意感情の表現が見られることもあります。さまざまな違い・差異に焦点が当たるこの時期には、グループが安全かつ成功裡にこの段階を乗り越え、よい作業同盟がメンバー間に形成されることも大切になってきます。

（3）規範期・親和期

「**規範期（norming）**」（Tuckman, 1965）、「**親密期（intimacy）**」（Garland et al., 1973）とよばれる段階では、グループ課題と作業過程に関する意見の一致が生じてきて、グループは「**信頼と構造**」（Wheelan et al., 2003）、**凝集性と開放性**を示し始めます。

グループが前の段階の衝突をうまく乗り越えられたら、**メンバーの信頼感、関与、協力への動機**が増し、**グループにおける行動の規範が確立され**ていきます。

この構造とともに、グループではより自由なコ

ミュニケーションとフィードバックが起こってきます。リーダーシップ機能はメンバー間に分散し、ファシリテーターはあまり重要でなくなり、活動的でなくてもよくなってきたりします。

（4）遂行期・分化期

「遂行期（performing）」（Tuckman, 1965）、「分化期（differentiation）」（Garland et al., 1973）、「作業期（work）」（Wheelan et al., 2003）とよばれる段階は、成熟した生産的なグループ過程と個人の違いの表現によって特徴づけられます。

グループは成熟に達し、**相互援助のための創造的システム**として機能していきます。その一方でグループの強さと限界についてのメンバーの間の認識がいっそう明確なものになります。その過程で**相互依存と個人の差異**について率直な表現と受容が目立ってくることもあります。

（5）別離期・分離期

「別離期（adjourning）」（Tuckman, 1965）、「分離期（separation）」（Garland et al., 1973）の段階は、終結の問題と関連しています。終結に関する心配は痛みに満ちた感情を生じさせたり、葛藤、防衛と成熟した作業の間の揺れ動きが生じたりします。

終わりが見えてくると、グループは**湧き上がる悲しみ、不安、怒り**を経験します。将来の方向性や、過程の継続、得たことを維持したりするための計画を語ることもあります。将来独立していく準備をしたり、メンバーがお互いに感謝したり、グループ経験について感謝したりする一方で、悲しみの表現がされるという特徴もあります。

グループの発達に関するこれらの知見は、私たちがグループで体験することの理解を助けることになるでしょう。

9.6 集団の無意識の過程—— Bion の基本的想定

イギリスのタビストック人間関係研究所で、グループのなかで起こってくる事象を、集団の無意識の動きから説明したのが、Wilfred Bion です。ビオンは、グループにおける2つの傾向を指摘しています（Obholzer & Roberts, 1994）。**一次タスク（プライマリタスク）に沿って作業を進めようとする傾向**（作業（ワーク）グループの心性）と、**一次タスクに沿った作業を避けようとする**（しばしば無意識に起こる）**傾向**です。これは**基本的想定**（basic assumption）とよばれます。この相反する傾向は、現実に直面し対処しようとする願望と、グループのメンバー内部、あるいはメンバー間に痛みや心理的葛藤が引き起こされるのを回避しようとする2つの願望の表れと考えることができます。そこには以下の3つの思考パターンが見られます。

（1）依存（dependency）：baD

誰かに依存したい、していたいというような考えです。

（2）ペアリング（pairing）：baP

グループで起こっていることを、1人ではなく、ペアでの事柄としてとらえたり焦点化したりする心性です。たとえば、2人のやりとりが、全体の流れを決めるように考えたりすることです。

（3）闘争 - 逃走（fight-flight）：baF

今ここで起こっていることに直面し、違いや葛藤があり、それを乗り越えていくには戦わなければいけないと考え、実際に戦いが繰り広げられている状態（闘争）があったりする一方、眼の前の現実から逃避し、今ここことは関係ないことを話しながら過ごしたりすること（逃避）もあります。

こうした基本的想定が沸き起こりながら、グループが進むこともあります。

9.7 相互作用のなかに現れる投影、防衛

第Ⅲ部・第Ⅳ部で扱うような心的作用も、グループのなかでさまざまな形で現れ、メンバーに体験されるでしょう。ここでは投影、投影同一

68　第Ⅱ部　プロセスをとらえるための多様なレンズ

化、スプリッティングについてご紹介します。

(1) 投影 (projection)

　自分が抱えていることや感じていることを相手のなかに見ることです。過去の重要他者を、目の前にいる相手に重ね合わせ、過去の体験を再現的に感じたり、再体験したりすることもあるでしょう。

　また、話し合いの過程のなかでは、話している内容に、現在の関係、願望、不安などが投影されて話されることがあります。たとえば、自分の人との付き合い方について話しているときには、そうした話題を通して、目の前のグループメンバーとどう関わればいいのかを探っていることがあるかもしれません。

(2) 投影同一化 (projective identification)

　自分の感情を他のメンバーのなかに見る投影が起こる際、投影された側が感情を掻き立てられ、その感情を体験することを**投影同一化**とよびます（投影同一視とよばれることもあります）。ときには、感情体験だけではなく、行動や認識にも影響をもたらすこともあります。たとえば、Aさんが抱えていた不安が、Bさんに投影されたとしましょう。Aさんからすると、グループ内でのBさんの言動は自分のうまくいかなさを駆り立てるような嫌な人間に見えます。このようなとき、Bさん自身も、自分が嫌な人間であるようなネガティブな感情を抱き、そのような振る舞いをしてしまうようなことです。

(3) スプリッティング (splitting)

　「分裂」を意味する言葉で、矛盾した感情を感じたときに、それを良いものと悪いものに分裂させて理解しようする防衛機制の1つです。自分が感じている矛盾した感情を認められないときに、たとえば、ネガティブな感情を他の人に投影し、相手を悪い人間だと感じたりすることもあるかもしれません。

　こうした無意識の心的働きは、1人の相手だけではなく、複数の相手に対して感じることもあり

ます。たとえば、グループにおいて、不安がありながらも自己紹介をし、自分たちなりに知り合い始めていたとします。そうした際に、ファシリテーターが「今ここでのやりとりではどのようなことが起こっていますか」という問いかけをすると、ファシリテーター2名に対する強い反発の感情を感じ、「悪い人だ」と感じるかもしれません。また、そのときにはファシリテーター自身もバツの悪い思いをするかもしれません。

　これを先ほど挙げた概念で見てみましょう。グループの最初の段階（形成期）では、共通性を探していますが、これでよいのか、相手を知っていけているのかという不安も同時に感じていて、そうしたグループ状況に直面化させる問いかけをされてとまどいが起こったと考えられます。そのなかで、高圧的な教師とのネガティブな思い出が喚起され、自分のなかでもメンバーに向き合っていく怖さがスプリッティングを起こし、それがファシリテーターの2人（ペアリング）に投影され、「悪い人だ」という認識をもつことになったかもしれません。そうしたなかで、ファシリテーター自身にも投影同一化が起き、バツが悪い感情を体験しているという見方もできます。

　その後のセッションのなかで、ファシリテーターへの懸念について、"今ここ"での関わりのなかで起こっていることが適切に扱われていくことを通して、上記のようなプロセスを理解していくこともあるかもしれません。それでは、こうしたことを可能にするファシリテーターはグループにおいてどのような機能を果たすのでしょうか。

9.8　非構成グループのファシリテーター介入による4つの機能

　最後に、非構成グループのファシリテーターについても紹介をしておきたいと思います。リーバーマンら（Lieberman et al., 1973）は、グループとファシリテーターの機能について統合的に研究した結果を報告し、4つの機能をもつことを見出しています。これらは、実践者が意識する必要があることであるため、ここに紹介します。

（1）運営機能（executive function）

　枠組みを設けて、時間を管理し、グループをホールドする機能です。さまざまな形態の「バウンダリー管理」ということができるでしょう。時間と場所と人が決まっていることで、"今ここ"で起こっていることを探究する場が作られますが、それを担う機能です。

（2）思いやり（caring）

　メンバーが感じていること、体験していることへ肯定的な関心を向けていくことです。これは、メンバーがどのようにお互いに関心をもって関わっていくのかという雰囲気にも影響します。これは、お互いに怒ったり、批判的なフィードバックをしたりしてはいけないということではありません。お互いに助けになるように取り組むものだという信頼が常に必要だということです。

（3）情動刺激（emotiona stimulation）

　感情、価値、個人の態度の表現を引き出し、促進しようとするファシリテーターの試みのことです。メンバーたちが自然に相互にこれらのことを表出することもありますが、そうではないときに、促し、モデリングをし、橋渡しすることが有効な場合もあります（Ormont, 1990）。

（4）意味帰属（meaning-attribution）

　グループにおける認知的側面を指します。メンバーが人生上の事柄を変えるために何をするかというだけではなく、自分自身を、お互いを、グループの外側の人々を理解する能力を発展させるようにすることを意味しています。やりとりを通して、情動的に非常に重要な事柄に集中しているときに起こる洞察もこれにあたります。

　これらをまとめると、グループには、バウンダリーが適切に維持されることで効果的に働くことを保証するファシリテーター活動が必要だといえるでしょう。また、メンバーが、ファシリテーターや他のメンバーに心から思いやってもらえる環境だと感じ、情動に満ちたやりとりを行うことで、グループのなかで起こっていることについて、内省したり学んだりすることの間を行き来する力をもてることが重要であるといえます。いい換えれば、ファシリテーターが、さまざまなやりとりがなされる場（コンテイナーとしての場）をしっかりとホールドすることが大切です。

9.9 非構成グループのファシリテーターの留意点

　集団精神療法実践ガイドラインは、先に挙げた4つの機能に加えて、「メンバーの自己覚知の育成」「グループ規範の確立」「ファシリテーターの透明性と自分を用いること（use of self）」の3つを留意点として挙げています。

（1）メンバーの自己覚知の育成

　メンバーが、他のメンバーたちがそのメンバーからどのような影響を受けるのかとか、他のメンバーたちの何がそのメンバーに特定の反応を引き起こすのかということをもとにして、洞察を深めることです。グループのやりとりのなかで扱われるこれらの洞察は、**対人フィードバック**を与えたり、もらったりすることで発展する**対人学習**とも関連します。

（2）グループ規範の確立

　ファシリテーターの振る舞いがもつ影響に自覚的であり、特定の方法で関わり合うことを励ますことです。これは何も唯一のやり方に縛り付けるということではありません。また、無理に何か話さなければいけないということでもありません。"今ここ"でのやりとりを素材に学んでいく機会となる対人フィードバックを促すことです。

　対人フィードバックの交換は、ファシリテーターが自分に向けられたフィードバックに対して適切に反応するモデルとなることで促進されることがよくあります。これを通して、メンバーたちが反射的にフィードバックを受け入れたり拒絶したりせず、他者からのフィードバックをできるかぎり正直に熟考するようになることができます。

　また、"今ここ"での現象に注意を払えるようにグループを促していく働きかけも有効でしょ

う。たとえば、その瞬間に起こっていることに対してメンバーがどう反応しているのかとファシリテーターが問うことなどがこれにあたります。メンバーがお互いにどのように関わっているか、ファシリテーターにどのように関わっているかについて話すことは、誰もが感じる不安のレベルを上げるものですが、学びの機会を迫力あるものにもします。グループ外の現在の生活について話すことに価値がないというのではなく、今ここでの現象の探究とのバランスが大事です。

(3) ファシリテーターの透明性と自分を用いること（use of self）

ファシリテーターが"今ここの関係"のなかで感じていることをうまく扱っていくことに関するものです。メンバーに恥をかかせたり、非難したりすることなく、また、ファシリテーター自身が防衛的にならずに、建設的に関心や心配を示します。そのようにして、ファシリテーターが関わりのなかで感じたことをもとにフィードバックを行うことができれば、グループにとって有益なものになるでしょう。

9.10 人間関係を学ぶ機会に

ファシリテーターが、グループの関わりのなかで起こってくることを理解しておくことは、場をホールドしていくためにも重要です。ファシリテーターは、グループのなかでの自分の振る舞いがどのような影響をもっているのか、また、自分自身の内的過程についても十分理解しておく必要があるでしょう。

また、本節で扱ったことは、メンバーとして体験をふりかえるときにも有効な切り口となるかもしれません。ちょっとしたやりとりのなかで、強い感情を経験したことをふりかえり、自分の枠組みを知ることになるかもしれません。Tグループをはじめとした非構成的なグループ体験は、濃縮した形で自分、他者、人間関係についてふりかえり、学ぶ機会となるでしょう。

グループをはじめ、現実での人間関係は多義的

で、言葉で表す以上に多層的にさまざまなことが起こっています。ここでは概念を用いてグループの体験を理解する枠組みを示していますが、実際のグループ体験では、言葉では理解しきれない人と人との営みのなかに生きることを突きつけられます。言葉に生きる人、実存に生きる人、意味に生きる人が交差する場になります。

個人が想定したり、考えたりすることを超えたことが関係のなかには起こってきます。その場に身を置き、そこに生きようとすること、ともに生きることこそが、Tグループをはじめとしたラボラトリー方式の体験学習のめざすことです。これらを通して、困難な道ではありますが、人間性豊かな関係が育まれていくのです。

注

1 集団精神療法の文脈では、セラピスト、リーダーという言葉が使われていますが、本稿ではファシリテーターと書き換えています。

引用文献

Garland, J., Jones, H., & Kolodny, R.（1973）. A model for stages of development in social work groups. In S. Bernstein（Ed.）, *Explorations in group work: Essays in theory and practice*（pp. 17-71）. Milford House.

Gibb, J. R.（1964）. Climate for trust formation. In L. P. Bradford, J. R. Gibb, & K. D. Benne（Eds.）, *T-group theory and laboratory method*（pp. 279-309）. John Wiley & Sons.（柳原光（訳）（1971）. 信頼関係形成のための風土　三隅二不二（監訳）感受性訓練――　Tグループの理論と方法――（pp. 367-408）　日本生産性本部）

Lieberman, M. A., Miles, M. B., & Yalom, I. D.（1973）. *Encounter groups: First facets*. New York: Basic Books.

Mann, R., Gibbard, G., & Hartman, J.（1967）. *Interpersonal styles and group development*. Wiley.

Obholzer, A., & Roberts, V. Z.（1994）. *The unconscious at work: Individual and organization a stress in the human services*. Routledge.（武井麻子（監訳）榊惠子ほか（訳）（2014）. 組織のストレスとコンサルテーション――対人援助サービスと職場の無意識――　金剛出版）

Ormont, L.（1990）. The craft of bridging. *International Journal of Group Psychotherapy*, *40*, 3-17.

坂中正義（2015）. 日本人間性心理学会第33回大会「グループの可能性と広がり」自主企画「グループ臨床体験を語り合う集い」　人間関係研究. *14*. 1-36.

The American Group Psychotherapy Association（2007）. *Clinical practice guidelines for group psychotherapy*.（アメリカ集団精神療法学会（著）日本集団精神療法学会（監訳）西村馨・藤信子（訳）（2014）. AGPA集団精神療法実践ガイドライン　創元社）

Tuckman, B.W.（1965）. Development sequence in small groups. *Psychological Bulletin*, *63*, 384-399.

Tuckman, B. W., & Jensen, M. A. C.（1977）. Stages of small-group development revisited. *Group & Organization Management*, *2*（4）, 419-427.

Wheelan, S. A., Davidson, B., & Tilin, F.（2003）. Group development across time: Reality or illusion? *Small Group Research*, *34*, 223-245.

ラボラトリー方式の体験学習に活かすカウンセリングの観点
～人間性心理学的アプローチから～

　　ラボラトリー方式の体験学習では、コンテントとしてカウンセリングに関連するテーマが取り上げられたり、プロセスの観点としてカウンセリングが参照されたりすることがあります。第Ⅲ部と第Ⅳ部は、ラボラトリー方式の体験学習に関連するカウンセリング理論の基礎について記していきます。
　　筆者の知る限りにおいて、日本におけるラボラトリー方式の体験学習には、独自に生成された体系的なカウンセリング理論はありません。ラボラトリー方式の体験学習のファシリテーターが必要に応じて、既存のカウンセリング理論を参照しつつ、ラボラトリー方式の体験学習の教育や実践や研究に導入しています。
　　この第Ⅲ部では、人間性心理学（2章の注2参照）領域の既存のカウンセリング理論から、ラボラトリー方式の体験学習において取り扱われる機会も多く重要だと考えられるものを取り上げます。Rogersのカウンセリング理論と、それをより広い範囲に展開させたパーソンセンタード・アプローチ（PCA）の理論が中心になっています。

10章

ラボラトリー方式の体験学習におけるカウンセリングの位置づけや影響

本章で取り上げていること

各カウンセリング理論の紹介に先立ち、ラボラトリー方式の体験学習におけるカウンセリングの位置づけや影響について簡潔に記します。

10.1 ラボラトリー方式の体験学習とカウンセリングの関わり

10.1.1 創設期における助力関係の位置づけ

　ラボラトリー方式の体験学習は、1940年代の創設期から、**助力関係**（helping relationship）の価値への関心をその核心の1つと考えていました。ラボラトリー方式の体験学習の創設期の関係者は、他者の学習、成長、生産性の促進を専門としている人々（トレーナーやソーシャルワーカーなど）の**専門的助力**が非常に重要であると考えていました。そして、ソーシャルワーカーや精神医学の専門的援助は治療だけでなく予防にも重点を置くものと認識していました。

　そして、Benne（1948）は、グループワーカーや学校指導主事や人事コンサルタントなど、教育研修職の専門的助言者たちはすべて、**変革媒体者**（change agent[注1]）という役割に共通の基盤を見出すことができると述べています。すべての助言者たちの仕事は彼らが助言にあたる個人、集団がもっている考え方、態度、技術に対してなんらかの変化を生むということです（Bradford et al., 1964 三隅訳 1971, p. 15）。ラボラトリー方式の体験学習は、助力関係を学び、改善できる場として考えだされたのです（Bradford et al., 1964 三隅訳 1971, p. 10, pp. 14-15）。

10.1.2 創設期における臨床心理学との関わり

　ラボラトリー方式の体験学習は、教育や人間関係におけるトレーニングですので、心理的・精神的治療ではなく、それらとの差異・区別が明確に意識されています（Bradford et al., 1964 三隅訳 1971, p. 17；山口，2005，p. 12）。

　しかし、ラボラトリー方式の体験学習が**臨床心理学**や**カウンセリング**や**心理療法**と無関係かというと、そうではありません。臨床心理学はラボラトリー方式の体験学習の創設期には、研究面で関与していました。その後、ラボラトリー方式の体験学習が継続的な影響を受けてきた社会実践の専

門分野として、集団的ないし個人的カウンセリングや心理療法の発展が挙げられます。また、方法論に関して、創設期のラボラトリー方式の体験学習でとくに強調された変革に関するアクションリサーチは、後に臨床的モデルによって補強されてきました（Bradford et al., 1964 三隅訳 1971, p. 16, p. 18）。

ラボラトリー方式の体験学習の初期（1960 年代）に記された古典である『感受性訓練』には、2 人の精神科医による論文が含まれています（Frank, 1964 池田訳 1971；Whitman, 1964 池田訳 1971）。それらは、T グループについて、**精神分析**など**精神医学**や**臨床心理学**の観点から記された論考です。ラボラトリー方式の体験学習の実践や教育や研究において、初期から精神医学や臨床心理学の観点が導入されていたことの証左だといえます。

10.2 ラボラトリー方式の体験学習にカウンセリングを取り入れた具体例

次に、南山短期大学人間関係科（以後、人間関係科）や南山大学人文学部心理人間学科（以後、心理人間学科）のラボラトリー方式の体験学習を例に、カウンセリングの位置づけや影響について記します。

人間関係科ではその創設期（1970 年代）から、カウンセリングなど援助法に関する授業が実施されていました（グラバア、1985）。人間関係科や心理人間学科のラボラトリー方式の体験学習においてカウンセリングは、**対話による援助**に関する1 つの基盤であると考えられています。

また、人間関係科や心理人間学科の T グループでは、「**関係のなかに生きる**」ことが重視され、他者とまっすぐに向かい合い、対話し、関わりをもつとき、はじめて自分が自分となり、他者が人格として自分の目の前に立ち現れる体験が生じると考えられています（山口、2005, p. 13）。

人間関係科や心理人間学科のラボラトリー方式の体験学習において、対話や対話による援助や「関係のなかに生きる」ことを重視することは、**人間性の尊重**という価値観の1 つの表れだと考えることができます。その価値観を実現すること

や、価値観を形成する基盤の一側面として、カウンセリングが貢献していると考えることができます。

人間関係科や心理人間学科におけるラボラトリー方式の体験学習と**パーソンセンタード・アプローチ**（PCA）[注2] は、

①人間性の尊重という価値観
②個人だけにとどまらず、グループや社会に関心をもつ

という共通点をもっています。

PCA は、エンカウンター・グループ、学習者中心の授業、ケンタッキー州ルイビル市での教育改革、北アイルランド紛争やアフリカの人種問題などの社会問題に関心を寄せ、関与してきました（Rogers, 1980 畠瀬監訳 1984；Rice, 1978 畠瀬・東口訳 2003；坂中他、2017）。PCA は、人間性の尊重を重視し、個人の変容だけでなく、グループ、コミュニティ、社会の変革をも包含するアプローチなのです。

注

1　change agent とは、変革と葛藤をうまく処理する能力を改善させることを仕事とする者です（Bradford et al., 1964 三隅訳 1971, p. 15）。また、直接的に change agent という言葉は使われていませんが、change agent という観点からみたラボラトリー方式の体験学習の特徴は、次の文章に表されていると考えることができます。「この学習は"人間尊重の社会"の形成にとって重要であり、参加者はその後の社会生活の中で、トレーニングで得た学びを生かしていくことが期待されています。そういう意味で自己成長指向的であると同時に、社会変革志向的な学習の場でもあります」（山口、2005, p. 12）。

2　パーソンセンタード・アプローチは、Rogers が中心になって発展させた人間尊重のアプローチです。カウンセリングや心理療法で積みかさねた知見を手がかりに、教育や組織や社会問題などに実践を展開しました。その対象はクライエントではなく、パーソンであり、セラピーに限定されない拡がりのあるものとして、アプローチという名称を用いました（坂中、2017, p. 29）。

引用文献

Benne, K. D. (1948). Principles of training method. *The Group, 10*. 2: 27 January.

Bradford, L. P., Gibb, J. R., Benne, K. D. (1964). Two educational innovations. In L. P. Bradford, J. R. Gibb, & K. D. Benne (Eds.), *T-group theory and laboratory method: Innovation in re-education* (pp. 1-14). John Wiley & Sons, Inc. （三隅二不二（訳）教育における2 つの技術革新　三隅二不二（監訳）(1971). 感受性訓練──T グループの理論と方法──（pp. 1-19）日本生産性本部）

Frank, J. D. (1964). Training and therapy. In L. P. Bradford, J. R. Gibb, & K. D. Benne (Eds.), *T-group theory and laboratory method: Innovation in re-education* (pp. 80-135). John Wiley & Sons, Inc. （池田数好（訳）トレーニングと治療　三隅二不二（監訳）(1971). 感受性訓練

――Tグループの理論と方法――（pp. 583-594）日本生産性本部）

グラバア俊子（1985）．人間関係各論（援助法に関する領域）人間関係（南山短期大学人間関係研究センター），第2・3合併号，145-149.

Rice, P.（1978）. The steel shutter. Unpublished.doctoral disseration, United States international University.（畠瀬稔・東口千津子（訳）（2003）鋼鉄のシャッター――北アイルランド紛争とエンカウンター・グループ――　コスモス・ライブラリー）

Rogers, C. R.（1980）. *A way of being*. Houghton Mifflin.（畠瀬直子（監訳）（1984）．人間尊重の心理学――わが人生と思想を語る――　創元社）

坂中正義（編著）・田村隆一・松本剛・岡村達也（2017）．傾聴の心理学 ――PCAを学ぶ　カウンセリング／フォーカシング／エンカウンター・グループ――　創元社

山口真人（2005）．Tグループとは　南山短期大学人間関係科監修．津村俊充・山口真人（編）人間関係トレーニング第2版――私を育てる教育への人間学的アプローチ――（pp. 12-16）ナカニシヤ出版

Whitman, R. M.（1964）. Psychodynamic principles underlying T-group processes. In L. P. Bradford, J. R. Gibb, & K. D. Benne（Eds.）, *T-group theory and laboratory method: Innovation in re-education*（pp. 80-135）. John Wiley & Sons, Inc.（池田数好（訳）（1971）．Tグループ過程の基礎にある精神力動的原理　三隅二不二（監訳）感受性訓練――Tグループの理論と方法――（pp. 409-440）日本生産性本部）

11章

心理的成長とそれを促す態度・関わり

本章で取り上げていること

心理的成長は体験学習がめざすところの1つでもあります。

本章では、心理的成長とは、どんなもので、どんなプロセスを経て、どんなことによって促進されるのかなどについて紹介していきます。

11.1 カウンセリングと心理的成長

11.1.1 カウンセリングのイメージ

カウンセリングという言葉は、聞いたことがない人がいないぐらい日常的な言葉になっています。心理療法という意味でのカウンセリングを思い浮かべてみると、どんなイメージでしょうか。たいていは、**悩みを抱えた人（クライエント）**が活用する場をイメージされるのではないでしょうか。悩みを抱えた状態は、いわゆる"（気に）病む"状態としてとらえられることも多く、カウンセリングのイメージは暗い場合も多いでしょう。

しかし、悩むことは決して暗いだけではない何かを含んでいるとも考えられます。たとえば、悩んだおかげで自分のやりたいことが見つかったり、これまでになかった考え方やとらえ方ができるようになったりしたことはないでしょうか。

このように考えると、悩みが生じたということは、今の自分にはない何かが必要になった状況にあるととらえることができます。悩んでいる状態は、今ない何かを模索している状態、あるいは何かを獲得していく過程と考えることができます。

11.1.2 自己実現と実現傾向

悩みを通して、今ない何かを模索し獲得していく過程を経て、心理的な成長がなされていきます。このような心理的成長については、多くの研究者がいろいろな用語で説明していますが、その1つに**自己実現**（self-actualization）が挙げられます。自己実現はもともと Kurt Goldstein が提唱した概念です。その後、欲求階層説で有名な Abraham Maslow などさまざまな研究者によって論じられています。細かな定義の違いはありますが、総じて、その人が本来有する能力を発揮して、可能性を伸ばしている状態といえます。

そして、このような状態に向かう傾向を Carl Rogers は**実現傾向**（actualizing tendency）とよび、どんな人にも備わっていると考えました。Rogers は、この実現傾向について全生命体に備

わっているものとし、彼が少年時代に見たある光景を例に挙げています（Rogers, 1980 畠瀬訳 2007, p. 105）。それは、地下室の貯蔵箱に入れられたジャガイモの例です。実現傾向を理解しやすい例ですので、想像しながら読んでみてください。

そのジャガイモが保管されていたのは、地下室でただ1つある小さい窓から2メートルも下の場所でした。土も水もないところにあるそのジャガイモは、緑の芽ではなく青白い芽を窓からもれてくる薄日に届こうと、60センチも90センチも伸ばしていたというのです。

このジャガイモのように、生物として生きづらい条件下でも、元来ある能力を発揮して、その条件下で可能な限りの可能性を伸ばしていく傾向は、生物が本来もつもので、人間にも備わっていると考えたのでした。

しかし、どんな人にも備わっている実現傾向ですが、いつも十分に発揮できるかというと、そうとも限りません。先述のように、悩みを抱えている状態を、今ない何かを模索したり獲得しようとしたりしている状態・過程ととらえた場合、実現傾向が発揮されつつある状態だと考えられます。しかし、その悩む過程というものは、みなさんもおわかりのとおり、ひと筋縄にはいきません。カウンセリングでは、クライエントを、実現傾向がうまく発揮できていない、あるいは発揮しつつある状態にある人ととらえ、実現傾向が十分に発揮されるように関わっていきます。

11.2　体験学習と心理的成長

実現傾向を促す関わりについての話の前に、先述のカウンセリングで見られる**心理的成長と体験学習との関連**について考えてみましょう。これまでは、カウンセリングという点から心理的な成長について説明してきましたが、これが体験学習とどのように関わってくるのでしょうか。

11.2.1　カウンセリングの観点からの心理的成長──自分らしいあり方や可能性に開かれること

体験学習も、**個人的成長**を目的の1つとして実施されるものと考えることができます。たとえば、グループでの体験学習を通して、Aさんがこう働きかけてくれたおかげで、Bさんが動きやすくなったように思え、Bさんのことを気にかけていた自分にとってもホッとする体験だったことがあったとします。この体験をふりかえり、自分もAさんのような働きかけができるようになろうといった**ねらい**が見出されます。そして、次の体験学習で、ねらいとしたことが実行できたか、どうすると実行しやすいか、その働きかけは相手にとってどうだったかなどが検証され、ねらいが達成できたかをふりかえります。このようにグループへの働きかけについてのねらいをもち、そのねらいが達成されるということも個人的成長といえるでしょう。

一方、グループでの体験学習を通して、新しい自分の側面に**気づき**、その気づきから自分が発揮されるというように、**自分らしいあり方**や**自分の可能性**に開かれることもあり得ます。自分が発揮される自分らしいあり方や自分の可能性に開かれるようになることは、実現傾向が発揮される状態へ至る過程ととらえられます。この過程もまた心理的成長の過程・個人的成長の過程の1つといえます。

そのような成長は、当初にねらいとして掲げていたものでなく、結果として気づきが起こったことによって得られる場合もあります。ねらいや意図の有無にかかわらず、体験学習を通して心理的成長へとつながることもあるのです。

11.2.2　メンバー相互が学びを促進する

体験学習では、相手を活かし自分も活かすという点が重視されています。グループのメンバーが互いに学び手であると同時に、他のメンバーの学びを支えたり促進したりするものでもあります。メンバーは全員学び手であり、かつそれぞれのメ

ンバーは他のメンバーにとっては学びを促しうる環境要因でもあるのです。

先述のような心理的成長が体験学習を通して得られやすいものであると考えた場合、実現傾向を促すような他のメンバーの関わりも体験学習の学びを促すものと考えられます。そのような関わりをメンバー相互でもてる場合、それぞれの学びをメンバー相互が促進する有機的なグループとなり、体験学習がより実り多いものとなると考えられます。

11.3 実現傾向を促進する関わり

11.3.1 実現傾向を促す条件のとらえ方

それでは、体験学習を実り豊かなものとするような、**実現傾向を促す関わり**とはどのようなものなのでしょうか。坂中（2014）は、Rogers が見出した実現傾向を促す条件を総じて「**人間尊重の姿勢、人間を大切にする姿勢**」と表しています。Rogers は、カウンセリングのなかで実現傾向が促されるために必要な条件をいくつか挙げています。その各条件をそれぞれ理解することは必要ですが、その条件は 1 つずつが別個のものであるととらえないほうがいいでしょう。坂中（2017）が示しているとおり、人間尊重の姿勢や態度についてはさまざまな視点（自分自身との対話・他者理解・関係性など）からとらえられます。視点が違えば見えてくるものや明らかになることも違ってきます。各視点からとらえられることが異なるために、各条件で表されることが違っていると考えられます。これから各条件を示して説明しますが、総じて人間尊重の姿勢や人間を大切にする姿勢という視点から理解するとよいでしょう。

11.3.2 実現傾向が発揮されるための人間関係

カウンセリングでクライエントの実現傾向が十分に発揮されるためには、ある種の人間関係が必要なことを Rogers は見出し、その人間関係につ

いての特徴を 6 つの条件として提示しました（**表11-1**）。

表 11-1　Rogers（1957）の治療的人格変化のための必要十分条件

1. 2 人の人間が心理的な接触をもっていること
2. 第 1 の人（クライエントとよぶことにする）は「不一致」な状態にあり、傷つきやすく、不安な状態にあること
3. 第 2 の人（セラピストとよぶことにする）は、この関係のなかで“一致”しており、統合していること
4. セラピストは、クライエントに対して“無条件の積極的関心”を体験していること
5. セラピストは、クライエントの内的照合枠に対する“共感的理解”を体験しており、この体験をクライエントに伝えようと努めていること
6. セラピストの体験している“共感的理解”と“無条件の積極的関心”が、最低限度クライエントに伝わっていること

さらに、その 6 つの条件のなかでも、カウンセラー（表 11-1 ではセラピスト）側の 3 つの態度条件とされている「**中核 3 条件**」（表 11-1 の 3、4、5）があります。ある人の実現傾向が十分に発揮されるよう促すためには、この中核 3 条件の態度をもってその人に関わることが重要になります。中核 3 条件は、

①無条件の積極的関心（第 4 条件）
②共感的理解（第 5 条件）
③一致（第 3 条件）

と省略してよばれることもあります。それでは、この中核 3 条件をそれぞれ説明していきます。

11.3.3　カウンセラーの中核 3 条件

カウンセリングでは、クライエントが話しやすい雰囲気や、どんなことでも安心して話せる雰囲気が重要になります。クライエントが思うまま自由に話せることで、その話のなかにクライエントのありのままの姿が表れることになり、クライエント自身はもちろん、カウンセラーもクライエントの体験をありのままにふりかえることができます。そのふりかえりのなかで、カウンセラーとクライエントが関わり合うことによって、新しい気づきが生まれます。

ところが、クライエントが話しづらかったり、

特定の話題は安心して話せなかったりすると、クライエントのありのままの体験や姿は**一部欠如した状態**でしかふりかえることができません。カウンセラーが、一部が欠如した状態しか理解できなかったり、一部しか理解できていないことさえ認識できなかったりするために、ありのままではない誤ったクライエント像を理解することにもなりえます。体験学習でも、ふりかえりの際に、ワークなどでの体験についてありのままに話せないと、その要素が抜けた体験から分析がなされ、次の行動計画などが立てられることになり、その計画自体が誤ったものとなる可能性もあります。

たとえば、ワークの最初にグループでの話しにくさや関わりづらさを感じていた人がいたとします。それでもワークを進めるうちに、結果としてワークの最後には関わることができてワークの課題が十分にできたとします。ワーク後のふりかえりで、その話しにくさや関わりづらさがあったことについては触れないふりかえりをした場合、話しにくさや関わりづらさがどのようなことによって解消されていったのかについての理解には及ばず、関われるようになった状態以後の課題がうまくできるために必要なことしか見出せないことになります。そこで見出せたことは、もしかすると関わりやすさができたことによって生じたことかもしれません。そうだとすると、次の体験で、その見出せたことを、関わりやすさができる前の最初から活かそうとしてもうまくいかない結果になりかねません。

（1）無条件の積極的関心

それでは、**無条件の積極的関心**を向ける態度とはどのような態度なのでしょうか。否定的な態度をとらない、無関心でいるのではないというのは、想像しやすいでしょう。また、「無条件」なのですから、ある話題には否定的になったり無関心になったりする、あるいは、特定の話題だけに関心を寄せるというような条件付きでないということもあります。

条件付きの関心だと、話し手は思いのまま話すのではなく、聴き手の関心に合わせた話をせざるを得なくなったりもします。条件付きにならない

ためには、いったん聴き手の価値観や良し悪しの判断、先入観などを脇に置き、話している人に対して、いったいこの話し手はどんなことを言わんとしているのかというような関心を寄せる必要があります。これは、その人の話したことを単純に肯定する・同意する・迎合することではありません。肯定や同意、迎合はその話題に対する良し悪しの判断にもなります。また、先にも挙げた人間尊重の態度を思い浮かべてもらうと、話題への反応としての無条件の積極的関心ではなく、話し手その人への無条件の積極的関心である必要があるでしょう。その話題が聴き手にとって同意できないものであっても、その人はその話題によって何を伝えようとしているのか、その話題のなかに現れるその人らしさはなんだろうと関心を寄せることはできます。

（2）共感的理解

先ほど述べた「無条件の積極的関心」を寄せながら話を聴き、その聴いた話や話している様子などをもとに、その話し手の人となりを豊かに想像し理解しようとする態度です。ここで重要なのが**「想像し理解しようとする」**ということです。話を聴いて思い浮かんだ人物像や人となりは、聴き手側の仮説にすぎません。共感と聞くと、ぴったり言い当てるようなことを思い浮かべがちですが、そうではなく、合っているかどうかはわからないが想像し理解しようとするのです。安易に同情することや同感することではないのです。

想像し理解しようとするなかで、「つらさ」や「悲しさ」として理解できそうに思えても、「つらいよね」「悲しいよね」とすぐには結び付けません。そう思ったのは、聴き手があたかも話し手の立場になったと想像したら、「つらい」「悲しい」体験としてとらえられたということで、聴き手としての体験にすぎないのです。

ただし、この聴き手としての体験は相手を理解するうえで非常に重要です。それを話し手に確認して初めて、聴き手が抱く話し手理解が正確になされるのです。話し手の話には「つらさ」や「悲しさ」は語られないが、その話を聴いていてそんな風に聴き手には思えたということを確認するこ

とも、この**共感的理解**には含まれているといえる
でしょう。

　想像し理解しようとすること、そうするなかで
出てきた理解を確認し、さらに続けて想像し理解
しようとすることを繰り返すことが重要です。

（3）一　致

　一致というのは、**カウンセラー**が自身の気持ち
や表情、行動に向き合い、気がついているという
ことです。逆に、不一致であるということは、自
身の体験していることについて十分に気づいてい
ない状態です。無条件の積極的関心と共感的理解
については、聴き手側が話し手側に向ける態度で
すが、この一致は聴き手が聴き手自身に向けるも
のといえます。

　一見、自分の体験していることは自明の事実と
思われがちですが、実はそうでないことも多いで
す。たとえば、毎回繰り返し日常生活の愚痴や周
囲の人への不満ばかりを語る**クライエント**を前に
して、カウンセラーとして一生懸命話を聴いてい
る際、その背景に「カウンセラーなんだから一生
懸命話を聴くべきだ」という自分の思いや考えが
あって話を一生懸命に聴くようなことも起こり得
ます。その場合、一生懸命に話を聴いているよう
にすることが第1となっており、聴き手として毎
回同じようなことが繰り返されて進展がなく退屈
に思う気持ちがあっても、そんなことを思うべき
ではないということが暗黙にある場合もあります。

　不一致の状態にある場合、退屈に思う気持ちや
そんなことを思うべきではないという考えは自覚
できず、そうした背景にある思いや気持ちや考え
とは一致しない一生懸命聴く素振りだけがなされ
ることもあるのです。素振りだけで聞かれた場
合、話し手は、本当に理解されているのだろうか
と思ったり、聴いてもらえた実感が得られなかっ
たりします。

　このときに、いったんカウンセラーが自分をふ
りかえり、クライエントに思い切って「こんなこ
と思うべきではないとも思っているのですが、同
じような話がしばらく繰り返されているなと思う
自分がいます。どこかすべてのエピソードが同じ
ような不満にも聞こえ、あなた（クライエント）

にとってその不満がどうして起こっているのか私
自身が理解できていないようにも思えますが、い
かがでしょうか」と伝えることも、一致ともいえ
ます。

　ただし、一致とは自分の気持ちのままに動くと
いうこととも違っています。重要なのは、自分の
体験を自分自身で気づいているということです。
ですので、先ほどの例でも、退屈に思っている自
分がいて、退屈に思うべきではないと思っている
自分もいる、そして、一生懸命に聴こうとする自
分もいるというように、それぞれに気づいておけ
ることが重要です。話の聴き手は、相手を理解し
ようとするばかりでなく、その時々の自分自身に
ついても理解していることが大切なのです。

（4）3つの態度は混然一体となる

　これまで3つの態度を説明してきましたが、具
体的な関わりを思い浮かべてもらうと、先述のと
おり、3つの態度は別々に機能したり発揮された
りするわけではないことがわかると思います。無
条件の積極的関心を寄せて相手に関わるなかで、
自分に起こっている気持ちや思い、考えを把握し
つつ、自分の思いや気持ち、考えをいったん脇に
置いて、その人を共感的に理解しようとする。そ
んなことが同時に起こり、自分も相手も大切にす
るのが人間尊重の姿勢なのです。そのような関わ
りのある人間関係のなかで、人の実現傾向が発揮
されていくのです。

　それでは、架空の例ではありますが具体的に体
験学習を思い浮かべてみましょう。

　人と関わることが難しいと感じていて、もう少
しうまく人と関われるようになれればと思ってい
るあるメンバー（Cさん）がいます。あなたはC
さんと同じグループのメンバーです。Cさんは
ワークには控えめに参加していました。ときおり
何かを話そうとするも、他の人の話す素振りが見
えたり、他の人が話し始めたりすると、毎回Cさ
んはすくんでしまい、発言することをやめて他の
人に譲ってしまう体験をしていたとします。何度
かのワークで同じようなことが繰り返され、Cさ
んは自分に落胆してしまいます。ですが、あなた
も含め、他のメンバーはCさんの落胆にはなかな

か気づけませんでした。ワークはそれなりにできているので、Cさん以外のメンバーにとっては達成感があり、うまく学習できているように思えるものになっていました。何度かのワークを経て、Cさんはふりかえりの際に、自分の落胆について話し始めます。その際に、あなたはどう関わろうとするでしょうか。3つの態度が発揮される関わりとはどんなことが想定できるでしょうか。

おそらく、その落胆を初めて聞いたあなたは、ワークはうまく進んでいたと思っていたため驚くことでしょう。驚きがあることを認めつつ（一致）も、Cさんがこれまでどんな気持ちでワークに参加していたのかに思いをはせて（無条件の積極的関心）、Cさんの体験を理解しようとします（共感的理解）。そして、Cさん自身の身になって想像していると、他のメンバーは体験学習に達成感を感じている一方で、うまく人と関われるようになりたいのにできていない自分がそこに交じって何かをすると、他の人の邪魔になるんじゃないかと思えたりもするのではないだろうかということが思い浮かんだことに気づきます（共感的理解・一致）。そして、Cさんの体験は自分が想像したこととあっているのだろうかと思い至ってそのことを確認したところ（無条件の積極的関心・共感的理解）、Cさんは、たしかにそう思えて余計に自分が発言しないほうがいいのではと思っているのかもしれないと言います。

あなたはそんなCさんに気づけなかったことに申し訳なさを感じることを自覚しつつ（一致）、気づいていなかったにしても、これまでのワーク中でたしかにCさんが、発言を譲ってくれたり、話をしようとする人に気づきその人に「どうぞ」と発言を促していたことを思い出し、Cさんのグループやメンバーへの関わりが自分にとっては潤滑油のような関わりに思えたりもしました（一致）。

そして、そのことを伝えると、Cさんは自分が思っているうまい関わりというものが、発言することや人をまとめることであったことに気づき、それとは違うが、自分もある種のうまい関わりができていたことに気づきます。また、Cさんは、落胆を話し出せたこと自体も自分を発揮できた体験であったと気づき、理解します。

これは、架空の例ではありますが、このように、Cさんというその人自身はもちろん、自分の気持ちや思い、考えを大切にした関わりのなかでは、それぞれの条件が別々ではなく混然一体となって発揮され、（例のなかではCさんのように）その人の自分らしさが見出され発揮されるような実現傾向が促進されるのです。そして、このような態度は専門家でなくてもどんな人でももちうる態度です。それぞれの人が人と関わる際に人間尊重の態度を発揮することができれば、実現傾向を促す関わりができるのです。

引用文献

Rogers, C. R.（1980）. *A way of being*. Houghton Mifflin.（畠瀬直子（訳）（2007）. 人間尊重の心理学――わが人生と思想を語る―― 創元社）

坂中正義（2014）. クライエント中心療法におけるロジャーズの中核三条件　人間性心理学研究, *32*（1）, 5-11.

坂中正義（2017）. パーソンセンタード・アプローチとは　坂中正義（編）傾聴の心理学　創元社

12章

傾聴（アクティブリスニング）

本章で取り上げていること

第Ⅲ部と第Ⅳ部では、心理的成長の契機となる気づきや洞察について（18章）、心理的成長を伴うような語りについて（17章）、心理的成長に関する自己概念と経験及び自己理解について（13章）などを解説しています。気づきや語り、自己理解とそれらに必要な態度を実現しようとした場合、具体的にはどのような関わりとなるのでしょうか。

この12章では、そのヒントとして、アクティブリスニングを紹介します。

12.1　人間尊重の態度が前提となる

アクティブリスニング（積極的傾聴）は、心理的成長に必要な人間尊重の態度を見出したRogersにより考案された、「心理療法での特徴的な「聴き方」（池見，2016）とされています。「聴き方」あるいは関わり方を具体的に示すものとはいえ、本章で紹介することを実施すれば心理的成長が促進できるという単純なものではありません。11章で心理的成長のために必要な態度を挙げましたが、それらの**人間尊重の態度**を実現している必要があるのです。

実際に、Rogersは、クライエントとの関わり方として、クライエントの言葉をそのまま伝え返すこと（**リフレクション**）を挙げていますが、これは先の人間尊重の態度を実現するための1つの現れであることを理解しなければ、単なる"オウム返し"になってしまいます。人間尊重の態度をもって、クライエントの話すことが「こういうことなんですね」という確認をしたり、「私はこのように理解しましたよ」ということをクライエントに伝えたりするためになされたものであるとクライエントに理解されて初めて、リフレクションは**心理的成長を促す関わり**になります。ただクライエントの話す言葉を覚えて、覚えたことを間違えないように繰り返すだけでは、本当に話を聴いてもらえたとクライエントが感じるのが難しいことは容易に想像できるでしょう。こうした前提をふまえて、本章を理解してもらえたらと思います。

12.2　具体的な言葉かけ

坂中（2017）はアクティブリスニングについて、

①場面構成　　④感情の反射
②単純な受容　⑤感情の明確化
③繰り返し　　⑥非指示的リード

の6点を挙げています。本節では、この6点をもとに、具体的な応答としてどのような言葉かけを

するのか、どうしてそうしたことが必要なのかについて触れつつ解説します。

（1）場面構成

臨床心理学あるいは心理臨床実践では、「**枠**」が重視されます。**心理的成長**とはその人がありのままで本来の力を十分に発揮して可能性を伸ばしていることと解説しました。その人が自由に力を発揮してのびやかでいる状態であることともいえるでしょう。自由でのびやかでいることに、この「枠」が関係しています。

人は**無制限な状況**で自由でのびやかにいようとすると、むしろ難しくなる場合が多いものです。自由でのびやかにしましょうと言われても、とまどいを感じたりもするでしょう。自分が相談をするために他者に話をする場面を想像したとき、何の枠もないと、こんなに話していていいのかな、どれぐらい話を聴いてくれるんだろう、もしかするとこの後の用事のことを気にしながら聴いているのかなといったことも気になるかもしれません。

最初から1時間ぐらい時間があるよと言われていれば、そんな心配もしなくていいですね。1時間は自分に時間を割いてくれるという前提（枠）のもとで、その1時間は相談をするための時間として自由に話をしやすくなるでしょう。こうした枠は時間だけのことではありません。場所（2人で静かにいられる場所か、安心できる場所かなど）や、話をする状況設定（助言や指導をする立場での聞き手ではないこと、自由に話すことを遮ることはしないことなど）も含まれます。

（2）単純な受容

いわゆる**あいづち**ともいえるものです。「はい」や「うんうん」ということが挙げられます。これも、単純にあいづちをしていればいいというわけではありません。試しに、話し手と聴き手に分かれて、聴き手が相手の話を理解しないまま、とにかくあいづちをうつということをやってみると、話し手は軽くあしらわれたような、自分の話を大切に聞いてもらえていないような気分になるでしょう。

この「**単純な受容**」は「**感情の受容**」ともよば

れます。つまり、あいづちなどが、「相手の話を受け止めているよ」という聴き手の人間尊重の態度が備わったものとして、話し手に受け取られる必要があるのです。

（3）繰り返し

これは 12.1 節で記したような、話し手の言葉をそのまま伝え返すことです。たとえば、話し手が「明日こそ大学に行こうと思っているのに、いざ出る時間になると出られないんです」と話した場合、聴き手が「大学に行こうとは思っているのに、いざ出るときに出られないんですね」と伝え返すような応答です。先にも記したように、相手の言葉を再生するだけではないですし、それ以上に、意外と相手が話すままに応答することも難しい場合も多いです。

というのも、日常会話では、上記の例のような発言があった場合、「それってヤバいよね」と価値判断を下してしまったり、「もう少し頑張ってみよう」と励ましたり、「やる気の問題だからやる気を出そう」などと説得したりしてしまう応答をしてしまいがちだからです。そうすると、やっぱり大学に行けない自分がダメだと思ってしまって、それ以上その話し手が自由に話したり自己探索したりすることができない状態になってしまいます。聴き手の価値判断や評価は脇に置いて、話し手が話していることをそのままに受け取って返すことが大切です。

（4）感情の反射

先述の「繰り返し」が、話し手の話す言葉に注目するのに対して、「**感情の反射**」はその話に込められた話し手の感情のほうに注目します。先の大学に行こうと思うのに行けない例の続きとして、話し手が「それは自分がダメなんだとあなた（聴き手）も思うでしょうけど…」と話した場合、聴き手が「自分がダメだと私（聴き手）にも思われると思うんですね」といったように、話し手本人がどう感じているのかについて応答するのです。

感じていることを返されると、17章の「語ること」で記している探索的なありようが促されることがあります。先の例でいうと、話し手が「そ

う、あなた（聴き手）にも、他の人にもそう思われると思うんです。それが余計にプレッシャーで…」といったことや「他の人の評価が気になるし、他の人にとって良いとされることをしなければならないと思い、自分はいったい本当は何がしたいのだろうということが空っぽで…」などと**探索的な語り**が促されるようになる可能性があります。

ふと鏡に映る自分が見えたときに、髪や服の乱れをふいに直すように、内面の世界を鏡のように映し返されることで探索的語りが促進され、自己探求を展開していきやすくなります。

(5) 感情の明確化

これはまだ話し手がうまく感情を言葉にできていないときなどに、聴き手が話し手のそれまでの話を感じ取ろうとして、**話し手にとってしっくりくる表現を明確化する**ような関わりです。

先の例の続きでいうと、聴き手が「自分がしたいことで動けていなくて、どこか疲れるような、擦り切れるような感じがあるんでしょうか…」などと、聴き手が話し手自身のことを想像し、自分を空っぽに感じている一方でダメにならないように大学に行かなければという思いを抱えていると理解し、その話し手の辛さについて聴き手が想像して感じられたことを伝え返すような応答です。

ここでまず重要なのは、話し手が感じていることは何だろうと、聴き手が丁寧に想像し感じようとする細やかな感受性をもって聴くことです。また、そうして細やかに想像し感じたことを聴き手の判断でそうに違いないとするのではなく、話し手に確認し、話し手の感じていることに近づけようと努力することもまた重要です。

(6) 非指示的リード

話し手にさらに説明を求めるときなどに用いられます。「〜と話されましたけど、どういうことでしょうか？」「もう少し詳しく聞かせてください」といったことや、特定の話題が終わったときに「そのほかに話したいことはありませんか？」と問いかけるような、「**自由に（非指示的に）話すことを促す（リード）応答**」（坂中, 2017, p. 70)

です。

12.3 話し手に伝わっていなければならない

12.1 節で記したように、これらを機械的にすればいいのではなく、人間尊重の態度を伴って初めて、心理的成長を促す関わりとなります。ここで重要なのは、11 章の表 11-1「治療的人格変化のための必要十分条件」（Rogers, 1957）の 6 つ目の条件です。聴き手として人間尊重の態度をいくら実現しようとしていても、それが話し手に「伝わって」いなければならないのです。聴き手が人間尊重の態度を用意したと独りよがりに思っていても、話し手にとって、聴き手が少しはそうした態度をもって関わってくれていると受け取れるものでなければなりません。

そのためには、感情の明確化の部分でも解説しましたが、話し手の反応を見つつ修正したり、あるいは話し手に確認しながら、話し手の感じていることに聴き手が近づこうと努力することが重要になります。人間尊重の態度を大切にすること、人間尊重の態度をもって関わること、そして、話し手との言語的・非言語的な関わりのなかで適宜確認と修正が並行して行われることが重要なのです。

引用文献

池見陽（編著）(2016). 傾聴・心理臨床学アップデートとフォーカシング――感じる・話す・聴くの基本―― ナカニシヤ出版

Rogers, C. R. (1957). The necessary and sufficient conditions of therapeutic personality change. *Journal of consulting Psychology*, *21*, 95-103.

坂中正義 (2017). パーソンセンタード・カウンセリング 坂中正義（編）傾聴の心理学 創元社

13章

自己概念と経験・自己理解

本章で取り上げていること

自身が体験したことはすべて顕在的に自覚できているわけではありません（17章参照）。なぜそのようなことが起こるのでしょうか。自分の部屋でレポートを書いている場合、資料とパソコン以外に、自分の注意を惹いてしまう漫画などは自覚できますが、部屋にある物事をすべて自覚するのは難しいでしょう。とはいえ、とくに注意が向きやすく自覚しやすい物事と、注意が向きにくく自覚しにくい物事の傾向はないでしょうか。ここでは、Rogersのパーソナリティ論から、そうしたことが起こる要因の一端を取り上げることとします。

13.1 経験と自己概念

Rogers のパーソナリティ論は「経験」と「自己概念」との関係で論じられています。

13.1.1 経　験

経験は、自覚していること・自覚していないことも含めたすべてのことを指します。毎日同じに思える夏休みのラジオ体操も、まったく同じ場所で同じ人が、同じ天気や気温のもとで繰り返さることがないように、私たちのその時々の体験は、まったく同じものということはありえません。そういう意味では常に新しい経験をしているといえます。

ただし、毎日あるいはその時々の**1回きりしかない体験**を、毎回新しい経験として体験することは非常に疲れてしまうでしょう。私たちはある種の**カテゴリー分け**をして、新しさはさておき、ラジオ体操は「朝早くて気だるいけれどもスタンプを集めてご褒美をもらうもの」などというおなじみの経験として、省エネを行い、日々円滑に生活しているのです。

13.1.2 自己概念

このカテゴリー分けにひと役買っているのが**自己概念**です。自己概念は、たとえば「あなたは自分ってどんな人だと思いますか？」と聞かれたときに認識されるものです。この自己概念は、さまざまな経験を通して形成されていきます。朝起きるのが億劫なことが多い人は、自分は朝が苦手という自己概念を形成していくでしょう。そうすると、せっかくの夏休みなのに朝早くからあるラジオ体操は、「朝早くて気だるいイベント」というカテゴリーに分けられやすくなります。

人は、この自己概念のフィルターを通して経験をカテゴリー分けしやすい傾向にあります。また、この自己概念もまた、すべてをいつ何時も自覚できているわけでもないため、思いがけずあるカテゴリーに振り分けていることも多いのです。

いつもより朝早くにスムーズに起きられて気分よくラジオ体操に行けたとしても、ラジオ体操は「気だるいイベント」という風に自覚され、気分よくラジオ体操に行けた経験よりも、「朝が苦手」という自己概念に寄せられた理解になることもあるでしょう。

13.2　経験と自己概念との関係

それでは、もう少し経験と自己概念との関係を細かく紹介していきましょう。

13.2.1　一致する場合

まずは、経験と自己概念が矛盾しない「一致」の場合です。「人づきあいが苦手」という自己概念をもった人がいるとします。そして、初対面の人と話し合う機会があってうまく話せなかった場合、自己概念と経験は矛盾していないので、うまく話せなかった経験はそのまま受け取ることができます。

13.2.2　矛盾する場合

一方で、矛盾する場合、そのまま自覚されにくくなります。先の例と同様に「人づきあいが苦手」という自己概念がある人が、初対面の人に話しかけられて話をすることができたとします。その場合、自分がその人と会話をすることができたとは思わず、「相手が話しかけてくれたから」や「相手が話すのがうまかったから」といったことに変換されることがあるでしょう。あるいは、自分も会話ができた経験としてではなく、話を相手はつまらないと思ったかもしれないと考えて、自分はやはり人づきあいが苦手だと思うといったように、経験していないことを経験したように受け取り、「**自己概念によるねつ造**」（坂中，2017）をすることもあります。このような変換やねつ造といった形をとる場合を、**自己概念による経験の歪曲**といいます。

また、自己概念と矛盾する経験は、そもそも意識されず話をした体験自体がなかったかのようになることもあります。この場合も、「人づきあいが苦手」という自己概念が維持されます。そもそも意識されない場合を、**自己概念による経験の否認**といいます。

歪曲や否認によって自己概念が維持されている場合、私たちは新たな体験をしたとしてもそこから学ぶことが難しくなり、むしろもともとあった「人づきあいが苦手」というような自己概念が強化されることもあります。そうすると、自己成長の機会を失してしまうことにもなりかねません。

13.2.3　Rogers の集合図

自己概念は先にも記した通り、省エネで円滑な日常生活を送ることに寄与するものでもあります。そのため、その自己概念が変わること自体に不安などが生じることもあります。Rogers はこうした自己概念と経験の関係を図示しました（図13-1）。自己概念と経験が矛盾する歪曲としてのⅡの領域や否認としてのⅢの領域が大きければ緊張や不安が高くなり、逆に適応的なパーソナリティは自己概念と経験が矛盾しないⅠの領域が大きい状態であり、「自分が経験していることを出来るだけそのまま受け取れる人」（坂中，2017）であるとしています。

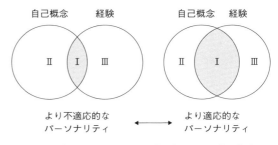

図 13-1　適応的・不適応的な自己概念と経験の集合図

13.2.4　自己概念の変容

とはいえ、歪曲や否認が起こること自体が必ずしも悪いとはいえません。それらに気づくことは**自己成長の契機**ともなりうるのです。「人づきあいが苦手」という固定的な自己概念ではなく、

「人づきあいは苦手だけど、少なくとも今日の会話は続いた」ということや、「苦手ではあるけど、以前より少しはできることも増えた」といった、経験に即した自己理解ができ、柔軟で可塑性のある自己概念に変容できるのであれば、歪曲や否認に気がつくことが自己成長の契機ともなるのです。

こうした**自己概念の変容**には、やはり 11 章に記したような態度・関わりをしてくれる人がいることが助けになります。上手に話せない人とはあまり関わりたくないという条件つきの関心をもった人がいたとします。「人づきあいが苦手」という自己概念をもつ人にとって、そうした条件つきの関心をもつ人と関わりをもつことは容易ではないですし、自己概念のとおりに人づきあいを避けることも想像に難くありません。

無条件の積極的関心や、共感的理解、一致といった態度を備えた関わりは、固定的な自己概念をもった人がその自己概念に縛られることなく、それをできるだけ経験に即した柔軟で可塑性のある自己概念に変容することの助けとなるのです。

引用文献
坂中正義（編著）田村隆一・松本剛・岡村達也（2017）．傾聴の心理学——PCA を学ぶ カウンセリング／フォーカシング／エンカウンター・グループ——　創元社

14章

フォーカシング

本章で取り上げていること

フォーカシングという手法は、Eugene Gendlin によって開発された、自身の実感をもとに自己探求をし、言葉や意味を見出すアプローチです。心理療法や人間理解の1つの方法として応用されています。

Eugene Gendlin（ユージン ジェンドリン）は、もともとは哲学者ですが、自身の哲学研究のなかで見出したことがパーソンセンタード・アプローチを創始した Rogers の実践に表れているのではないかと考え、Rogers とともに研究を行っていました。一方で、Rogers もまた Gendlin の発想にも刺激を受けるなど、双方が互いに影響し合いながら研究と実践を進めていました。そのため、フォーカシングも広くとらえたパーソンセンタード・アプローチともいえます（Sanders, 2004）。

Gendlin 自身も、「クライエント・センタード・リフレクション」が心理療法における基盤である（Gendlin, 1990）とし、「クライエント・センタード・リスニング」の重要性を指摘しています。さらには、心理療法に関して、「第1に重要なのは関係（その中にいる人）であり、第2が傾聴で、ようやく3番目にくるのがフォーカシングの教示」（Gendlin, 1996 村瀬他監訳 1999, p. 497）としているように、アクティブリスニングのような傾聴がフォーカシングの教示を行うよりも重要であるとしています。

本章では、フォーカシングに特徴的な教示や手順などを提示しますが、それらはフォーカシングを理解してもらいやすくするために考えられたもので、実際にはむしろ傾聴やアクティブリスニングが基盤となっている前提があると理解したうえで読み進めてもらえたらと思います。

14.1　フェルトセンス

フォーカシングで最も特徴的とされるものに、フェルトセンス（felt sense）があります。フェルトセンスとは、まだ言葉にはならないが確かに身体で感じられる前概念的（概念になる前の）感覚のことを指し、簡単にいうと実感ともいえます。これは言葉で理解するより、日常をふりかえって具体的に思い返すほうがわかりやすいでしょう。

誰かと外食をするときを想像してみてください。「何食べたい？」と聞かれたときに、「これじゃない」というのははっきりしているのに、何かというのが具体的に出てこない体験をしたことはない

でしょうか。このときの曖昧な感覚もフェルトセンスといえます。こうしたときに、メニューや食品サンプルを見ながら、「これじゃない」というものを省いていくと、なんとなく食べたそうなものが明らかになっていきます。そして、なんとなく食べたそうなものの候補を眺めて、これかなぁと思うものを選び、その品物を実際に食べたときに、「これだ！」と思うこともあるでしょう。

　当初はあいまいだったけど、たしかに「これじゃない」という選択ができるぐらいの実感があり、実感をもとに選んでいると、少しずつ「これかな」という品物がぼんやりと思い浮かばれ、そして実際に食べてみてその曖昧な実感にぴったりしたときに「これだ！」とわかるのです。

　フェルトセンスは私たちの日常でもたくさん立ち現れています。映画の感想をとっさに言うときや、楽しみだったイベントに行くときの服装選びのとき、大切な人のプレゼントを考えているときなどを思い浮かべてもらうと、曖昧な実感＝フェルトセンスがあったことに気づけるのではないでしょうか。また、文章執筆や絵画や美術作品を作っているときの、「できた！」という感覚も、とっさに説明することは難しいけれども確かに実感するものでフェルトセンスといえるでしょう。

　フェルトセンスには、今はっきりとしない何かが含まれていて、少しずつ丁寧にフェルトセンスに照合しつつ言葉や表現などを選んでいくと、その何かが明らかになるのです。そして、何かが明らかになったときに「あ！」と大きな声が出たり、飛び跳ねたり、笑いがこみ上げたり、ときには涙が出たりすることがあり、この現象を**フェルトシフト**とよびます（18章参照）。

　このフェルトセンスと照合し、少しずつ明らかにしていく過程を**フォーカシング**とよびます。そう考えると、フォーカシングを知らなくても、生活のなかでフォーカシングが起こっていることはたくさんあるといえます。

　また、フェルトセンスは、身体で具体的に感じられるものです。たとえば、腹が立ったときに「はらわたが煮えくり返る」と言ったり、うれしいときに「胸が弾む」と言ったりする表現が日本語にはありますが、そうした感覚が実際に腹や胸

のあたりで感じられたことはあるでしょう。加えて、同じ「悲しい」でも、100円玉を溝に落としたときの悲しさと、大事にしていたものがなくなったときの悲しさは異なりますし、一度悲しいという概念に当てはまったとしても、そこに含まれるニュアンスの違いもあります。そういう意味でフェルトセンスは前概念的なのです。たとえば、大事なものをなくした悲しさを表すときに、「胸のなかにぽっかりと穴が開いてそこにすごい勢いの風が吹いていて痛いような悲しさ」だというように体での感覚として表すこともできます。一度概念として表せたものでも、そのニュアンスを一度表した概念以上にさらに詳細に表すこともできます。

14.2　クリアリングスペース

　フォーカシングは日常でも起こっていることで、フェルトセンスは何気ない日常でも実はすでに活かされていたりします。ただ、いつでもフェルトセンスを自覚できるわけではありません。確かな実感ではありますが、それは繊細でじっくり確かめないと自覚できないことも多いのです。

　先ほどの食べたいものを選ぶときも、じっくりと選べる場合はフェルトセンスと照合させて選ぶことができますが、もし時間がなくてすぐに決めないといけない場合は、フェルトセンス自体が感じられなかったり、実感と照合するよりも「朝はパンだったからハンバーガーよりもご飯にしよう」などという考えに従って即座に決めたりすることにもなります。フェルトセンスは微細で繊細である場合が多いので、それを感じ取るにはじっくりと丁寧に確認する必要があります。

　じっくりと丁寧に確認するためには、ある種の心の余裕や、ゆとりある心の空間が必要であったりします。その心の余裕や空間を作ることを**クリアリングスペース**とよびます。

　たくさんの物がある机の上を思い浮かべてください。ごちゃごちゃとどこに何があるのかわからない机もあれば、同じ物の量でも、紙類は紙類で、本は本でまとまっていたりと、何がどこにあ

るか何となくわかる机もあるでしょう。前者の机はごちゃごちゃしていますが、同じ物の量でも後者はすっきりしていませんか。

心も同じように、気持ちや感情、考えや実感をいろいろと一度に抱えていたりします。新しく始めるアルバイトのドキドキ感、授業の課題、近々ある楽しみなイベントのことなど、前面に出てくる気持ちはもちろんあるでしょうが、実はいろいろな気持ちを抱えていて、かつ前面にない気持ちなどが他のことに影響することもあります。たとえば、アルバイトで失敗して残念な気持ちのときに思いがけず家族に冷たくしてしまったりもします。こうした今抱えているさまざまな気持ちなどを1つずつ確認しておくことができると、先述の机のように物の量は多いけど少しはすっきりした状態になります。そうすると、抱えていることは同じなのに少しは心に余裕ができたり、抱えていることを俯瞰して見られるようになったりします。

具体的には、クリアリングスペースはいろいろなやり方があり、たとえばポストイットを用意して「最近どんなことを感じているかな」「今どんな気持ちを抱えているかな」などと思い返し、思い浮かんだら1枚のポストイットに書き出して貼りつけていくようなことや、イメージを使って気持ちなどを1つひとつ実際の空間や想像上の空間のなかに置いておくようにすることもあります。このクリアリングスペースだけでも、心理療法で活用されることもあります。

14.3 フォーカシング簡便法

先のフェルトセンスの説明のなかで、日常生活にもフォーカシングが生起していると記しました。フェルトセンスをもとにまだ言葉や概念などになっていない何かを丁寧に紡ぎだすような心の作業が起こっていることを**現象としてのフォーカシング**ということもできます。この現象としてのフォーカシングを生起させるにはどうしたらいいのでしょうか。

フォーカシングの創始者である Gendlin は、このような現象としてのフォーカシングが生起しや

すい人が行っている心の作業のポイントをいくつか取り上げ、現象としてのフォーカシングが起こりにくい人にもそのポイントを教えて練習できるように、教示法としてのフォーカシングを考えたのです（Gendlin, 1981）。それが、**フォーカシング簡便法**（Focusing Short Form）です。

フォーカシング簡便法は、6つのステップで構成されています（**表14-1**）。

表14-1　フォーカシング簡便法 (池見, 2016, p. 115, 表5-1)

1.	クリアリング・ア・スペース　Clearing a Space
2.	フェルトセンス　Felt Sense
3.	ハンドル表現　Get a Handle
4.	ハンドル表現を響かせてみる　Resonate
5.	問いかけ　Ask
6.	受けとる　Receive

（1）クリアリングスペース

最初のステップは、先に記したクリアリングスペース（表中にあるように、クリアリング・ア・スペースと表記されることもある）です。このステップでは心の余裕や空間を作り、これから先の心の作業を行う準備をします。

（2）フェルトセンス

2つ目のステップはフェルトセンスです。このステップでは、先ほどのクリアリングスペースで整理し俯瞰した気持ちや感情などのなかから1つを選び、そのフェルトセンスに注意を向けてみます。いったんクリアリングスペースの際に表された表現や概念であっても、フェルトセンスに含まれるより詳細な**ニュアンス**を表現します。その際に、「身体ではどう感じるかな」、「どんな質感などがあるかな」などと探索するようにして、フェルトセンスに含まれるニュアンスを表します。温度や色、重さ、手触りなども感じられるかもしれませんし、そのフェルトセンスに合うオノマトペやイメージなどもあるかもしれません。

（3）ハンドル表現

2つ目のステップで選んだフェルトセンスのニュアンスがある程度はっきりしてくると、その

フェルトセンス全体を表す名前のようなものをつけます。これは、フェルトセンスはあいまいでかすかな感覚であることが多く、見失うこともあるので、名前をつけることで見失いにくくしたり、再度感じやすくしたりするために行います。

たとえば、楽しみなイベントについてのフェルトセンスで、明るく弾むような感じで、勢いがある感じもするとします。そうしたニュアンスを感じ取っているときに、「元気いっぱいのスーパーボール」という表現が出てきたとしたら、それをひとまずそのフェルトセンスの名前にしてみます。**ハンドル**というのは、取っ手やカバンの持ち手のことで、ハンドルをつけることでつかみやすくするというような意味が込められているのです。

(4) ハンドル表現を響かせてみる

3つ目のステップでいったん見つかった**ハンドル表現**でも、それでいいかなと一度フェルトセンスに照合して確かめてみます。いったん出てきたらすぐその表現に飛びつくのではなく、丁寧に、「本当にそのハンドルでぴったりかな、しっくりくるかな」とふりかえることが重要です。

もし、どこかしっくりこない場合は、もっとしっくりくるにはどんなことが必要かなと再度3つ目のステップに戻り、よりしっくりくるハンドル表現を模索します。ハンドル表現がすぐ見つかることが重要なのではなく、丁寧にフェルトセンスと照合させることが重要です。

そのため、「どこか違う」「しっくりこない」という感覚は歓迎したいものです。というのも、「○○とは違う何か」ということは、○○には含まれない何かを指し示してくれているともとらえられ、それ自体がそのフェルトセンスの重要な点を教えてくれるものである可能性があるからです。ハンドル表現がついた時点で、新しい理解が生まれ、それ以上のステップに進まなくてもすっきりすることもあります。

(5) 問いかけ

5つ目は問いかけですが、これは特定の問いかけをすればいいというものではありません。それまでのステップのなかで表現されたことをもと

表14-2　問いかけの例

- ・そのフェルトセンスを感じていると何か浮かんでくることはありますか。
- ・その感じが何かを伝えているとしたらどんなことでしょう。
- ・その感じには何が必要なのでしょう。
- ・その感じになってみたとしたらどうでしょうか。
- ・その感じはどうなっていきたそうでしょうか。

に、そのフェルトセンスに問いかけてみようと思うことを問いかけるのです。とはいえ、特徴的な問いかけもあります（**表14-2**）。

(6) 受け取る

そして、最後に問いかけによって何かが出てきたら、それは何であれ歓迎し、出てきたものをじっくりと味わいます。出てくることが不快なこともありますが、たしかにそう感じるところもあるんだなと認めることが大切です。出てきたことが当初の想定とはまったく違うこともあります。

冒頭にも記しましたが、この簡便法は現象としてのフォーカシングを体験したり伝えたりするために開発されたものであって、フォーカシングは簡便法を実施することではありません。また、簡便法を実施するにしても、**アクティブリスニング**や**傾聴**をベースに実施することも重要です。

なお、簡便法以外にも多くの研究者・実践家によってフォーカシングを体験的に学ぶ方法が多数考案されています。

引用文献

Gendlin, E.T.（1981）. *Focusing*（2nd ed.）. Bantam Books.（村山正治・都留春夫・村瀬孝雄（訳）（1982）. フォーカシング　福村出版）

Gendlin, E.T.（1990）. The small steps of the therapy process. In G. Lietaer, J. Rombauts, & R. Van Balen（Eds.）, *Client-centered and experiential psychotherapy in the nineties*. Leuven University Press.（池見陽・村瀬孝雄（訳）（1999）. セラピープロセスの小さな一歩（pp. 27-63）金剛出版）

Gendlin, E.T.（1996）. *Focusing-oriented psychotherapy: A manual of the experiential method*. The Guilford Press.（村瀬孝雄・池見陽・日笠摩子（監訳）（1999）. フォーカシング指向心理療法　金剛出版）

池見陽（編著）（2016）. 傾聴・心理臨床学アップデートとフォーカシング──感じる・話す・聴くの基本──　ナカニシヤ出版

Sanders, P.（Ed.）（2004）. *The tribes of the person-centred nation: A guide to the schools of therapy associated with the person-centred approach*. PCCS Books.（近田輝行・三國牧子（監訳）（2007）. パーソンセンタード・アプローチの最前線──PCA諸派のめざすもの──コスモス・ライブラリー）

15章

ゲシュタルト療法

本章で取り上げていること

ゲシュタルト療法を取り上げ、"今ここ"を大切にしていることなど、体験学習の手法やねらいと共通するところを紹介していきます。

15.1 気づきを重んじるゲシュタルト療法

15.1.1 ゲシュタルト療法の目的と特徴

　人間性心理学は、過去よりも"今ここ"での体験を重視し、その人が本来有する能力を十全に発揮して、その人らしく生きていくこと、その人らしくあることを志向しています。では、どのようなときに、その人らしさや自分らしさが実感されるのでしょうか。それは例えば、その人（自分）が自覚している能力を発揮したとき、その人（自分）の新たな側面を発見したとき、その人（自分）の価値観や気持ちに従って選択をしたとき、その人（自分）が思うように責任を引き受けたときなどではないでしょうか。

　ユダヤ人医師の Frederick Perls によって提唱された**ゲシュタルト療法**もまた、人間性心理学の人間観に依っており、その理論的背景には**ゲシュタルト派**といわれる**知覚心理学**があります。たとえば、人間は、関心のあるものを「図」として知覚しやすく、その他のものは「地」として背景となり、「図」となっているものを「図」として浮かび上がらせるという考え方があります。また、不完全さや中途半端と感じる経験は、記憶のなかに消えないで執拗に残ることも指摘しています。Perls は、このようなゲシュタルト派の知覚心理学の概念を、知覚領域にとどまる現象としてではなく、人間の経験全体にあてはめ、人間の精神的現象を説明する概念へと発展させていきました（Polster, 1987）。ちなみに**ゲシュタルト**（Gestalt）とは、ドイツ語で「形」、「全体」、「完結」、「統合」などを意味します。

　したがって、その名のついたゲシュタルト療法では、気持ち、欲求、考え、願いなど、"今ここ"の自分のなかに起こってくる体験を、言葉にしたり動きにしたりすることで、しっかりと「形（図）」にし、そこから得られる気づきによって、まとまりのある人格への「**統合**」や、心残りなどの未完の経験が「**完結**」することをめざします（倉戸, 2012）。このゲシュタルト療法のプロセスがわかる具体例を挙げてみましょう。

ゲシュタルト療法を受けに来たある女性は、結婚式のときに父親への感謝の手紙を書けなかったことが心残りになっていました。女性は、セラピーのなかで、その心残りの経験を語りながら、父親へ怒りが出てくるのを感じました。セラピストは、その怒りを言葉にすることを勧めました。女性にとっては、父への怒りを言葉にすることは難しいことでしたが、思いきって父への怒りを言葉にしました。すると、意外にも父に大切にしてもらったエピソードがふと思い出され、「本当は、父を責めたいのではなく、可愛い娘になりたかった」という真の願いに気づきました。このワークをもって、女性は父親への感謝の手紙を書けなかった自分を引き受け、心残りを完結させたのです（中西，2006）。

さらに Perls（1973）は、「ゲシュタルト療法のめざすところは、血の通っていないマネキンのような人間を生き生きとした本物の人間に変革させることである。いささか誇張したいい方かもしれないが、さらにいうと、今の時代に遑しく全人的に生きることができるように援助することにある」と述べています。ゲシュタルト療法のセラピストは、クライエントが"今ここ"での自分の動作や呼吸、情動や声の調子、顔の表情にも注意を向けて、自分の経験をしっかり味わうこと（形（図）にすること）を勧め、自分がいかにあるかに気づくことを促します。それは、"今ここ"でいかにあるかに気づくことで、新たな行動や選択の可能性を開き、また自分が他ならぬ自分として生きていくための知恵を得ることができるからです。

15.1.2　グループで行うゲシュタルト療法

ゲシュタルト療法は、セラピストとクライエントの1対1の関係のなかで行われることもありますが、多くはグループで行われます。それゆえ、ゲシュタルト療法は、エンカウンター・グループやTグループと同様に、ヒューマニスティック・グループ・アプローチとしても位置づけられています。

グループで行うゲシュタルト療法は、「one to one work in a group（Polster & Polster, 1973）」と表されるように、グループのなかでセラピストとクライエント（自分の課題に取り組む人、ワークをする人）が協働してセラピーに取り組みます。他のグループメンバーはそれに同道するのですが、ワークをする人を支える補助自我的な働きをするメンバー、社会の価値観に従ってワークをする人に対して批判的に関わるメンバー、セラピストを補う働きをするメンバーなどが現れることがあります（倉戸，2006）。まるで社会の縮図（マイクロコスモス）のような構造が生まれ、そこでの気づきは、人が現実社会との関わりのなかで、自分らしくサバイブしていくための知恵となるのです。

さらに、エクスペリメント（実験）とよばれる、体験から気づきを得て、そこから学ぶ体験学習を実施することもよくあります。教育のなかでも、ゲシュタルト療法の考え方を基盤とした体験学習が実施されています（倉戸，2007；中西，2017）。

15.1.3　日常生活とゲシュタルト療法

ところで、Rogers（1957）は、人が自分を発揮し、その人らしいあり方やその人の可能性に開かれるようになっていくその過程に、関わる側の3つの態度条件（中核3条件）が存在すると考えていました。（中核3条件については11章参照）。中核3条件は、カウンセリングの聴き方の技法として解釈される場合もありますが、Rogers によると、中核3条件はどんな心理療法でも、治療的人格変化が起こるときに存在するとし、それはカウンセリングなどの心理臨床の面接場面でなくても、親子関係にも、友人関係にも見られるとしています（池見，2016）。どのような関係であろうと、誰かに真剣に関わってもらえたと思えたら、人は自らで本来の自分になっていこうとするのではないでしょうか。

ゲシュタルト療法もまた、心理臨床の面接場面に限らず、それとは意識されないまま、日常生活のなかで用いられています。ゲシュタルト療法の代表的な関わり技法の1つにエンプティ・チェア

技法があります。これは、空椅子に対話したい相手・自分・物などをイメージして座らせ、擬人化して対話する技法で、十分な対話がなされると、例えばスプリットしていた**自己の統合**や、心残りとなっていた**未完の経験が完結**に向かうとされています（井上，2012）。倉戸（2006）も指摘しているように、エンプティ・チェア技法は、セラピーの強力な介入技法であると同時に、その広義の意味において、日常生活のなかでも用いられていると考えられます。

　例えば、NHK に「ドキュメント 72 時間」という番組があります。この番組は、私たちの日常の場にカメラを据え、そこで出会った人々の声を聴きながら、72 時間にわたって定点観測するドキュメンタリー番組です（NHK．「ドキュメント 72 時間 HP」を参照）。そのなかで、2014 年 6 月 6 日に放送された「恐山　死者たちの場所」において、失った大切な人と〝再会〟するために訪れた人々の声、生きる人と亡き人との不思議な対話が映されていました。身内をすべて失って 1 人になった女性は、亡くなった身内がみな、ここ（恐山）にいるのではないかと思って訪れたこと、自分には亡くなった相手は見えないけれども、亡くなった相手からは自分は見えていて、「よく来たね」と言われているような気がしていると、胸のうちを語っていました。この場面を見ながら、筆者は、まるで、〝今ここ〟で亡き人々と対話をしている様子を眺めているような感覚になりました。また、ある老婦は、「ごいさん！」と、天を仰いで呼びかけ、ここ（恐山）まで来たことを、声を張って亡き夫に語りかけていました。それは、ひと言でありながら、すべての想いが凝縮された心の叫びのように筆者には聞こえました。これらはすべて、広義の意味において、その人の**エンプティ・チェア**だったのだろうと思います。

　倉戸（2006）が指摘するように、日常生活のなかでは、気持ちや感情をまとまりのある表現にするときや、収まっていない経験を収めるときに、あるいは喪失を体験したときに、自然に、エンプティ・チェアのごとく、想いを口に出していることが多いのではないでしょうか。さらに、この営みは、「セラピューティックな意味があるのではあるが、まさにサバイバルのための人間の知恵のなせる技」（倉戸，2006）であると思われます。

　さらに吉野（2022）は、日常的な学生との対話やベッドサイドでクライエントの話を聴くという場面において、ゲシュタルト療法で重視されている「観察すること」と「触媒としてあること」を実践し、**人間性心理学**の人間観や態度は、心理療法場面に限らず、あらゆる人間関係における人の心の変容に寄与することを示唆しています。

　このように、Rogers の中核 3 条件と同様に、ゲシュタルト療法が大切にしている考え方もまた、心理臨床という場に限らず、私たちが生きる場において、その人がその人らしくなっていくための知恵を授けてくれるように思われます。

　そこで、人とのつながりのなかにあって、自分が自分自身に気づき、生き生きと自分らしく生きていくために、また、他者が自分自身に気づき、その人らしく生きていくことを支えるために、ゲシュタルト療法が大切にしていることを以下に述べていきます。

15.2 自己への気づき、他者への気づきのために

　倉戸（1998）は，ゲシュタルト療法の関わりの特徴として，**イメージ法**や**擬人法**による**エクスペリメント**（実験）を通して気づきを促進することを挙げています。さらに，ゲシュタルト療法では，私は身体そのものである（Perls, 1969）という視座にたち，例えば身体と対話をしたり，身体になってみるという**ボディ・ワーク**（倉戸，1998）により，気づきを得ることを促進することもあります。ゲシュタルト療法でよく使われる，イメージ法，擬人法，身体へのアプローチもまた，自分の実存への気づきにつながるパワフルな介入技法といえます。

15.2.1　形にすること（言葉にしてみる、やってみる、なってみる）

　「やってみたら意外と面白かった」とか、「話しているうちに涙があふれてきた」などの経験をし

たことはないでしょうか。体験を重んじるゲシュタルト療法では、気持ちや欲求、身体感覚を言葉にすること、動きにすること、それになってみることをお勧めします。ここで、筆者が関わった事例を紹介しましょう。なお、事例の掲載に際して、クライエントの同意を得ていますが、個人が特定されないよう配慮しています。

ある女性が、「緊張すると手が震える、手が震えたらどうしようと思うと怖い。震えたらどうしようと思うのをなくしたい」とのことで筆者のもとに相談に来られました。そこで、〈震えたらどうしようという思い〉をエンプティ・チェアにおき、眺めてみることを提案しました。対面するだけで、予想外の体験があったのか、「うわっ。対面するだけですごい存在感ですね」と声を洩らしていました。「どんなことが浮かんでいますか?」「〈震えたらどうしようという思い〉に声をかけるとしたら?」と聞くと、「責任をとってほしい、震えたらどうしようって思うから、いろんなところで邪魔をされている」と語りかけました。自分を苦しめてきたものへの言葉としては、その口調に、強さや激しさがなかったため、「伝えられているかな?　責めたい感じではないのかな?」と関わったところ、「そう言われて、(震えたらどうしようという思いは) そんなつもりじゃなかった、言われて傷ついていると思う」と言ってから少し間をおいて、「ずっと闘ってきたから、仲良くしたいですね」と呟きました。その意外なひと言に、筆者は驚きました。あれほど消えてほしいと願い、自分を苦しめてきた「震えたらどうしようという思い」であったはずなのに、仲良くしたいとは。

後日、このエンプティ・チェアの体験を以下のように語ってくださいました。「あの後 (エンプティ・チェアの後)、客観的に見る自分が出てきました。今でも緊張はするし、不安もあるし、震えたらどうしようという気持ちがあるけど、それを辛いと感じなくなり、気持ちとしては大丈夫と思えるようになりました」「自分を責めなくなり、そんな自分を弱いと思わなくなりました」とふりかえっておられました。

15.2.2　想像すること——イメージの機能

イメージの意味や重要性は、11 章「心理的成長とそれを促す態度・関わり」、19 章「無意識、イメージ」でも述べられているので、ここではゲシュタルト療法における**イメージ法**についてご紹介します。

イメージ法は、言語のみによる介入より、媒介となるテーマが心象に投影されやすいので、気づきを促進するインパクトがあるといわれます (倉戸, 2021)。筆者自身もイメージによって救われた体験をしました。以下は、筆者が体験したイメージを用いたセルフワークです。

10 年ほど前に、身体のある部位が炎症を起こしていることがわかり、手術でその部位を摘出するか、温存するかの選択に迫られました。自分としては、自分の大切な身体の一部を失うことは耐え難く、そうかといって温存すると別の病気のリスクになるという怖さもあり、摘出か温存かを選ぶことができない、葛藤状態でした。いよいよ決定しなければならない日の前夜に、病室で突然、炎症を起こしている部位のイメージが浮かんできました。それは、針でたくさん突かれたような傷跡だらけで、黒ずんでくたびれた痛々しいものでした。それを見て、「ああ、こんなにも頑張ってくれていたんやね。もうこれ以上、あなたを働かせるのは酷やなあ。今まで辛い思いをさせてきたね……ごめんね……ありがとう。もう、終わろうか」とイメージのなかでその部位に声をかけました。声をかけながら涙があふれていました。このイメージとの対話をもって、摘出を納得して選択することができました。

この体験は、イメージのもつ力を信じさせるものでした。また、生理的であれ心理的であれ、有機体としての人間の最も優勢な欲求は、いつのときにも「図」として意識の前面になり、充足されるまで「地」に沈まない (Perls, 1973) という、有機体のホメオスターシスという営みに驚かされるばかりでした。

多くの学派が、イメージの機能をセラピーで用いていますが、以上のようなイメージの機能が、いつでもどこでも発揮されるわけではありませ

ん。倉戸（2021）も指摘しているように、イメージをする人が、イメージを言語化したり、イメージになってみたりして、イメージと関わり、イメージを"生きる"ことができるか否か、そして、それに同道するセラピストの力量やあり方が問われるように思われます。

15.2.3　観察すること──五感の活用

　11章「心理的成長とそれを促す態度・関わり」にもあるように、相手から聴いた話や話している様子などをもとに、その話し手の人となりを豊かに想像し理解しようという態度は重要です。ここでは、話し手の人となりを想像する際の手がかりとなる、話し手の話している様子を**観察すること**に注目してみましょう。

　「観察する」とは、"今ここ"において、視覚や聴覚などの五感でとらえることができる自明のこと、例えば、しぐさ、動き、姿勢、そして声などに**気づき**をもつことです（倉戸，2012）。「目は口ほどにものをいう」という諺がありますが、Perls（1969）は、人が表現したいと思っているものは、動作、姿勢、表情、声などの**非言語的サイン**のなかにあるからこそ、聞き手は、言葉を越えて、声が語りかけていることに、動きが語りかけていることに、姿勢が語りかけていることに、耳を傾けるようにと説いています。とくに何より、声がすべてを語るとし、声の響きや抑揚、言いよどみに耳を傾けることを強調しています。思ってもいないことを言葉にしようとすると、言葉に詰まったり、語尾が濁ったりすることがあると思います。それは、言いたくないという表現なのかもしれません。非言語的サインは、話し手も気づいていない場合が多いですが、観察されれば自明なものであり、話し手と聞き手で共有され認め合えるものです。そしてそれらは、話し手の貴重な生き様を表現しているのです（倉戸，2012）。

　筆者が主催したワークショップにて、ある参加者は、眉間の皺が嫌でなんとかしたいと語り、眉間の皺との対話を行いました。対話を通して、眉間の皺はこれまで苦労しながらもここまで歩いてきた証であるとし、眉間の皺をもっていくことを宣言されました。まさに、眉間の皺という非言語的サインのなかに、その人の生き様が刻まれていたと思われます。

　「観察」を通して他者と関わり、他者のありようを共有するためにも、また自分がいかにあるのかに気づくためにも、"今ここ"という現実をキャッチするためのチャンネルである**五感**を使うことはとても大切だと思います。

15.2.4　「図」と「地」の反転

　ゲシュタルト療法では、人はその瞬間、瞬間に、意識の焦点となっているもの、すなわち"今ここ"での気づきが「図」として浮かび、それ以外のものは「**地**」に沈むと考えます。1.6.2項「意識化」で触れられている**図1-6**「ルビンの壺」は、ゲシュタルト療法を説明するときにもよく用いられる反転図形です。「図」は「地」があるからこそ「図」になります。逆もまたしかりです。ゲシュタルト療法では、「図」にコンタクトして、すなわち、「図」になっているものを言語化したり、動きにしたり、演じたりして、しっかりと「図」にすることで、「地」に気づくことも大切にします。

　例えば、どうしようもなく弱くて不甲斐ない自分が「図」になってしまい、そんな自分が嫌になることがあるかもしれません。そんなとき、自分にしっかりコンタクトすることで、弱くて不甲斐ない自分でもここまでやってきたたくましさがあること、すなわち「地」に気づくかもしれません。そして、その気づきは、その人が「ほかならぬ私」として生きていくことを支えるのかもしれません。また、自分だけが理不尽な目に遭っているように感じるときには、それが「図」になって、やりきれない思いでいっぱいになるかもしれません。そんなときにも、自分にしっかりコンタクトすることで、不条理に苛まれた自分を労る周囲からの支えがあったこと、すなわち「地」に気づき、もう少し踏ん張ってみる力を得たり、新たな行動を選択する力を得ることができるのかもしれません。

　さらに、前述のセルフワークの例のように、失

いたくない人、もの、ことが「図」になって、それに囚われてしまっているときにも、その「図」と対話をするなどして、しっかりコンタクトすることによって、他の何か、すなわち「地」に気づき、「図」となっていたものを手放すことができるようになることもあります。あるいは「図」を手放すのではなく、「図」となっている対象の抱え方が変化することもあります。

Perls（1969）は、責任とは、"今ここ"で生き、触れ、感じる能力、つまり"今ここ"に反応する能力（response-ability）であり、「他の誰でもなく、自分自身に十分に責任をとることができる能力です。私はこれこそが成熟した人間の最も基本的な特質であると信じています」と述べています。

さらに、"今ここ"での自分の経験をどのように引き受けるのか（所有するのか）、それを選択する力を私たちはもっています。そのような視座によりながら、自分や他者に関わっていく姿勢は、人間尊重の1つのあり方ではないでしょうか。

引用文献

池見陽（2016）．傾聴・心理臨床学アップデートとフォーカシング　ナカニシヤ出版

井上文彦（2012）．空椅子技法　人間性心理学会（編）人間性心理学ハンドブック（pp. 275-276）　創元社

倉戸ヨシヤ（編）（1998）．現代のエスプリ－ゲシュタルト療法――　至文堂

倉戸ヨシヤ（編）（2006）．『現代のエスプリ――エンプティ・チェアの心理臨床　至文堂

倉戸ヨシヤ（2012）．ゲシュタルト療法――セラピストの"介在"が何よりも要請される心理療法――　衣斐哲臣（編）心理療法を見直す"介在療法"――対人援助の新しい視点――（pp. 199-210）明石書店

倉戸ヨシヤ（2012）．ゲシュタルト療法　人間性心理学会（編）人間性心理学ハンドブック（pp. 289-291）　創元社

倉戸ヨシヤ（2021）．エクササイズの一つであるイメージ法について　臨床ゲシュタルト療法研究, 6, 5-19.

倉戸由紀子（2007）．大学生へのヒューマニスティック・エデュケーションの意義とその可能性　追手門学院大学心理学部紀要, 1, 57-72.

中西美和（2006）．未完結から完結へ　倉戸ヨシヤ（編）現代のエスプリ エンプティ・チェアの心理臨床（pp. 170-182）　至文堂

中西美和（2017）．イントロジェクションのあり方に気づく――"受け継ぐ"という実体験と、"にんげん掃除機"のエクササイズの実施を通して――　臨床ゲシュタルト療法研究, 2, 17-29.

NHK．ドキュメント72時間ホームページ　Retrieved October 1, 2023 from https://www.nhk.jp/p/72hours/ts/W3W8WRN8M3/

Perls, F.（1969）. *Gestalt therapy verbatim*. Real People Press.（倉戸ヨシヤ（監訳）（2006）．ゲシュタルト療法バーベイティム　ナカニシヤ出版）

Perls, F.（1973）. *The Gestalt approach & eye witness to therapy*. Science and Behavior Books.（倉戸ヨシヤ監訳（1990）．ゲシュタルト療法――その理論と実際――　ナカニシヤ出版）

Polster, E. & Polster, M.（1973）. *Gestalt therapy integrated*. New York: Vintage books.

Polster, M.（1987）. Gestalt Therapy. In K. Z. Jeffrey（Ed.）, *The evolution of psychotherapy*, Mark Paterson and Brunner/Mazel Inc.（倉戸ヨシヤ（訳）（1990）．ゲシュタルト療法――その誕生の過程と臨床への応用　成瀬悟策（監訳）21世紀の心理療法Ⅱ（pp. 552-577）誠信書房）

Rogers, C. R.（1957）. The necessary and sufficient conditions of therapeutic personality change. *Journal of Consulting Psychology*, 21, 95-103.

吉野真紀（2022）．心理療法外のかかわりに活かす人間性心理学――ゲシュタルト療法における「観察」と「触媒」に注目して――　臨床ゲシュタルト療法研究, 7, 7-17.

コラム

「ラボラトリー方式の体験学習」と私——「Tグループ」と「エンカウンター・グループ」

坂中正義

これまで歩んできた道をふりかえることが多くなった。このコラムでは南山大学に赴任することで増えてきた「ラボラトリー方式の体験学習」と私、もしくは、「エンカウンター・グループ」と「Tグループ」の比較、というテーマでふりかえってみたい。

そもそも「ラボラトリー方式の体験学習」との本格的な出会いは南山大学に赴任してからであった。もちろん、エンカウンター・グループというグループ・アプローチの実践・研究者として、グループ・アプローチのメッカとしての南山大学を知っていたし、ワーク集など参考にすることは多々あった。そして、それらのワークは構成的グループエンカウンターのエクササイズよりも親近感のもてるものが多かったので、かなり参考にしていた。ただ、この時点では、私のなかで「ラボラトリー方式の体験学習」という枠組みは不明確だったといえる。

ここでちょっと脇道にそれるが、「ラボラトリー方式の体験学習」でねらわれているものを学ぶ仕掛けとして、構成的なワークがあったり、いわゆる非構成のTセッションというものがあったりと、人間関係トレーニング（Tグループで構成されている南山大学の授業名称）は構成・非構成を組み合わせつつ進めていくと私は理解している。これは、「パーソンセンタード・アプローチ」（PCA）が大切にしていることを、ときに構成的に、ときに非構成的に体験していくエンカウンター・グループとかなり似た構造であるといえる。私はパーソンセンタード・アプローチについて体験的に理解を深める構成的なプログラムで全日程を行うものや、非構成的エンカウンター・グループで日程すべてを実施する形式のものとの関わりが多いが、主催者によっては全体会を日程の要所要所にとりいれたり、インタレストグループ

（例えばフォーカシングなど各人が興味のあるプログラムに参加するグループワークの構成）を日程に組み込んだりしているところもある。このような形態だとかなり人間関係トレーニングに似た構造になってくる。

さて、ここで、南山に赴任する頃、自分が、そして南山がどのような思いをもっていたかをふりかえるために当時のメールを見直してみた。

当時、メールをいただいた先生から次のように聴いた。大学院の「グループ・アプローチ」の授業ではRogersをとりあげて授業をされていたらしく、Rogersのグループ観はTグループと近いなぁと感じているとのこと。そして、故山口先生のお話として、「Tグループとエンカウンター・グループは、カステラの異なるメーカーのようなもので、若干の製法や味付けは違うけれど、どっちのカステラもおいしいんだと。だから、エンカウンター・グループの実践者や人間関係研究会との交流が大事なんだ」と言っておられたことを教えていただいた。

私への声かけもそのような志向性のなかでのことなのだろうと理解した。その一方で、南山大学ではかなりTグループを大切にされていることから、PCA実践者としてのアイデンティティの問題が気になり始めた。人間尊重という意味ではかなり近い両者だが、まったく同じというわけでもない。協働していくなかでぶつかることもあるのではないか、また、PCA実践者としては、研究実践はこちらに時間を割きたいという思いも当然あった。

このあたりの思いははじめにお伝えしておいたほうがいいと思ってこんなメールを書いていた。

　　私の研究や実践のアイデンティティとPCA
　　ないし、Rogersは結構、深くつながってお

り、これからもこういった視点を大切にしたいと考えています（これは先生方のTグループへの思いに近いものではないかと思います）。

　グループに限らず、個人療法、教育、家族さまざまな場面でのPCA的あり方に興味があり、これまではグループのフィールドでそういったあり方を検討し、研究してきました。

　そういう意味ではグループ・アプローチの研究者よりもPCA研究者のアイデンティティが強いところがあり、その辺も、そちらの大学のみなさんの思いとずれはしないかということが、やはり気になるところではあります。南山大学側のニーズとの間にズレはないか確認したいと思いました。

　南山大学がラボラトリー方式の体験学習を大事にするように、私はパーソンセンタード・アプローチを大事にする。メールをやりとりするなかで、パーソンセンタード・アプローチの看板を下ろすのではなく、パーソンセンタード・アプローチの立場から協力できればいいのでは、いわゆるラボラトリー方式の体験学習という意味では閣外協力だけど、先のカステラの例からも背景としてはかなり近いところもあり、そのあたりで協働できればいいのではと思えるようになってきた。やりとりもかなり丁寧にしていただいた感じで、そのことも随分影響があったかもしれない。

　こんなあたりが南山にやってきた経緯といえるだろう。

　南山大学にきて、協働が始まった頃、体験学習関係の先生から「エンカウンター・グループではふりかえりをするのか」と問われた。「Tグループではふりかえりが大事らしい」、そのとき、そう思った。その後、南山大学での体験学習の授業に関わるようになり、Tグループというより、ラボラトリー方式の体験学習においてはふりかえりがかなり重視されること、ゆえにこれが特徴の1つといえることがわかった。

　一方で、「エンカウンター・グループではふりかえりをするのか」という問いにかなり不思議な感覚をもった。それは2つの意味があった。

　1つは、私はエンカウンター・グループに参加したとき、メンバーとしてであってもファシリテーターとしてであっても、グループで感じたことや考えたことなどをかなり丁寧にノートしつつ、あれこれと思いを巡らせることがつねであったので、私にとってエンカウンター・グループ体験をふりかえることは当たり前になっていたことである。

　もう1つは自分がファシリテーターとして関わる場合、構成型であっても非構成型であっても、セッションごとにセッションアンケートを実施し、また開始前と終了後に参加者カードと称して、エンカウンター・グループ体験についての感想などをとっていたことである。これらは九州大学関係者がグループを実施する場合のある種のひな形になっていたので、自分のなかでは当然のように導入していた。これらのアンケートはメンバーの体験を知る手がかりになり、ファシリテーションを検討する羅針盤になったし、メンバーからすれば自分のグループでの参加をふりかえる機会になっていたと思う。つまりメンバーとしての私もファシリテーターとしての私もふりかえりはある種あたりまえになっていたため、あたりまえのことをことさら問われる不思議さである。

　これは逆にいえば、エンカウンター・グループの特徴をふりかえるきっかけともなった。エンカウンター・グループでは参加者カードに相当するようなものは実施されることが多いが、セッションアンケートは実施しないことも多い。自分もゲストでよばれたりするときにはそこの方針に従ってアンケートを実施しないこともある。

　しかし、個人としてのふりかえりはどんなときにも行っていた。持参したノートなどにかなり詳細に記載した。ふりかえりとして連想することはそれだけではない。ふとエンカウンター・グループでの体験を思い出し、その意味が見えてくるという体験もあるが、これもふりかえりだろう。このようなことは多くのエンカウンター・グループ参加者にも起きていることではないだろうか。

　ラボラトリーではふりかえりを重視する。感覚的には構成型のワークとふりかえりは1：1くらいの時間配分であるし、Tグループでも各セッ

ションでのふりかえり用紙の記入とトータルでの
ふりかえりのセッションなどをあわせるとやはり
2：1から1：1くらいの感覚はある。私の感覚で
大胆にいえば、ラボラトリーにおけるワークや
セッションはいかにふりかえりを豊かにするかの
ためにあるということができる。まさに「ラボラ
トリーではふりかえりが大事なのである」。

それが、自身がふりかえりをしていたことで違
和感なくなじめた1つの理由だったように思う。

一方、違和感があった（ある）のは「ねらい」
の設定である。むしろこちらのほうがラボラト
リー特有のものである気がしている。このことに
関してはこんなことがあった。

構成型のエンカウンター・グループを実行する
場合、ワークやエクササイズのネタを探すことが
多かったが、その際、なぜか構成的グループエン
カウンターよりも南山大学関係のワークのほうが
相性がよかった。しかし、ねらいを強調すること
は体験の幅を狭める感じがあり、「ねらい」とい
うよりはファシリテーターの「ねがい」のような
もので、どう体験されるかは参加者次第だという
感覚を大事にしつつ、ねらいは強調しなかった。
これは非構成のグループに軸足をおいていたから
こそかもしれない。

自発的に参加したときにあえてねらいを設定す
ることは少ない。案内文を読んで参加するかを決
定するときにねらいのようなものを思い描いてい
るのかもしれない。

学習というものにはねらいがあるといえばそう
かもしれない。ラボラトリー方式の体験学習であ
るからこれはあくまで学習なのである。ひるが
えってエンカウンター・グループは学習なのかと
いわれれば、その側面もあるが、それは参加者の
ニーズがそこに向けばそのように機能するという
ことであり、結果的にそうなっているともいえ
る。エンカウンター・グループには体験学習とい
うよりも体験という言葉が相応しい。エンカウン
ター・グループは、自分らしく生きることの体験
といえる。そのように考えれば、合点がいく。研
修型エンカウンター・グループの難しさは暗々裏
のねらいがあることである。その呪縛をねがいと

して切り抜けてきたが、そのことがこの問いを考
えることで明確になったと思う。

坂中正義先生は、2021年8月24日にご逝去されました。坂中先生
は闘病中にも本書のコラムの執筆を続けておられました。その原稿
の一部をご家族のご了承のもと、私たちがお預かりし、最小限の加
筆修正を行ったのがこのコラムです。

坂中先生の原稿の一部はアイディア段階のキーワードのみであり、
坂中先生が書こうとしていた全体像をわれわれが構成するのは不可
能な状態でした。そこで、かなり完成に近づいていた箇所をこのコ
ラムとして本書に掲載させていただきます。
坂中先生が生前に構想されていた内容の一部のみではありますが、
坂中先生の思いや経験が記された、坂中先生の存在を感じることが
できる貴重な論考であると感じました。このコラムを多くの読者に
お届けすることが坂中先生のご遺志に沿うことと祈り、願っており
ます。ここに改めて、坂中先生の安らかなご永眠をお祈り申し上げ
ます。

2023年9月
楠本和彦・青木剛

ラボラトリー方式の体験学習に活かすカウンセリングの観点
~心理臨床の知見から~

　第Ⅳ部では、第Ⅲ部に続いて、ラボラトリー方式の体験学習に関連するカウンセリング理論として、重要で基本的な観点を取り上げます。ここでは、臨床心理学全般から、基礎となる理論を紹介します。
　第Ⅳ部では、語ることや待つことや意識や気づくことなど、日常生活でもなじみのあるテーマが取り上げられています。これらのテーマについて、臨床心理学という日常的な常識とは異なる角度から光が当たり、異なる意味を見出していただけることを願っています。

16章

待つ、沈黙

本章で取り上げていること

カウンセラーがクライエントを待つということと、クライエントの沈黙というテーマについて記します。沈黙や待つことは、日常生活の常識では、避けるべきことという消極的な評価があるかもしれません。しかし、カウンセリングの観点では肯定的で重要な意味もあると考えられています。

16.1 カウンセリングにおける「待つ」

まずは、**待つ**ということについて考えていきます。河合（1970, pp. 235-236）は、**カウンセラー**に必要とされる能力の1つに「待つ才能」を挙げ、それは「可能性への信頼」と同義だとしています。**クライエント**が陥っている状況について、カウンセラーが簡単に評価・方向づけせず、可能性を信頼し、待つことの重要性について述べています。

待つことについて考えるためには、次に挙げるカウンセリングの基礎としての考え方をふまえることが必要になります。

①クライエントの心は自己治癒力や実現傾向をもっている
②心の変化や成長には一定の時間が必要

16.1.1 基盤となる自己治癒力と実現傾向

ユング心理学を日本に紹介・導入した河合（1994, p. 17）は、心理療法はクライエントの**自己成熟力**、**自己治癒力**、**自己実現力**に頼っているとしています。つまり、人間の心には意識の支配をこえた**自律性**が潜在していて、カウンセリングという「自由にして保護された空間」[注1] のなかで、生き方の新しい方向性を見出そうとするのだとしています。

実現傾向とは、「有機体を維持し、強化する方向に全能力を発展させようとする、有機体に内在する傾向」のことです（Rogers, 1959 伊東編訳 1967, p. 182）。クライエント中心療法、**パーソンセンタード・アプローチ**の創始者である Rogers（1980 畠瀬監訳 1984, pp. 112-115）は、生命体は内在する可能性を建設的に開花させようとする基本的動向を所有していて、人間においてもより複雑でより完全な発達に向かう傾向が存在すると述べています。その実現傾向は選択的で一定の方向をもっていて、自己破壊の方向ではなく、建設的な方向に向かう傾向だと考えています（11章参

照）。

このように、人の心には自分の心を癒したり、成長していく力や傾向があると考えられています。カウンセリングにおいて、心の治癒や変化が生じる基盤には、こうしたクライエントの自己治癒力や実現傾向があると考えられています。

16.1.2 変化・成長を待つときの態度

自己治癒力や実現傾向による変化や成長には一定の時間が必要となります。気分や感情は、比較的短時間で変化する場合もあります。しかし、自分のものの見方（認知）や行動の特徴、価値観、性格などは通常、短期間で変わるものではありません。ゆっくりと、徐々に変化・成長していく場合が多いものです。

だから、カウンセリングでは、カウンセラーはクライエントの変化・成長を待つ姿勢をもって、クライエントに関わります。しかし、カウンセラーがただ漫然と待っているわけではありません。カウンセラーがクライエントの変化や成長を待っているときに大切だと考えられる態度について、Rogers の考えにもとづいて説明します。

Rogers（1980 畠瀬監訳 1984）は、クライエントの心の成長を促進するカウンセリングの3つの態度条件を挙げています（11章参照）。

(1) 一致、真実、見せかけのないこと、透明

カウンセラーの「内奥で経験されつつあることと認識されていること、来談者（筆者注：クライエント）に表現されることとの間に密接な接合と一致が存在する」ということです。

(2) 無条件の積極的関心や受容

「変化の兆が受容され、大切にされ、賞賛される雰囲気」をカウンセラーが創り出すことで、カウンセラーが肯定的で受容的態度を体験しているほど治療的な動きや成長促進的な動きや変化が生じると考えられています。

(3) 共感的理解

「来談者が経験しつつある感情や個人的意味合いを正確につかみとり、それを来談者に伝える」ことです。

カウンセラーがクライエントを受容することによって、クライエントは自分自身を大切にするようになります。カウンセラーがクライエントの話を共感的に聴くことによって、クライエントは自分の内面の体験に耳を傾けるようになります。このようにして、クライエントは成長していくのです（pp. 110-111）。

16.2 カウンセリングにおける「沈黙」

カウンセリングにおける沈黙には、肯定的な意味と、肯定的とはいい難い面の両面があります。沈黙の意味として「過去のある重要なエピソードを告白する際のためらい、セラピストの言葉を消化・熟成する時間、防衛[注2]や抵抗[注3]などさまざまなもの」が考えられます（原田, 1999）。ですので、カウンセラーは、その沈黙の意味や気持ちなどといったクライエントの内面、その沈黙にいたったプロセスなどに目を向け、的確に理解することが大事になります。

沈黙するクライエントに対して、カウンセラーが、「今、どんな感じでいますか？」などというように、クライエントの"今ここ"の内的プロセスについて問いかける場合があります。またあるときは、カウンセラーはクライエントの沈黙をともにしつつ、見守る場合もあります。沈黙の意味を理解するためにも、沈黙に的確に関わるためにも、カウンセラーとしての自分がどのようにいる、関わることが大事かを判断していきます。

学派やカウンセラーの立場によって、沈黙に対する考えや対応が異なる場合もあります。「より積極的で時間制限的なカウンセリングでは、長時間の沈黙をあまり歓迎」しません（Feltham & Dryden, 1993 北原監訳 2000, p. 207）。別の考えもあります。東山（2008, pp. 17-19）は、沈黙はこわくないといいます。「私とクライエントがそれぞれの空間に包まれながらも、共有する空間に包まれている感じをもっているのです。共有をもっているときは、話をしようと黙っていようが

同じなのです」と述べています。カウンセラーもクライエントもそれぞれ独自性・個別性をもちつつ、共有感ももっていることが重要であるという指摘だと考えることができます。

日常生活においても、関係性の違いによって、沈黙についての感覚が大きく異なることは実感できます。親しい人とのあいだの沈黙はさほど気になりませんが、初対面の人やまだ関係が近いとはいえない人との沈黙は気まずく、何か話さなければと思ってしまいます。そして、その人との関わりが重なり、関係が近くなるにつれて、沈黙が気にならなくなった体験をしたことはありませんか？　沈黙についての感覚はお互いの関係性とも関係するのです。

元社）

山本雅美（1999）．自我防衛（ego defense）　氏原寛・小川捷之・近藤邦夫・鑪幹八郎・東山紘久・村山正治・山中康裕（編）カウンセリング辞典　ミネルヴァ書房

注
1　自由にして保護された空間という概念は、もともとは箱庭療法で使用されていて、枠や制限が保護・守りという機能を発揮するとともに、それがあるゆえに自由を生むことについて指摘したものです。Kalff（1966 山中監訳 1991, p.ⅱ）は、自由にして保護された空間に関して、「治療者は、クライエントが受け入れられていると感ずる、自由で保護された空間を作り出せることが要請されます。そのときにのみ、クライエントは自由を感じ、自身の問題を箱庭のなかに表現しうるのです」と述べています。
2　自我防衛とも言います。精神分析における中心的な概念の1つです。「不快な衝動や情動によって引き起こされる不安や心的苦痛を意識から遠ざけるためそれらを無意識に追いやり、心の安定を保とうとする自我の保護的なはたらきを意味する」（山本, 1999, pp. 248-249）。
3　「カウンセラーの援助努力に対するクライエントの妨害もしくは反目、不快で無意識のうちにあるものを発見することを通して変化することにまつわり、クライアント自らが示す妨害をいう」（Feltham & Dryden, 1993 北原監訳 2000, pp. 208-209）。

引用文献：
Feltham, C., & Dryden, W.（1993）．*Dictinary of counselling*. Whurr Publishers.（北原歌子（監訳）（2000）．カウンセリング辞典　ブレーン出版）
原田華（1999）．沈黙（silence）　氏原寛・小川捷之・近藤邦夫・鑪幹八郎・東山紘久・村山正治・山中康裕（編）カウンセリング辞典　ミネルヴァ書房
東山紘久（2008）．カウンセリングと宇宙観・世界観　四天王寺（監修）四天王寺カウンセリング講座, 8, pp. 5-28
Kalff, D.（1966）．*Sandspiel:Seine therapeutische wirkung auf die psyche*. Rascher Verlag: Zürich und Stuttgart.（山中康裕（監訳）（1991）．カルフ箱庭療法［新版］　誠信書房）
河合隼雄（1970）．カウンセリングの実際問題　誠信書房
河合隼雄（1994）．河合隼雄著作集 3 心理療法　岩波書店
Rogers, C. R.（1959）．A theory of therapy, personality, and interpersonal relationship: As deveoled in the client-centered framework. In S.Koch（Ed.）, *Psychology: A study of a science, Vol.3, Formulations of the person and the social context*（pp. 184-256）. McGraw Hill.（伊東博（編訳）（1967）．クライエント中心療法の立場から発展したセラピィ、パーソナリティおよび対人関係の理論　ロージャズ全集 8 パースナリティ理論（pp. 165-278）　岩崎学術出版社）
Rogers, C. R.（1980）．*A way of being*. Houghton Mifflin.（畠瀬直子（監訳）（1984）．人間尊重の心理学――わが人生と思想を語る　創

17章

語ること

言語化・象徴化について

本章で取り上げていること

ふだん、私たちは自分自身の感じていること、考えていること、思っていることをすべて言語化できているでしょうか。ここで、「すべて」と表現したのは、遠慮して言わない、気恥ずかしくて言えない、恐れて言わないなど意図して言わないことではなく、意図して話している場合でも、感じていることを感じているままに、考えていること・思っていることをそのままに言い表せているだろうかということです。

本章では、語るということについて、まだ言葉になっていないことや、それらが言葉になっていくことという観点から取り上げていきたいと思います。

友人と一緒に映画を見に行き、映画が終わった直後に友人から「どうだった？」と感想を聞かれた際や、急遽友人と一緒に食事をしようということになって「何食べたい？」と聞かれた際のことを想像してみてください。すぐに言葉に出ることもあるでしょうが、その言葉では十分にいい表せていないと感じたり、「おもしろくなかったわけではない」という感想や食べたいものが「ラーメンではない」ことははっきりわかるけど、的確なものがすぐに出てこなかったりする体験はないでしょうか。

一見、自分のことは自分がよく知っていると思いがちですが、実は自分のことでも十分に理解できていないこと、もっといえば言葉にできるほど理解できていないことも多いものです。また、言語的に理解できていると思っていても、実はもっと精緻にいい表すこともできたり、そうして詳細に表そうとしていると当初に言語化したものとは違ったニュアンスや微妙な意味合いが改めて理解できたりすることもあります。

17.1 はっきりと自覚できていない体験とその影響

17.1.1 自覚できていないが感じ取っている

語ることと少し離れますが、私たちは何気なく過ごしているなかで、自身が感じていることについて、自覚できていないことも多くあります。たとえば、3分間何もせず、ただじっとしているだけの時間を過ごしてみてください。すると、ふだん気にも留めていない空調等の音や、視界には入っていたのに気づかなかった点などに少しずつ気づくことができます。

空調の音や視界に入っていたはずなのに気づかなかったことは、知らず知らずのうちに私たちに影響を及ぼしていることもあります。たとえば、空調の音が実は不快だということに気づいていない場合、知らないうちになぜかイライラした気分になり、何が自分をイライラさせるのかと思ったときに、空調の音だと気づくこともあります。

106 第Ⅳ部 ラボラトリー方式の体験学習に活かすカウンセリングの観点〜心理臨床の知見から〜

私たちは、こうした**自覚できていないけれども実は感じ取っていること**があり、自覚できていないにもかかわらず暗に感じ取っていることに影響を受けている側面もあるのです。

17.1.2 人間関係のなかで

このことは、人間関係でも起こっています。はっきりと何がというわけではないけど、なんとなく自分と合わないなと思う人がいることもあるでしょう。最初はどうして自分がそう思うのかはっきりとしないけれども、合わなさは確かに感じられたりもします。その「合わなさ」について、どうしてなんだろうと思いめぐらすことを通して、詳細に理解できることもあります。

たとえば、「あ、目を合わせて話ができていないことかな」「いや、それだけじゃなくて、どこか相手の応答が自分を否定してはいないけれども肯定もしていないと感じられているんだ」「でも、私は肯定してほしいのかな」「いや、そんなに肯定を求めているわけではないんだよな」「ただ、少しは受け入れられているというか…」「いや、受け入れられているというか、今私は相手にとってどうでもいいような存在になっているように感じられて、それが少し自分にとっては…」などというような感じにです。

その人と目が合わないことや、その人の応答の傾向は、たしかにそれまでにはあったけれども、すべてを自覚できておらず、「合わなさ」がどうして生じるのかについてじっくりふりかえるなかで、よりはっきりと自覚でき、自覚できたことで「合わなさ」についての理解が進んでくるようなこともあるのです。

こうしたことは、「気の合う」感じにも同じようにあるかもしれません。どうして「気が合う」と感じるんだろうと思い返すなかで、改めて理解できることもあるでしょう。

いずれにしても、私たちは自身の体験を最初からすべて自覚できるわけではないにもかかわらず、自覚できていなかったことにも影響を受けているのです。また、先にも挙げた3分間ただじっと過ごすような、じっくりと感じ取ったりふりか

えったり思い返したりするなかで、自覚できていなかった非言語的だが確かに受け取っていたこともはっきりと自覚できるようにもなったりするのです。なんとなく感じ取っている「合う・合わない」、違和感などは日常生活にもよくあることかと思いますが、池見（2016, p. 40）はこの「なんとなく」は意味を「含意している」（implies）」と論じており、じっくりと感じ取り、ふりかえるなかで、その暗に含意された意味を理解することができると考えられます。

17.2 「話す」と「語る」

こうしたことをふまえると、私たちが日常的な会話で表している言葉の表現は自覚できていることのほんの一部にしかすぎず、実は自覚できていないことの影響を受けていたり、あるいはより詳細に表そうとすると当初表した言葉ではないほうがいいこともあったりするのでしょう。日常的なおしゃべりをするという意味での「話す」と、「語る」ということの違いは、自覚できていないことはさておき、現時点で言葉にできることでテンポよく話すのか、あるいは自覚できていないことも含めて探索的に話すのか、という点で区別することもできるでしょう。

11章でカウンセリング研究者として挙げたRogersの研究所で、カウンセリングの成否の要因を検討した研究（Kiesler, 1971）があります。この研究では、どのような話し方をしているかに注目しました。そして、たとえば「794年に都が平安京に移った」や「朝8時にご飯を食べて家を出た」といったできごとをそのままに話す段階よりも、「朝家を出た際にとても気持ちがよかった」というようにできごとだけでなく気持ちも込めて話す段階や、「気持ちよく感じたのはどうしてかな」「気持ちよさといっても、スッキリしているというかな…スッキリでもなくて、どこかワクワクというのかな」などと**探索的**に話す段階の話し方をする人に、カウンセリング後に建設的な変化が起きやすいことがわかったのでした。

つまり、自分が表そうとしたことを十分に表せ

ているかなという心持ちで話していたり、どうしてそんな風に感じたのかなと探索的に話していたりするような、「語り」をしていることが重要であるとわかったのです。このような語りのなかで、自己理解が深まり、新たな自己理解が生じるのだろうと考えられます。

とはいえ、日常生活にありふれている「話す」ことが悪いわけではありません。ただ、自己理解をしようとしたり、体験を丁寧にふりかえろうとする際には、ゆっくりじっくりと探索的に語ろうとしたりすることが役に立つということです。

17.3 語ること・悩むこと・象徴化の過程

17.3.1 悩むプロセスへの支援

「あれかな？」「これかな？」と思ったりすること、とくにそれがネガティブなことだったりすると、その状態は**悩み**を抱えた状態だもいえるでしょう。先ほど自己理解のためには探索的な語りが重要といいましたが、探索的な語りも、「あれかな？」「これかな？」という状態です。

先にも記したとおり、カウンセリングの成功には「語り」が展開されることが重要です。読者のなかには、「カウンセリングは悩みを抱えた人を援助するためのものなのに、どうして悩んだ状態ともいえるような探索的な語りをすることがいいのだろう？」と思われる人もいるかもしれません。カウンセリングは、悩みを抱えた人を援助するためのものであることは間違いありません。しかし、悩みをなくすことだけをめざしているわけではなく、むしろ上手に悩むことを援助しているともいえます。

悩みというのは一見ネガティブです。「くよくよ悩んでないで前を向こう」「落ち込んでいてもしかたがない」と励まされることがあるように、悩まずにいること、落ち込まずにいられることは、たしかに快適さの観点からは望ましいかもしれません。しかし、決して悩むこと、落ち込むことは単純に回避することがいいとはいい切れず、さらにはそうした悩む経験はむしろ、ある意味創造的で健康的なプロセスであるともいえます。

過去に悩んでいた最中のことを思い返してみてください。たしかに苦しいと思うのですが、悩みが解消されたときのことを思い返すと、悩みを経たことでこれまでにない新しい自分であったり、状況への理解のしかたであったりと、何かしらの新しさを体験したことはないでしょうか。「悩む」こと、「落ち込む」ことには、現状にない何かを模索する過程が潜んでいる場合があります。現状にない何かは、当初は悩んでいる本人でさえわかりません。わからないにもかかわらず、漠然とした、けれども確かな不快感があったりします。何かはわからないまでも、それがどんな感覚なのか、何によって引き起こされているのか、これまでの自分のあり方とどのように関わっているのかなどがカウンセリングで模索されます。

この模索の過程が、「悩む」過程といえる場合があります。この過程のなかで、改めて自分をふりかえり、これまでのあり方、感じ方、表し方が注意深く見直され探索的に語られていきます。そして新たな理解のもとで次のささやかな一歩が見出された後になって初めて、その何かが「これだったのか！」と明白に気づく瞬間が訪れることがあります。悩まずに不用意な一歩を踏み出すことよりも、悩んだり落ち込んだりしながらも、注意深くふりかえり模索して踏み出される一歩こそ、大切な一歩のようにも思えることがあります。

このように考えると、カウンセリングは悩まないように支援するというよりも、**「悩む」プロセスを支援する**といえるかもしれません。

17.3.2 「しっくり」「ぴったり」の感覚

さて、上手に悩むなかで展開される探索的な語りにはどのような特徴があるでしょうか。まず、探索的であるために、「〜に違いない」「〜べき」などと最初から決めつけたりせず、表してみたことについて、その表現をひとまず表したものとして理解し、それでぴったりかな、しっくりくるかなと確かめるような自己内対話がなされるでしょう。この際に確かめるのは、自身の実感としての「しっくり」だったり「ぴったり」という感じが

あるかどうかです。ここで先述の、はっきりと自覚できていないが非言語的な感覚が重要になります。

みなさんは伝えたいことがあるのにそれを表せる言葉が見つからず、どこか喉にひっかかるような感覚を味わったことはないでしょうか。なかなか思い出せない人の名前や言い回しなど、日常でよくある体験かと思います。このときに適切な言葉が見つかると、「しっくり」「ぴったり」した感覚や「スッキリ」した感覚を得ます。この感覚が重要なのです。ほかにも、絵や作文等が完成した際に得られる感覚もありますね。この感覚が得られているかどうかを確かめるのです。ひとまず言葉で表した際に、「それでしっくりかな」と確かめてみるのです。この感覚をキャッチしたり、その感覚があるかどうかを確かめたりする際には、先述のとおり、じっくりと感じ取り、味わう時間が必要になります。そのため、探索的な語りにはテンポの良さよりも、じっくりと確かめつつ進められていくことが重要になります。

加えて、この感覚はしっくりするかしないかの2択ではありません。かなりしっくりくるけど、どこかちょっと違うこともあれば、しっくりはしていないけれども先に表したものよりはまだマシということもあり、しっくりするかしないかの間にグラデーションがあります。この微妙な違いを感じ取ることも重要です。

17.3.3　言語化と象徴化

こうしたことが重要であるのは、自身の意図や意味をぴったり表すことは、一度で完璧にしにくい、あるいは一度で完璧にする必要がないためです。先述の「悩む過程」でも記したとおり、「あれかな？」「これかな？」と探索するなかに、より適切で精緻な表現が見出され、その表現から自己理解が深まることがあるのです。より丁寧に、自身が伝えたい、あるいは表したいことを少しずつ表してはもう少しぴったりすることに改めていくことが重要なのです。

ひとまず言葉に表してみることは**言語化**とよばれ、かつ言葉も含めて何かしらの表現（動きや

ジェスチャー、イメージなど）で表すことを含めて**象徴化**とよばれます。この言語化や象徴化された表現は、表したい何かを表すための暫定的な表現であることが多く、その暫定的に表現されたものから、さらに私たちはこれまでにない微妙なニュアンスを受け取ることができます。そしてその新たなニュアンスが**非言語的感覚**と照合されて、よりさらなる言語化や象徴化がなされ、さらに新しいニュアンスが非言語的感覚と照合され…といったようにひとまずの表現と非言語的感覚の間でジグザグと進んでいくのです。この点に関しては、14章のフォーカシングも参照してください。

また、探索的な語りがこれまでに挙げたような特徴をもっていることをふまえると、このような語りを支援するための関わりも理解できると思います。じっくりと耳を傾け、語り手が味わうように聴き手も味わい、語り手を急かすことなく語り手のペースに任せることが重要ということがわかります。これは11章の「心理的成長とそれを促す態度・関わり」ともいえます。

また、このような語りをするためにも、語り手が自分自身に対してある種の心持ちをもつことが必要になるかと思います。心理的成長とそれを促す態度・関わりは、自分以外の他者に向けることも重要ですが、自分自身に向けることも重要です（坂中，2017，p. 50）。1.6節「**体験学習の探究サイクル**」に「**意識化**」がありますが、自分自身に心理的成長とそれを促す態度・関わりがもてたときに浮かび上がった結果としてできる言語化や象徴化は、「意識化」の1つともいえます。言語化や象徴化をすることによって、体験学習の学びの過程を進めることにも役立つでしょう。

引用文献

池見陽（編著）（2016）．傾聴・心理臨床学アップデートとフォーカシング──感じる・話す・聴くの基本──　ナカニシヤ出版

Kiesler, D. J. (1971). Patient experiencing and successful outcome of schizophrenics and psychoneurotics. *Journal of Consulting and Clinical Psychology, 37,* 370-385.

坂中正義（編著）田村隆一・松本剛・岡村達也（2017）．傾聴の心理学──PCAを学ぶ カウンセリング／フォーカシング／エンカウンター・グループ──　創元社

18章

洞察、気づき

本章で取り上げていること

洞察と気づき（awareness、自覚とも訳される）は類似の概念で、心理療法やカウンセリングにおいてクライエントが自分自身や現実について、「ああ、わかった」というアハー（aha）体験を伴って理解する、理解しなおす経験です（Feltham & Dryden, 1993 北原監訳 2000, p. 215；山下, 2004, p. 238；倉戸, 2012, p. 289）。

本章では、洞察や気づきの心理療法やカウンセリングにおける意義と、洞察と気づきの共通点や相違点について記していきます。

18.1 洞 察

まず、Singer（1970 鑪・一丸訳編 1976）の論考を参照して、精神分析を中心とした心理療法における洞察についての考え方やその変遷について、以下に記述します。

18.1.1 経験的過程としての洞察

現代の心理療法は初期の頃から、洞察が深まることが心理療法の基本的なねらいであると考えていました。精神分析の創始者である Freud は、理性を重視し、洞察を**知的理解**と同義のものと考えていました。精神分析における洞察は自分の行動とその動機の主な源泉を合理的に理解することであり、**知的洞察**と考えることができます。ところが、そのような考え方に基礎をおいた心理療法的努力は想定されたほどの効果を生み出すことができず、洞察は知的理解であるという公式は徐々に衰退していきました。

そのような考え方に替わって、洞察を新しく概念化する必要が生まれ、洞察は**経験的過程**として定義されるべきであるという主張が、精神分析の流れをくむ臨床家のなかでもなされるようになりました。そして、個人的な経験を情緒的に洞察し（**情緒的洞察**）、自覚することのみが行動の真の変容と修正をもたらすのだという考えが強調されるようになりました（Singer, 1970 鑪・一丸訳編 1976, pp. 339-365）。

18.1.2 Rogers の洞察についての考え

次に、非指示的療法やクライエント中心療法、パーソンセンタード・アプローチの創始者である Rogers の洞察についての考えをみていきましょう。Rogers（1942 末武他訳 2005, p. 159）は、洞察（**自己洞察**）を「自分自身の経験に新しい意味を認知すること」と定義し、自己洞察にいたる過程は「深い感情を伴った学習であり、知的な内容による学習ではない。（中略）自己洞察はカウンセリング過程において大変重要な局面」であると

110 第Ⅳ部 ラボラトリー方式の体験学習に活かすカウンセリングの観点〜心理臨床の知見から〜

しています。

さらに、「自己洞察は、認知の領域に再編成をもたらす。自己洞察は新しい関連性を見出すことにある。自己洞察は蓄積された経験の集大成である。自己洞察は自己の再方向づけを示すものである」としています（p. 190）。そして、自己洞察には、

①関連性の認知
②自己の受容
③選択要素

のタイプがあるとしています（pp. 190-193）。もう少し詳しく説明します。

(1) 関連性の認知

あらかじめ知られている事実に関連した認知です。クライエントがこのような事実を新しい関係性、新しい輪郭、新しい形態において見据えられるようになっていくことだとされています。例として、子育てにおける苦労を語るうちに、子どもが母親である自分の注意を引くためにさまざまなことをしていることや、自分が叱ってばかりいることによって結果的に子どもの問題行動を作り出すことに加担してしまっているという事実に対する理解のしかたを挙げています。

(2) 自己の受容

自分の態度や衝動にまつわる認知に関するものです。カウンセリングの場がすべてを受け入れるという雰囲気に包まれていれば、社会的に受け入れられるのが難しいと思われていた自分の態度や衝動ですら、それらが自分にあることを認知することができ、**蓄積された経験の統合**をもたらし、分裂した人間ではなくなります。つまり、自己のいかなる感情や行動にも関連性を見出せる健全な個人になると考えられています[注1]。

(3) 選択要素

自己洞察には選択要素があり、真の自己洞察はより納得いく積極的な目標の選択を伴うとされています。これは「**創造的意志**」とよぶこともで

き、即効性はあるが一時的な目標ではなく、遅れて現れるものの永続的な目標を選ぶという選択や長い目で見た満足感を得られる大人として成長の道程の選択を伴うと説明されています（Rogers, 1942 末武他訳 2005, pp. 190-193）。

Rogers（1942 末武他訳 2005, pp. 188-189）は、**自己洞察**は心理療法において自発的に起こる場合にもっとも効果的であり、クライエントが自由に明晰に自分の問題を見据える状態にあるとき、もっとも価値ある自己洞察がクライエント主導で発展していくとしています。それを前提として、自己洞察が生じ、発展していくカウンセリングの過程を次のように説明しています。

自己洞察が生じる前段階として、クライエントが自分の**否定的感情**や**肯定的感情**を十分に表現でき、それらがカウンセラーに受容・理解されることを通して、クライエント自身が自分のそのような否定的・肯定的感情の両者を受け入れ、これまで抑圧されていた感情から解放されていることが重要となるのです（Rogers, 1942 末武他訳 2005, pp. 38-42, pp. 198-199；坂中，2017，pp. 31-32）。

クライエントの感情と情動化された態度が自由に解放されると、自己洞察が生じるのです。クライエントの自己洞察は漸進的に発展して、重要度の低いものからより高いものへと進行していくのです（Rogers, 1942, pp. 198-199）。

そして、新しい自己認識と新しい目標に続いて、新しい目標達成のための自己主導的な行動が生じるのです。このような前進がクライエントに新しい自信と独立心を養い、さらに発展した自己洞察が新しい方向づけを強化すると Rogers は考えています（Rogers, 1942 末武他訳 2005, pp. 193-199）。

18.2 気づき

18.2.1 「気づき」という用語

ここから、**気づき**（awareness）について記していきます。自己についての知識を含む直観的な

18章　洞察、気づき　　*111*

力、注意の周辺にぼんやりあったものに気づくといった「気づき」は、人間性心理学やトランスパーソナル心理学のカウンセラーには、カウンセリングの最終的なゴールとされていますが、広く、漠然とした用語となっています。気づきという用語は、例えば、気づかなかった実存的な選択に気づくとか、悟りのような神秘的な心理的充足感のレベルの気づきや、社会的な意識（女性の意識向上グループ、人種問題を意識するグループなど）などさまざまに使われています（Feltham & Dryden, 1993 北原監訳 2000, p. 55）。『人間性心理学ハンドブック』（人間性心理学会，2012）には、気づきは洞察に比べて、より多くの項目で取り上げられていて、人間性心理学において幅広く使用されていることがわかります。本節では、気づきについて、主に、ゲシュタルト療法とフォーカシングの観点から記していきます。

18.2.2　ゲシュタルト療法の観点から

ゲシュタルト療法を専門とする倉戸（2012）は、**気づき**とは、aha 体験や「なるほど」と身体中センセーションを覚える経験で、「納得」の体験だとしています（p. 289）。また、気づきとは、"今、ここ" で「地」から「図」[注2]にのぼってくる意識の過程であり、身体の内外で起こっていることを感じたり、意識することであると説明しています（倉戸，2004，p. 379）。

また、ゲシュタルト療法における、

> ①内層での気づき
> ②外層での気づき
> ③中間層での気づき

について、倉戸（2012，pp. 289-290）は次のように説明しています。

(1) 内層での気づき

身体内部で起きていることに気づくことです。「（父親のことを話していると）怒りが込み上げてきます」という例を挙げています。

(2) 外層での気づき

身体の外側で起こっていることに気づくことで、ゲシュタルト療法ではこの気づきを得ているかどうかが外界への適応を左右するという仮説があります。

(3) 中間層

内層と外層の中間にある、頭のなかの現象のことで、想像、空想、評価、思い込みなどがこれに当たります。中間層での気づきは、想像や思考にある積極的行動や創造的活動、または、省エネ化をもたらすのですが、一方で幻覚や幻聴などは中間層の病理的側面と考えられています。

18.2.3　フォーカシングの観点から

フォーカシング（14 章参照）の観点からは、気づきは「体験の**潜在的な意味**が**顕在化**してゆくこと」（坂中，2017，p. 35）と説明されています。フォーカシングの観点では、人はさまざまなことを体験しているが、体験のすべてを顕在的に理解しているわけではなく、暗に含まれる（implicit）潜在的な意味合いがあると考えます（池見，2016，p. 40）。

たとえば、山などを散策しているときに「なんか心地いいな」と思える場所があったとしましょう。この時点で「なんか心地いい」ということは顕在的ですが、それ以上の何かはまだ顕在化していません。そして、何が心地いいのかと思ってみると、木々の間から暖かい光が差し込んでいて、かつやわらかい土のほのかな匂いや、少し冷たく澄んだ空気が心地いいことに気がつき、そうした空間のなかで大きく深呼吸したいと思える心地よさがあることに気づきます。この光や土の匂いや冷たく澄んだ空気はこれまでの体験のなかに確かにあり、感じられていたにもかかわらず、「なんか心地いい」の「なんか」のなかに含まれていたといえます。そして、光などに気がつくと、この心地よさは「大きく深呼吸したいと思える」心地よさだということがわかります。

このように、「なんか心地いい」が「大きく深呼吸したいと思える」心地よさという、状況やそ

の状況にいる自分の理解が変移（シフト）し新しくなることを気づきといい、フォーカシングではとくに**フェルトシフト**（felt shift）とよびます。このフェルトシフトは、笑いや涙、身体の弛緩を伴うとされています。

　この段落で記した「体験の潜在的な意味が顕在化してゆくこと」は、個人内で起こることとして説明していますが、このような過程は日常生活や体験学習のなかでも起こりえます。直接に体験学習と結びつけて解説されたことはありませんが、体験学習での体験のなかで暗に感じたことにふりかえって気づくことは、意識化にもつながり、意識化された結果、探究され、意味合いが明示的・顕在的になるような意味づけがなされ、さらにその意味づけを体験のなかで検証していくこととしてとらえることもできるかもしれません。

注

1　Rogers（1942 末武他訳 2005）では、社会的に受け入れられるのが難しい自分の態度や衝動として、性をめぐる態度、理想とは異なるばかげたふるまいをしたい衝動、神経症の苦痛から満足を得ることが例として挙げられています（p. 191-192）。
2　ゲシュタルト療法では「人は内界や外界を知覚するとき、意識の前面に上がってくる関心や支配的な欲求に従って、全体の知覚に意味ある「まとまり」を与えると考える。そして意味ある「まとまり」は"図 figure"として意識の前面 fore ground に浮かび、その他の部分は"地 ground"あるいは意識の背景 back ground へと退く。関心が変われば、その"図"は"地"に沈み、"地"のなかから新しい"図"が浮かび上がるのである」（中西，2012，p. 341；15章参照）。

引用文献：

Feltham, C., & Dryden, W.（1993）．*Dictionary of counselling.* Whurr Publishers.（北原歌子（監訳）（2000）．カウンセリング辞典　ブレーン出版）
池見陽（編著）（2016）．傾聴・心理臨床学アップデートとフォーカシング――感じる・話す・聴くの基本――　ナカニシヤ出版
倉戸ヨシヤ（2004）．ゲシュタルト療法　氏原寛・亀口憲治・成田善弘・東山紘久・山中康裕（共編）心理臨床大事典（改訂版）　培風館
倉戸ヨシヤ（2012）．ゲシュタルト療法　人間性心理学会（編）人間性心理学ハンドブック　創元社
中西龍一（2012）．図と地　人間性心理学会（編）人間性心理学ハンドブック　創元社
人間性心理学会（編）（2012）．人間性心理学ハンドブック　創元社
Rogers, C. R.（1942）．*Counseling and psychotherapy: Newer concepts in practice being.* Houghton Mifflin.（末武康弘・保坂亨・諸富祥彦（共訳）（2005）．ロジャーズ主要著作集1　カウンセリングと心理療法――実践のための新しい概念――　岩崎学術出版社）
坂中正義（編著）・田村隆一・松本剛・岡村達也（2017）．傾聴の心理学――PCAを学ぶカウンセリング／フォーカシング／エンカウンター・グループ――　創元社
Singer, E.（1970）．*Key concepts in psychotherapy.* Basic Books.（鑪幹八郎・一丸藤太郎（訳編）（1976）．心理療法の鍵概念　誠信書房）
山下一夫（2004）．洞察　氏原寛・亀口憲治・成田善弘・東山紘久・山中康裕（共編）心理臨床大事典（改訂版）　培風館

19章 無意識、イメージ

本章で取り上げていること

精神分析の創始者であるFreud（フロイト）は、無意識というカウンセリングや心理療法において重要な概念を確立していきました。Freudによると人の心は氷山のようなもので、意識（consciousness）の水面上に現れて見えているものは、心のほんの一部分にすぎず、大部分は水面下の見えない無意識に隠れているとされます。本章ではそうした無意識について取り上げます。

19.1 無意識

19.1.1 無意識と前意識

Freudによると、意識下の領域は、**前意識**（preconsciousness）と**無意識**（unconsciousness）に区別されます。

前意識は努力によって、必要なときに意識化できる心の領域です。無意識は抑圧されていて意識化するのが難しい心の領域のことです。

無意識には怒りや罪悪感などの不快な感情を伴った観念や記憶、そのままの形では充足させるわけにはいかない願望が抑圧されていると考えます。それらは絶えず意識へ進入し、再生しようとする強い力をもっていて、人の精神生活や行動は、これらの無意識的な力によって操られることが多いと考えられています（前田，1985，p. 3；成田，2004，p. 959）（**図 19-1**）。

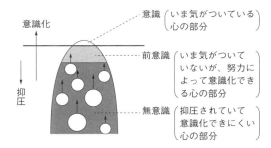

図 19-1　心の局所論（前田，1985，p. 3）

19.1.2 ユング心理学の無意識

ユング心理学では、心を意識と2つの無意識の層（個人的無意識：personal unconsciousと普遍的無意識：collective unconscious）から成り立つと考え、普遍的無意識を設定するところに精神分析との差異、独自性があります。

個人的無意識は、意識の内容が強度を失って忘れられたか、意識が抑圧した内容や、意識に達するほどの強さをもたない感覚的な痕跡から成り立っていると考えられています。

普遍的無意識は、無意識の奥深くにあり、個人的ではなく、人類に普遍的なもので、個人の心の

図19-2　心の構造（河合，1977，p.33）

基礎だと考えられています（河合，1967，pp. 93-95；河合，1977，pp. 33-34）（**図19-2**）。

19.1.3　コンプレックス

　臨床心理学の概念として、**コンプレックス**を提唱したのはユング心理学を創設したCarl Gustav Jung(カールグスタフユング)です。多くの心的内容が同じ感情（たとえば、恐れなど）によって1つのまとまりを作っていて、それに外的な刺激を与えられると、その内容の一群が意識の制御を超えた活動をする現象をJungは確認しました。そして、そのような無意識に存在している感情によって結ばれた心的内容のまとまりをコンプレックスとよびました（河合，1967，p. 68）。

　日常用語として、コンプレックスは劣等感と同じような意味として使われていますが、それに類似の概念はAdler(アドラー)が提唱した**劣等コンプレックス**[注1]とよばれます。ほかにもフロイトが精神分析の主要概念として仮定した、子どもの異性の親に対する愛と同性の親に対する敵意に関する**エディプスコンプレックス**[注2]や、兄弟葛藤に関する**カインコンプレックス**[注3]などが知られています（河合，1977，pp. 17-23）。

　コンプレックスはある程度の自律性をもっていて、意識の統合性を司る**自我**（ego）の統制に服さないので、心の障害の原因となる場合があります。ユング心理学では、コンプレックスは個人的無意識内にあるものと考えられています（河合，1967，pp. 68-70，pp. 94-95）。

19.1.4　元　型

　ユング心理学では、普遍的無意識内に**元型**（archetype）が存在すると仮定しました。ユングは普遍的無意識の内容の表現に、共通した基本的な型（元型的イメージ）を見出すことができ、元型的イメージを生み出す鋳型のような要素として普遍的無意識内に元型を仮定しました（河合，1977，pp. 84-88）（**図19-3**）。

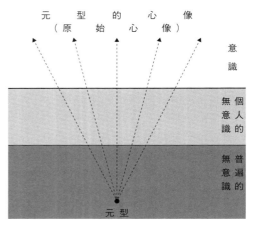

図19-3　元型と元型的心像（河合，1977，p.87）

代表的な元型として、次のものがあります。

①影
②グレートマザー
③アニマ・アニムス
④自己（セルフ）

- ①**影**：個人が自分自身のなかで拒否しているパーソナリティ傾向などの、生きられなかった半面。影には個人的な側面と元型的な側面がある。
- ②**グレートマザー**：個人としての母親を超えた母なるもの。「育てる」という肯定的側面と「呑みこむ」という否定的側面の両面をもつ。
- ③**アニマ・アニムス**：ユング心理学では、人間の心は潜在可能性として両性具有的であると考える。しかし、生物学的性や社会的性とは逆になる側面は発現・成長させるのが難しいと考えられる。そのような心理的状況のなかで、普遍的無意識内に潜在している、男性の

心の女性的側面を**アニマ**、女性の心の男性的側面を**アニムス**とよぶ。
④**自己**：ユング心理学では**自我**（ego）は意識の中心で意識を統制するものと考える。**自己**（self）は心全体の中心であり、心全体のさまざまな要素を統合するものと考える（河合，1967，pp. 101-112，pp 193-242；河合，1977，pp. 69-184）。

19.1.5 意識と無意識とカウンセリング

東山（1982，pp. 18-19）は、カウンセリングは、カウンセラーとクライエントの**対他的コミュニケーション**（inter-personal communication）、および、それによって促進されるクライエント内部の**対自的コミュニケーション**（intra-personal communication）を通じて行われる内的世界の再統合過程であるとしています（**図19-4**）。そして、対自的コミュニケーションの手段は、言語、絵画、音楽、夢、プレイセラピー、箱庭療法など、多くあるとしています。対自的コミュニケーションを意識と無意識間のコミュニケーションとした場合には、夢や描画や箱庭療法などのイメージがもっとも重要なものになります。

ユング心理学では、意識が一面的になることを補償する作用が無意識にあり（**補償作用**）、意識と無意識が相補的な関係をもつと考えます。意識と無意識を含んだ心の全体性に向かって志向する**個性化**（**自己実現**）の過程[注4]を重視します。夢は、そのような補償作用や個性化を促進する機能をも

つとユング心理学では考えられています（河合，1967，p. 37，p. 61，pp. 152-156，pp. 219-228）。

19.2 イメージ

19.2.1 内界の表現としてのイメージの特徴

イメージはさまざまな意味合いで使われますが、カウンセリングや臨床心理学では、個人の内界の表現である主観的体験として、イメージという概念を用います。そのような内界の表現としてのイメージの特徴として、河合（1991）は、

①自律性	④直接性
②具象性	⑤象徴性
③集約性（多義性）	⑥創造性

を挙げています（pp. 27-34）。

イメージの特徴それぞれについて述べます。

①**自律性**：イメージがそれ自身の自律性をもっていて、自我のコントロールを超えている特徴を自律性とよぶ。夢のことを考えるとわかりやすいだろう。夢のストーリーは夢を見ている人の意識とは関係なく、勝手に進んでいく。

②**具象性**：イメージでは、ある考えが具象化された形で、生き生きと表現される。河合（1967）は、トランプの夢として現れた「持ち札にハートが1枚もない」という具体的なイメージが、この夢を見た人にハートから連想される情熱や愛情など、今後の自分の課題や生き方に関していろいろ考えさせる素材を与えた例を挙げている。

③**集約性（多義性）**：イメージは意識と無意識を含めた心の多くのことが集約されているので、多義的な解釈ができることが指摘されている。

④**直接性**：イメージは、その人に直接的に迫ってくる力があり、イメージから直接的に心に

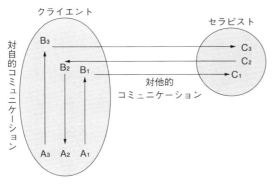

図19-4　心理療法におけるコミュニケーション図式（東山，1982，p. 19）

響き、得られるものが豊かにあると述べられている。

⑤**象徴性**：ユングは、象徴とは既知のものの代用ではなく、比較的未知なものの表現として生じた最良のものと考えており、イメージはそのような象徴性をもっていると河合（1967）は述べている。

⑥**創造性**：イメージは創造性と結びついていて、絵画や音楽、文学などの創造的な活動において、イメージは重要な役割を演じているとされる（河合，1967, pp. 58-59, pp. 116-121；河合，1991, pp. 27-34）。

19.2.2 イメージを通した自己理解の促進

カウンセリング場面だけでなく、ラボラトリー方式の体験学習の実習などにおいても、描画やコラージュやオブジェなどの**イメージ**を用いることがあります。そのような実習でのイメージ体験において、イメージの特徴をふまえ、イメージや自分のなかに生まれる感覚や感情をじっくり味わうことは意義深い営みといえます。

イメージを通して、無意識も含めた自分の心からのメッセージを受けとり、自己理解や自己成長の促進が可能になる場合があるのです（6章参照）。

注

1 「幼児期に普通に経験される無力感が場合によって成人後に顕著になり、神経症症状の基礎を形成するというアドラー派の概念をいう。この用語はもともと、例えば、実際以上の勇敢さを示すことで補償しようとする経験の集合をいう」（Feltham & Dryden, 1993 北原監訳 2000, p. 313)。
2 「フロイト派の、自分と同じ性の親に対する子どもの両価性の概念をいう。フロイト（Freud）によれば、男の子は3歳から5歳の間に母親での強い情欲を経験し、それに伴って父親に対して競争心と敵意を持つ。（中略）エディプス感情は抑圧され、超自我の形成を導くと考えられる」（Feltham & Dryden, 1993 北原監訳 2000, p. 23)。
3 無意識下の同胞葛藤を、旧約聖書の中の、カインとアベル兄弟の物語から名をとって、「カイン・コンプレックス」という（米山, 1990)。
4 「個人に内在する可能性を実現し、その自我を高次の全体性へと志向せしめる努力の過程を、ユングは個性化の過程（individuation process)、あるいは自己実現（self-realization）とよび、人生の究極の目的と考えた」（河合，1967, p. 220)。

引用文献

Feltham, C., & Dryden, W. (1993). *Dictinary of counselling*. Whurr.（北原歌子（監訳）(2000). カウンセリング辞典　ブレーン出版）
東山紘久 (1982). 遊戯療法の世界――子どもの内的世界を読む――　創元社
河合隼雄 (1967). ユング心理学入門　培風館
河合隼雄 (1977). 無意識の構造　中公新書
河合隼雄 (1991). イメージの心理学　青土社
前田重治 (1985). 図説臨床精神分析学　誠信書房
成田善弘 (2004). 精神分析総論――歴史と展望――　氏原寛・亀口憲治・成田善弘・東山紘久・山中康裕（共編）心理臨床大事典（改訂版）　培風館
米山正信 (1990). カイン・コンプレックス　國分康孝（編）カウンセリング辞典　誠信書房

第 V 部

グループプロセスに働きかけるファシリテーション

　　ラボラトリー方式の体験学習において、ファシリテーションはどんな役割を果たすのでしょうか。ファシリテーターはどんなことをするのでしょうか。ラボラトリー方式の体験学習におけるファシリテーションの具体的な活動は、第Ⅵ部で紹介します。
　　この第Ⅴ部では、それを理解するための土台として、そもそもファシリテーションとはなんなのかという基本的なことを解説します。特に、話し合いにおけるファシリテーターは、何のためにどのタイミングで何をするのかということや、その留意点について紹介します。

20章

ファシリテーションとは？

本章で取り上げていること

ファシリテーションは、「促進する」「支援する」という意味です。そして、ファシリテーションを行う人のことを「ファシリテーター」とよびます。「ファシリテーション」や「ファシリテーター」という言葉は、現在では、広く知られるようになってきていて、多くの本が出版されています。

本章では、ファシリテーターの基本的な役割や行動について説明します。

20.1 ファシリテーションの広さと第Ｖ部での焦点づけ

ファシリテーションやファシリテーターという言葉は、分野や領域によって異なる意味で使われている場合も多いです。とくに、何を促進するのかが異なることによって、ファシリテーターがどのような役割を果たす人なのか、どのような働きかけや声かけが望ましいのか、が異なってきます。以下では、何を促進することをめざすのかがさまざまな分野や領域で異なり、ファシリテーションという概念が広いものであることを解説していきます。まず、ファシリテーション／ファシリテーターという言葉が使われる分野を紹介します。

(1) 研修等でのファシリテーション

研修（参加型教育や体験学習）やワークショップにおいて、進行をして学習を促進する人がファシリテーターとよばれます。研修やワークショップの場を設計して実施することで、個人の気づきや学び、成長を促進していきます。働きかける対象のレベルは個人が中心となります。

このタイプは「**教育ファシリテーション**」（津村，2003）、「**ワークショップのファシリテーション**」（中野，2003）、「**体験学習のファシリテーション**」などとよばれることもあります。国際理解について学ぶことを目的とする場合は「**国際理解教育ファシリテーション（ファシリテーター）**」です。

(2) 会議等でのファシリテーション

企業においては、会議やミーティングの進行をする人がファシリテーターとよばれています。会議やミーティングで話される課題の解決を容易にするために、話し合いのしかたやコミュニケーションのありように働きかけていきます（Rees, 1998）。グループによる効率的な課題解決を促進することをファシリテーターはめざします。このタイプは、**図20-1**では「**会議ファシリテーション（ファシリテーター）**」に該当します。

(3) チームや組織でのファシリテーション

さらに、チームや組織の構成員間の関係性が構築されることを支援し、チームや組織がもつ潜在力が発揮されることを促進する、図20-1の「**組織開発ファシリテーション**」とよばれるタイプがあります。チームに対して行われる場合は「**チーム・ビルディング**」ともよばれます。チームや組織の関係性の発達・成長を促進することをめざし、効果的で健全であり、自己革新力をもつチームや組織になっていくことを支援します（中村, 2015）。

(4) コミュニティ等でのファシリテーション

くわえて、地域やコミュニティにおいて、何らかの合意形成をしていくことをめざして、または、地域をよりよくしていくことに向けて、対話の場を創り、住民や関係者による対話を促進する人もファシリテーターとよばれています。このタイプは近年、「**まちづくりファシリテーション（ファシリテーター）**」とよばれるようになってきました。そして、海外の地域やコミュニティで活動し支援するのが「**国際協力のファシリテーション**」です。

本書では、図20-1の「**教育ファシリテーション**」の1つである、「**体験学習のファシリテーション**」を第Ⅵ部で取り扱っていきます。そして、この第Ⅴ部では、グループやチームのレベルのファシリテーション、つまり、会議ファシリテーションや組織開発ファシリテーションに該当する、図20-1の点線で囲んだ部分に焦点づけていきます。

いい換えれば、グループやチームで話し合いをする際に、問題解決、合意形成、または、関係構築を促進していくことをめざす、話し合いのファシリテーションについて第Ⅴ部では取り扱っていくことになります。

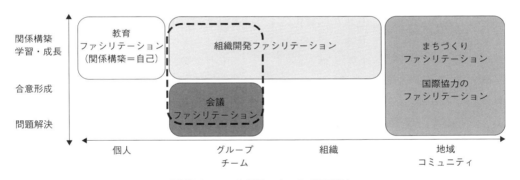

図20-1　ファシリテーションの広がり

20.2　話し合いのファシリテーションがなぜ必要とされているのか？

話し合いの場（会議、ミーティング、打ち合わせなど）がもたれる場合、その話し合いの場で達成したい**目標**が必ず存在します。話し合いの目標は、何かを決める、抱えている問題を解決する、アイデアを出す、情報を共有する、などさまざまです。設定された時間のなかで目標に到達するためには、話し合いの効果的なプロセスが必要とされます（プロセスについては第Ⅱ部参照）。

20.2.1　効率的と効果的

ここで、効率的と効果的という言葉について考えましょう。

効率的＝成果／時間やコスト、です。つまり、短い時間で、少ないコストで、のように、時間やコスト、人員、労力を少なくして、成果を高めることが求められます。話し合いを短時間で終わらせるためには、議論を少なくする、安易な妥協をする、全員の合意による決定ではなく1人による決定をする、などが必要です。その結果、意見を表明しない人や結論への納得度が低い人が増え

る、とことん話し合う風土が醸成されにくい、などのデメリットが生じます。

効果的とは、話し合いの場にいる1人ひとりやグループの潜在力が発揮されることを意味します。潜在力が発揮されて効果的に課題が遂行される過程について、8.3節で、「**プロセス・ゲイン**」と「**プロセス・ロス**」という考え方が紹介されています。

読者の皆さんは日頃から、プロセス・ロスが生じる話し合いを経験しているのではないでしょうか。プロセス・ロスが起きている話し合いの例としては、意見が出ない、主流となっている意見に違和感がありながらもそれを表明しにくい、権限（地位や経験年数など）がある人の意見がそのまま結論になる、時間配分が共有されていないために時間内に結論が出ない、何を話しているのかがわからないやりとりが続く、進行と1人のメンバーの1対1のやりとりになって他のメンバーが口を挟まない、など、枚挙にいとまがありません。

これらのプロセス・ロスは、**仕事の個業化**によって拍車がかかっています。仕事の個業化とは、業務を個人に割り当て（＝分業）、個人が1人で仕事をすることです。仕事が個業化している場合、職場や課での話し合いにおいて、他の人に割り当てられた業務内容が話されているときに、それに関心を向けて聞いたり、意見やアドバイスを述べたりすることが難しくなります。

リモートワークの状態においてオンラインで話し合いが行われ、ビデオオフやミュートで話し合われている場合、関心をもてない話題が話されているときは、その内容に対する関与度はさらに下がります。**オンライン会議**に参加しながら、ビデオオフで音声をミュートにして内職をする（＝会議とは無関係の別の仕事をする）こともあるでしょう。この状態こそ、最大級のプロセス・ロスです。

なぜ、ファシリテーションが必要とされているのか、それは、話し合いには達成したい目標があり、その目標の達成に向けてメンバーやグループの潜在力が発揮されるためには、プロセス・ロスが低減され、プロセス・ゲインが生じる、効果的で健全な話し合いのプロセスが必要不可欠だから

です。効果的で健全な話し合いのプロセスが生じるためには、意図的な働きかけが必要とされます。つまり、話し合いのファシリテーションとは、メンバーやグループの潜在力が発揮される、効果的で健全な話し合いのプロセスを促進し支援する働きかけです。

なお、効率性重視で、できる限り短時間で話し合いを終えようとするなら、メンバーやグループの潜在力が発揮されるような効果的で健全な話し合いの実現は難しくなります。効率性重視の発想は、極端にいえば、仕事や課題を達成するための道具として人が存在しているという、仕事中心の価値や経済的な価値につながるものです。

人は仕事や課題を達成するために存在しているのでしょうか？　人が幸せに生きていくために仕事があると発想すると（人間中心の価値や人間尊重の価値です：Marshak, 2006；中原・中村，2018）、話し合いの場に集った人たちが活き活きと持ち味や潜在力を発揮することで、人間性豊かな関わりが生まれ、効果的で健全なプロセスが機能すると考えられます。効果的で健全な話し合いができる関係性に発展することをめざして、話し合いのプロセスをグループが自らよくしていくことに取り組むと、グループメンバーが自ら効果的な話し合いができるようになっていき、話し合いの時間が短くなって効率的になります。結果として、経済的な価値も達成されるでしょう。

20.2.2　効果的か効率的か

効率的な話し合いをめざすのか、効果的で健全な話し合いができるようになることをめざすのか、という点は、**図20-1**で紹介した、「会議ファシリテーション」と「組織開発ファシリテーション」の違いです。出版されている「会議ファシリテーション」の本のなかには、ファシリテーターが会議を進行することで効率的な会議を運営する**先導型ファシリテーション**のノウハウが紹介されているものもあります。この場合は、ファシリテーターが会議を「仕切る」ことで効率的に話し合いを進め、時間内に結論が出ることに向けてファシリテーターが話し合いのプロセスをつくり

ます。そのファシリテーターが会議にいれば、効率的な会議が可能となりますが、ファシリテーターがいないとメンバーだけでは話し合いをうまく進めることができません。

一方の、**組織開発ファシリテーション**の発想からは、メンバーが効果的で健全な話し合いをすることができる力や関係性を育むことも促進します。ファシリテーターは、話し合いの進行を先導するのではなく、メンバーが話し合いを進行できるように伴走します。この発想は、組織開発の大家であるEdgar Schein(エドガー・シャイン)が提唱した**プロセス・コンサルテーション**（Schein, 1999 稲葉・尾川訳, 2002）がもとになっています。

つまり、話し合いのファシリテーションには、話し合いのプロセスをコントロールする「**先導型ファシリテーション**」から、メンバーが話し合いを進めていくことを促進する「**伴走型ファシリテーション**」までの幅があるのです（図 20-2）。

第 V 部では、図 20-2 の左端に位置する「先導型ファシリテーション」には触れません。プロセスに気づき、プロセスに働きかけるファシリテーションとして、メンバーによる効果的で健全な話し合いが可能となり、メンバーとグループの潜在力が発揮されていくことをめざす、「伴走型ファシリテーション」について検討していきます。

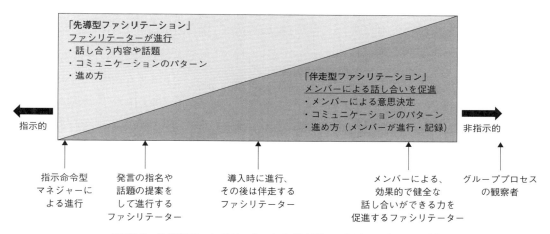

図 20-2　先導型ファシリテーションと伴走型ファシリテーションの幅

20.3　何を促進するのか？

効果的で健全な話し合いを実現するためには、話し合いで起こるプロセスのどのような側面に働きかけて、何を促進することが必要でしょうか？この節では、8章で解説されている、グループプロセスの側面を取り上げて検討していきます。

ここで鍵となるのが、すでに8.4.2項で紹介されている、プロセスの諸側面を2つに大別した、**タスク・プロセスとメンテナンス・プロセス**です（Reddy, 1994 林他訳 2018）。

20.3.1　タスク・プロセスを促進する

効果的な話し合いがなされるためには、**タスク・プロセス**を促進することが必要となります。タスク・プロセスは、タスクに関する how（どのようにタスクが進められているか）であり、タスクと人との間で起こっていること、といえます。タスク・プロセスには、「目標の明確化と共有化」「役割の明確化と共有化」「手順の明確化と共有化」「時間管理」というグループプロセスの諸要素が含まれます。これらのプロセスがうまく機能していないことにファシリテーターが気づいたときに働きかけを行い、タスク・プロセスを促進します。

20.3.2 メンテナンス・プロセスを促進する

　健全な話し合いや関係構築がなされるためには、**メンテナンス・プロセス**を促進することも重要です。メンテナンス・プロセスとは、人々や関係性に関する how、いい換えると、人と人との間で起こっていること、です。メンテナンス・プロセスには、「グループの雰囲気・風土」「グループ全体の関係性」「対人間の関係性」「個々のメンバーの様子」といったグループプロセスの諸要素が含まれます。最近は、**心理的安全性**の重要性が指摘されていますが、この心理的安全性はグループの風土や関係性、個々のメンバーの安心感と関連しており、メンテナンス・プロセスの 1 つの側面です。

20.3.3 効果性と健全性

　グループにとっての**効果性**と**健全性**は車の両輪のようなものです。

　効果性は高いけれど健全性が低い、すなわち、話し合いはスムーズに効率よく進むけれど、お互いに信頼していない状態は、「ギスギス」した課題遂行のためのグループです。

　一方で、健全性は高いけれど効果性が低い、すなわち、お互いの関係は良好だけど課題は達成できないのは、「ぬるま湯」グループです。

　効果性と健全性の両方が高まることに向けて、タスク・プロセスとメンテナンス・プロセスの双方をファシリテーターが促進していく必要があります。

20.3.4 自己革新力の促進

　さらに、メンバーの力で効果的で健全な話し合いが可能となるよう、自分たちのプロセスに自分たちで気づき、自らよくしていく、**自己革新力**が育まれるように支援することも重要です。そのためには、話し合いで起こっていたプロセスをふりかえり、その体験から学び、次の話し合いで活かしていく、という体験学習のサイクルをグループで循環させていくことがポイントとなります。

　そのための働きかけの一例は、話し合いの途中や話し合いが終わるタイミングで、ファシリテーターが「私たちの話し合いをさらに効果的にしていくためにはどうしたらよいと思いますか？」と問いかけ、**話し合いのプロセス**を短くふりかえる時間をもつことです。Schein（1999 稲葉・尾川訳 2002, p. 14）は「もし組織が自ら問題を解決することを学べば、問題は長期にわたって再燃することはないし、効果的に解決される」といっています。これは、話し合いで起こる問題をグループや組織が自ら解決する過程を学ぶことが重要だとする指摘です。

　つまり、話し合いで起こるプロセスにメンバーが気づき、より効果的で健全な話し合いになるようにメンバーが取り組むのを促進することが、そのグループや組織が長期にわたって**効果的で健全な話し合い**ができるようになることにつながる、ということなのです。

引用文献

Marshak, R. J. (2006). Organization development as a profession and a field. In B. B. Jones, & M. Brazzel (Eds.), *The NTL handbook of organization development and change* (pp. 13-27). Pfeiffer.

中原淳・中村和彦 (2018). 組織開発の探究——理論に学び，実践に活かす—— ダイヤモンド社

中村和彦 (2015). 入門 組織開発——活き活きと働ける職場をつくる—— 光文社

中野民夫 (2003). ファシリテーション革命——参加型の場づくりの技法—— 岩波書店

Reddy, W. B. (1994). *Intervention skills: Process consultation for small groups and teams.* Jossey-Bass / Pfeiffer. (津村俊充（監訳）林芳孝・岸田美穂・岡田衣津子（訳）インターベンション・スキルズ——チームが動く，人が育つ，介入の理論と実践—— 金子書房)

Rees, F. (1998). *The facilitator excellence handbook: Helping people work creatively and productively together.* Pfeiffer. (黒田由貴子・P・Yインターナショナル（訳）(2002). ファシリテーター型リーダーの時代 プレジデント社)

Schein, E. H. (1999). *Process consultation revisited: Building the helping relationship.* Addison-Wesley. (稲葉元吉・尾川丈一（訳）(2002). プロセス・コンサルテーション——援助関係を築くこと—— 白桃書房)

津村俊充 (2003). "教育ファシリテーター"になること 津村俊充・石田裕久（編）ファシリテーター・トレーニング——自己実現を促す教育ファシリテーションへのアプローチ—— (pp. 12-16) ナカニシヤ出版

21章

プロセスに働きかける

本章で取り上げていること

グループにおけるファシリテーションでは、ファシリテーターがグループプロセスに対して働きかけることを通して、グループでの関わりを支援していきます。では関わりを支援する目的は何でしょうか。本章では、ファシリテーションを行う目的について取り上げます。

21.1 プロセスに働きかける目的

21.1.1 短期的な目標

ファシリテーションの目標は、短期的な視点で見ると、例えば会議のような場面で、議論を促進し、意見をまとめたり決定をしたりする過程を支援すること、いい換えれば、**円滑な会議の運営**となります。この目標を達成するためには、

- ・議論の目的を明確にする（会議の目的、議題、議論内容、結論を明確にすることで、議論の方向性を定め、時間の無駄を省く）
- ・アジェンダや話し合いのポイントを整理する（各議題に対して必要な情報や資料を事前に整理・共有することで、議論をスムーズに進める）
- ・意見をまとめる（グループ全体の意見や意見の相違点を整理しまとめ、議論を促進することで、議論の方向性を確認し、結論を導き出す）

など、グループで取り扱っている議題や課題に直接関わるプロセス（**タスク・プロセス**）への働きかけが中心となります。

こうした短期的な目標は非常にわかりやすく有益に思われるため、さまざまなテクニックも紹介されています。しかしその場での話し合いが円滑に進むだけでは、必ずしも良い結果ばかりをもたらすとはいえません。

21.1.2 効率を求めることによる弊害

例えば、効率性を求めることで、トピックから外れた発言をしづらくなり、新しいアイデアや視点を見出せず、発見や課題解決のための創造的なアイデアを生み出すことができなくなります。

また、話題に沿った発言ばかりが求められてしまうことで、自分の意見や発言を自主的に制限する**自己検閲**が起こり、周囲に合わせて自分の意図や信念とは異なる発言をしたり、発言意欲が低下したりすることもあります。そうした発言のしづらさは議論の場の雰囲気を悪くし、さらに発言し

づらくなるという悪循環を生みます。

　もっと極端な例を考えると、とにかく効率的に意思決定をすることを重視するあまり、多様な主張や考えを抑え込むような議論が起こり、決定内容に十分に納得できないメンバーが生まれる可能性も考えられます。決定内容に十分に納得できていないメンバーが、果たしてその決定内容に沿った行動をすることを期待できるでしょうか。またそうしたメンバーが、将来にわたってグループでの関わりに前向きになるといえるでしょうか。

21.1.3　グループ内の関わりの促進

　現実の話し合いやグループでの関わりの場面を考えると、グループの関係が完全にその場限りのもので、関係が継続することが絶対にないケースは稀です。メンバーの入れ替わりはあるかもしれませんが、チームやグループのメンバーはお互いに関わりを継続し、チームやグループそのものが存続し続け、そのなかで話し合いや協働も継続することがほとんどではないでしょうか。

　したがって、**グループプロセスに働きかけるファシリテーション**では、効果や効率をめざす短期的な目的だけでなく、チームやグループの関わりを長期的視点でとらえ、チーム作りやチーム（グループ）の関わりを促進していくことが重要となります。

　Carl Rogers は、「人は、自己実現の欲求をもって生まれ、それを実現するために努力する」という考えを示し、これを**実現傾向**（actualizing tendency）とよびました（Bohart, 2013）（11 章参照）。この考え方は、チームやグループにも当てはめることができます。すなわち、ミクロな視点では、グループメンバー 1 人ひとりが自己実現の欲求をもっており、グループ内での関係や成果を通じて、自分自身が成長し、満足感を得ることができるとされています。同時に、マクロな視点では、グループとしても実現したいありようがあり、その実現をめざしてグループ内での関わりを作り上げようという「**グループとしての実現傾向**」も想定することができます。

　また Cottrell（1976）や Iscoe（1974）は、**有能**

なコミュニティ（competent community）という概念を提唱しています。有能なコミュニティとは、「コミュニティの問題に対応し、よりよい意思決定を行うために重要となる、理想的な特徴を備えているコミュニティ」とされています。そしてその特徴として、具体的には次のことなどを挙げています。

①コミュニティ内部に生じる対立や衝突は、コミュニティの発展に寄与するものである、という理解を共有していること
②内部のメンバーの考えや視点の多様性を認識、整理し、発展に活かすことができること
③意思決定に際して、メンバーの民主的な参加を重視していること

　「有能なコミュニティ」は比較的大きな集団（組織や地域）などを想定していますが、少人数のグループにも適用できる概念です。

21.1.4　ファシリテーターは何をすべきか

　つまり、グループプロセスに働きかけるファシリテーションで重要なのは、「その場を丸く収める」ことではありません。むしろ、ときには葛藤が生じたとしても、その葛藤を意味ある関わりに転換することで、グループメンバー同士がコミュニケーションを活性化させ、お互いの理解を深め、信頼関係を築くことにあります。その結果、短期的には効果的、効率的な意思決定や集団運営を実現することができ、そして長期的には、メンバーの個々の欲求を充足させ成長を促し、自己実現ができるようなグループの環境を構築し、そのうえでグループとしての生産性や効率性、創造性を高めていくことができるといえます。

　筆者が経験した、ある話し合いの場面を紹介します。そこでは中学生を対象に、「チームのリーダーにふさわしい人は？」というテーマで、「思いやりがある人」「判断力がある人」「明るい人」などの複数の選択肢から上位 2 つを決める話し合いを行いました。この実習を実施したときにはファシリテーターを置くように指示をしませんで

したが、ファシリテーターがいたとするなら、どのような働きかけが考えられるでしょうか？　例えば、はじめに話し合いの手順や目標、意思決定の方法をグループで決めるなど、**タスク・プロセス**に働きかけることが考えられます。そうすることで、話し合いを効率的に進め、時間内に意思決定をすることが容易になるでしょう。

　ところで、実際に実習を行っている場面で、ある生徒（A君）が自分の主張を身振り手振りを交えて熱く語っていました。実習の後のふりかえりで、そのときの様子や思いについてA君に尋ねてみたところ、「一生懸命話したのに、伝わらずに悲しかった」と答えました。そこで、そのときの場面について他のメンバーに尋ねてみたところ「何を言っているのか理解ができなかったが、話し合いに対する熱意は伝わった」と答えました。他のメンバーからのこうしたフィードバックを聞いてどのように感じたかA君に再び尋ねたところ「理解してもらえなかったことは残念だが、自分の熱意はわかってもらえていたのでうれしい」と答えました。

　このやりとりは「実習の後のふりかえり」という場面で、「筆者がファシリテーター」になって行われたものですが、「話し合いの最中」に、「グループのなかにいるファシリテーター」が働きかけることで、同じやりとりが行われるように促すことも可能です。このやりとりは、その場での意思決定を効率的に進めることに役立つものではありません。しかし、「グループに受け入れられていないのではないか」という考えが「グループに受け入れられている」という考えに変わることで、A君がためらわずに発言することができるようになるだけでなく、グループとしてメンバー1人ひとりが受け入れられているという感覚を後押しをするものになるといえそうです。そうすると、A君以外のメンバーもためらわずに発言ができるようになるかもしれません。

　このように、一見すると課題を進めるために役に立ちそうにもない、人の思いや関係性についてのプロセス（**メンテナンス・プロセス**）に働きかけることで、グループの関係性が発展し、さらにはタスクを進めることにもプラスに働いていくと考えられます。

21.2　グループプロセスに働きかける ファシリテーターの力を養うために

　グループプロセスに働きかけるためには、プロセスに気づき、プロセスに働きかける力を養っていくことが必要とされます。

21.2.1　プロセスに気づくために

　まず、プロセスに気づくために、**グループプロセス**に関する理解を深めること、そして、そのために、コンテントとプロセスの関係、とくにグループプロセスについて知る必要があります（8章参照）。プロセスについての知識をもつことは、プロセスがコンテントや他のプロセスに影響を与える要因を理解し、グループプロセスを効果的に促進するファシリテーションを行う前提となります。

　ただし、知識のみをもっていても、グループプロセスに働きかけることはできません。プロセスに気づけてはじめてそのプロセスへの働きかけの可能性を考えられるようになります。しかし日常の場面では、プロセスを意識して関わることは少ないのではないでしょうか。そのためグループプロセスを見る目を養うためには、日常のなかでも、意識的にコンテントから離れてプロセスを観察することを試みる必要があります。

　人と関わる場面には、例えば、家族や友人、同僚との会話、ミーティングやグループワークなどがあります。これらの場面では、人々が話し合いを進めるためにさまざまなプロセスが働いています。日常の場面では自分も関わりのメンバーの1人として話し合いに参加する必要がありますが、ときに立ち止まり、意識的に視点をコンテントからプロセスに移してみると、それまで意識に上ってこなかったさまざまなプロセスが起こっていることがわかると思います。また、あえてグループに加わらずにプロセスの観察者となるような構造的なトレーニングを行うこともできます。

21.2.2　プロセスに働きかけるために

　プロセスに気づくことの次の段階が、プロセスに働きかけることです。気づいたプロセスに対する働きかけにはさまざまな方法があります。基本的な視点としては、「誰に伝えるか」と「どのように伝える（尋ねる）か」です。詳しくは22章に解説されているので、そちらを参照してください。

　ファシリテーターが働きかけを行う際に意識する必要があることは、「今ここでグループの話し合いや関係に強く影響していると思われるプロセスをメンバーが意識し、取り組むようになる」ことです。例えば、中学生の話し合いの例を考えてみましょう。

　A君が自分の主張を熱意をもって伝えているが、他のメンバーが理解していないように見えるというプロセスに対して、A君に「あなたの発言内容は伝わっているように感じますか？」と問いかけることで、A君が別の言葉で説明をしようとするかもしれません。代わりに、メンバーに対して「A君が発言している様子を見て、どのように感じますか？」と問いかけることで、「内容は理解できないが熱意は伝わっている」というプロセスが浮かび上がるかもしれません。そのような場合、A君の伝えたいことが伝わっていないことが確認できると同時に、他のメンバーが受け入れてくれているというプロセスも机上に上らせることができます。このように、多様な働きかけの可能性を考慮することで、適切な働きかけを選ぶことができるようになります。

21.2.3　働きかけのバリエーションを増やすために

　ファシリテーターとしての働きかけのバリエーションを増やすためには、グループでの関わりのなかでプロセスを観察し、その効果を検証することを繰り返していく必要があります。

　グループプロセスの見え方は、見る人の置かれている状況や立場によってさまざまであり、ファシリテーターの見え方が唯一絶対の正解ではありません。働きかけは、グループで取り扱うべきプロセスに焦点を当てることが目的ですが、うまく焦点化ができなかったり、そもそもメンバーのなかでは重要でないプロセスに焦点を当ててしまうこともあり得ます。したがって自分の働きかけを常にふりかえり、働きかけの成否や他の働きかけの可能性を考えることが、ファシリテーターとして成長するうえで欠かせません。

　さらに、できれば話し合いのメンバーからフィードバックを受けることで、多様な視点からふりかえり、効果を検証することが可能になります。こうした継続的な取り組みによって、ファシリテーターとしての力を常に高めていくための努力が求められます。

21.3　グループプロセスに働きかけるファシリテーターに必要な態度

　本章の最後に、ファシリテーターが心得ておくべき態度について考えたいと思います。すでに述べたことですが、グループプロセスへのファシリテーションがめざしているのは、その場をうまく収め、話し合いを効率的に済ませることではありません。中長期的な視点からグループの発展や成長を促すことをめざしています。そのためには、その場で使えるスキルやテクニック以前に、備えるべき資質や態度があります。これまで述べたことと重複する部分もありますが、とくに重要だと思われるものを挙げます。

21.3.1　ファシリテーターに必要な資質

（1）オープンマインドであること

　多様なバックグラウンドや信念、個性をもつ参加者を受け入れる姿勢をもつことが重要です。それにより、新たな視点や考え方が受け入れられ、より創造的な関わりを促進することができます。

（2）コミュニケーション能力をもつこと

　参加者と円滑なコミュニケーションをとることができることを意味します。その場やメンバーに応じて適切な言葉遣いや表現を選ぶ言語的な能力も含まれます。

（3）共感的であること

　参加者の気持ちや状況に対して理解を示し、共感することが必要です。ファシリテーターは、参加者が自分たちの意見を自由に発言できる環境を作り出すことで、共感的な関係を築くことができます。

（4）民主的な関わりを重視すること

　参加者1人ひとりの尊厳を大切にし、協働的に関わる風土を作ることがファシリテーターの役目です。民主的な風土によって、メンバー1人ひとりがグループに主体的に参加し、1人ひとりの強みを生かすことができるグループを作ることができます。

21.3.2　ファシリテーターがめざすところ

　最後に、グループへのファシリテーションがめざすところに立ち戻って、ファシリテーターに必要な最も大切な態度について考えたいと思います。本章のはじめで、グループへのファシリテーションの目的は、その場を丸く収めることではなく、長期的視点に立って、メンバーもグループもともに成長していけるように支援することにあると述べました。そのために、グループでの関わりのなかで起こっているさまざまなプロセスに気づき、そのプロセスをグループで取り扱うことを促進していきます。このようなグループへの働きかけを継続することは、グループにどのような影響を与え、グループはどのように変化していくでしょうか。

　グループでの関わりのなかで起こっているプロセスに光を当て続けることで、第1に、ファシリテーターだけでなくメンバー1人ひとりがプロセスの存在を知り、それに気づくようになることが期待できます。プロセスに気づいたメンバーは、プロセスに働きかけるファシリテーターの姿をロールモデルとして、次第に自分自身もプロセスへの働きかけを試みるようになる、いい換えればメンバー1人ひとりが、グループのなかでのファシリテーターとしての能力を身につけていくようになると考えられます。

　このようにメンバー1人ひとりの**主体的参加者**としての**能力構築**（Capacity Building）が、グループへのファシリテーションの効果の1つです。

　それと同時に、第2に、メンバーによるプロセスへの働きかけが増えるにつれて、生産性や効率性を高めるうえで、その場を合理的に運営するスキルやテクニックではなく、メンバー同士の関係性に注目することの重要性にグループ全体が気づいていき、グループ全体の文化や風土が形作られていくと考えられます。つまりグループへのファシリテーションは、個人の能力構築とグループとしての変革を引き起こすものになります（Berta et al., 2015）。

　メンバーの関わりのプロセスを重視するグループの風土のなかでメンバー1人ひとりが主体的にプロセスに働きかけるようになったとしたら、ファシリテーターは何をすればよいでしょうか。もう何もすることはないかもしれません。つまり、グループへのファシリテーションの究極の目標は「ファシリテーターが不要になること」です。その姿をめざし、ファシリテーターが主導するのではなく、メンバーの主体的参加をいかに促すのか、その態度が最も重要なものであるといえます。

引用文献

Berta, W., Cranley, L., Dearing, J. W., Dogherty, E. J., Squires, J. E., & Estabrooks, C. A. (2015). Why (we think) facilitation works: Insights from organizational learning theory. *Implementation Science*, *10*, 141.

Bohart, A. C. (2013). The actualizing person. In M. Cooper, M. O'Hara, P. F. Schmid, & A. C. Bohart (Eds.), *The handbook of person-centred psychotherapy and counselling* (pp. 84-101). Palgrave Macmillan/Springer Nature.

Cottrell, L. S. (1976). The competent community. In B. H. Kaplan, R. H. Wilson, & A. H. Leighton (Eds.), *Further explorations in social psychiatry*. New York: Basic Books

Iscoe, I. (1974). Community psychology and the competent community. *American Psychologist*, *29*（8）, 607-613.

22章

グループの話し合いのファシリテーション

本章で取り上げていること

グループの話し合いのファシリテーションについて、その流れや留意点とはどんなものでしょう。

ファシリテーションとは何か、という話は、先に挙げました。ここでは、具体的に、どのような準備や、最中の働きかけがありうるか、ということについてご紹介します。

22.1 ファシリテーターの関わる領域 —— グループプロセス・コンサルテーション

ファシリテーターは、さまざまな文脈で使われる言葉ですが、本章では、グループの話し合いの最中に働きかけを行う**グループプロセス・コンサルテーション**について、紹介します。

Reddy は、「グループプロセス・コンサルテーションとは、グループが効果的にその合意による目標を達成することを支援するという目的に沿って、グループで今起こっていることやダイナミクスに対して、コンサルタントによって為される理由のある、そして意図的な介入である」と定義しています（Reddy, 1994）。

これは、別の言葉でいい換えるならば、グループプロセス・コンサルテーションを行うファシリテーターのなすことは、「グループが自分たちで決めていくことを助ける：健全に葛藤に向き合えるように支援する」ということもできるでしょう。

22.2 ファシリテーターが扱う領域 —— タスク・プロセスとメンテナンス・プロセス

ファシリテーターとしてグループに関わるときに必要となる視点はどのようなものでしょうか。グループの関わりのなかで起こってくることには、何に取り組んでいるかという**コンテント**とともに、関係のなかで起こってくる**プロセス**という側面があります。

プロセスにも、**タスク・プロセス**と**メンテナンス・プロセス**という2側面の機能から分けて考えるとらえ方があります（8、20、21章参照）。

Reddy は、関係のなかで起こってくるプロセスについて、人と課題との関係で起こってくることを指すタスク・プロセスと、人と人との間で起こってくるメンテナンス・プロセスとを分けてとらえています。関係のなかで起こってくることを、つぶさに見ていき、そこに関わるファシリテーターが、こうした視点をもっていることは、効果的な働きかけを行うという意味においても、大切なことだといえるでしょう。

22.2.1 コンテントとプロセス

Reddyは、コンテントとプロセスについて次のように紹介しています。

> ①コンテント：達成すべき仕事であり、生産物であり、議論の要素であり、行ったサービス。コンテントとは"what"、すなわち主題、解決すべき問題、なされるべき決定、ゴール、目的など。
> ②プロセスあるいは"how"：アプローチや手続き、ルール、グループ・ダイナミックス、相互作用のスタイルを含む。コンテントは言葉、プロセスは音楽とみなすことができる。

22.2.2 タスクとメンテナンスのプロセスへの働きかけ

グループプロセス・コンサルテーションが働きかけていくのは、タスクとメンテナンスのプロセスです。グループは効果性を発揮しているだろうか、メンバーは今自分たちがやっていることに満足しているか、またはそれをどのようにしているか、などです。

①タスク・プロセス：グループの活動が達成されることに「どのように」焦点を当てるかということであり、議題の設定、時間の枠組みの調整、アイディアを生成する方法、意思決定のテクニック、問題解決のステップ、合意の確認を含む。

②メンテナンス・プロセス：グループの心理社会的なニーズを満たしたり、相互の対人関係を満足のいくように発達させたりすることに焦点が当てられる。メンテナンス・プロセスは、メンバーシップを含んでいる。すなわち、内容や参加に関する問題、影響のレベル、支配的なメンバーや受け身なメンバーといった問題のあるメンバーや機能していない行動への対処、そしてリスクテイキングをする規範などである。

ただ、これらの区分は、機能的な区分であり、1つの言動が、タスク・プロセスに関することでありつつ、メンテナンス・プロセスでもあるというようなこともあります。ここでは、グループのなかで起こってくることが、さまざまなレイヤーとしてとらえられるということを想定してもらえたらと思います。

ファシリテーターは、この2つの側面を理解し、必要に応じて働きかけを行っていく必要があります。また同時に、働きかけが、グループや個人にどのような影響を与えたかという面についても、しっかりと**モニター**しておくことも大切となります。

22.3 グループへのエントリー

22.3.1 どういう立場で関わるか

グループにファシリテーターとして関わるのであれば、どのような立場でどのように関わるのか、また、どのような働きかけを行うのか、メンバーに明示しておくことも大事です。

下に挙げたように、プロセスに対する働きかけも行っていくにあたり、参加者がファシリテーターの動きについて、了解をしておくことも重要です。具体的には、関わる目的、働きかけの内容、深さなどについてです。

22.3.2 グループの話し合いに向かうにあたって関係者を招く

どういった人たちが、何のために集まるのか。話し合いに必要な人は誰か、ということをできるだけ明確にして、話し合いの場へ招きます。

(1) アジェンダの設定

話し合いで何か成果が求められているのであれば、それはどのように成し遂げられるのか、また、**話し合う議題**（アジェンダ）には、どのようなものがあるのかを探ります。

(2) 場づくり

ファシリテーターとして、場に臨む時に、安心安全の場づくりを心がけることも大事でしょう。それは、グラウンドルールとして、大切にしたいことを明示することで可能となることもありますし、それだけではなく、ファシリテーターの言動や態度によって、成し遂げられることもあるでしょう。参加者1人ひとりに敬意を払いながら、場に臨むことも大切になります。

(3) グラウンドルール

グラウンドルールは、率直に話すことが大事であること、意見や考え方の違いは前提や枠組みをふりかえる貴重な機会であり、必要以上に恐れる必要はないこと、ただし、今は話したくないことがあれば、無理に話す必要はないし、そうした態度は相互に尊重する必要があることなどを伝えたりすることがあります。また、安全が脅かされると考えられる言動があれば、それを律していくことも場合によってはあるでしょう。

(4) 時　間

全体の時間にも考慮し、扱う内容に十分な時間があるのか、どのような時間配分がよいかにも目を配る必要があるでしょう。

22.4　話し合いにおけるファシリテーターの視点と働きかけ

話し合いの始まりから終わりまでの間に、タスク・プロセスとメンテナンス・プロセスの領域において、注意を向けておく視点、また、それらについて扱うファシリテーターの働きかけについて、Reddyは次のような図（図22-1）で示しています。これを見ていくと、タスク・プロセスとメンテナンス・プロセスの両方に意識を向けなが

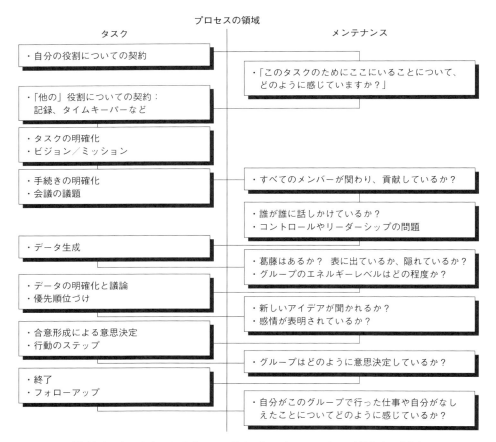

図22-1　タスクとメンテナンスの流れ（ファシリテーターが留意する事柄）

ら、場を支えていることがわかります。

また、Reddyは自身の経験から、グループで話し合われている事柄全体を100%とした場合、コンテントについて70%、タスク・プロセスについて15%、メンテナンス・プロセスについて15%というバランスがよいことも紹介しています（図22-2）[注1]。

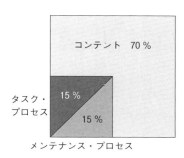

図22-2　コンテント／タスク・プロセス／メンテナンス・プロセスへの焦点づけのバランス

これらの視点は、ファシリテーターが働きかけを考える際にも有効となる枠組みと考えられます。

22.5　介入のタイプ――働きかけのマトリックス

ファシリテーターは、グループのメンバーが、グループで起こっているプロセスに気づき、それをよくしていくことを支援します。そのために、さまざまな気づきを伝えたり、働きかけを行ったりすることで関わります（表22-1）。

ここで大事になってくるのは、メンバーが自分たちのプロセスに気づき、それを変化させる必要があると考えれば変えられるようなきっかけづくりをするということです。

表22-1　働きかけのマトリックス（Reddy, 1994を参考に作成）

	引き出し的	提案的	行動記述的	受容共感的	感情焦点的	解釈的
個人	○○さんは今どんなことを感じていますか？	○○さんが今考えていることを言ってみては？	○○さんは自分の意見を言わないで、他のメンバーに尋ねることが多いですね。	○○さんは、△△と感じているのですね。	○○さんの表情はちょっと緊張しているみたいで、不安そうです。	○○さんが意見を言わないのは、自分の意見が否定される恐れがあるからかも。
対人間	○○さんと△△さんの間のやりとりは今、どうなっていますか？	2人の今のやりとりでお互いに言いたいことが伝わっているかどうか、確認してみては？	○○さんが意見を言った後、△△さんが反対意見を言うことがこれまで何度かありました。	○○さんと△△さんは、このことについて決定することで話を前へ進めようとされているのですね。	○○さんは、△△さんから言われたひと言がショックだったのでは？	○○さんと△△さんがお互いに意見をぶつけ合っているのは、まるでどちらが優れているかを競っているようです。
グループ	グループの中で今、どんなことが起こっているのでしょうか？	この点についてグループでアイディアをいろいろと出してみてはいかがでしょう？	このグループでは、誰かが意見を言うと、「確かに」とみんなが言ってから間ができることがありますね。	今、このグループは、方向性に悩みつつ、お互いに理解を深めようと大事な時間を過ごしているのですね。	グループは沈黙の間、緊張して不安な感じがします。	グループは私（ファシリテーター）に頼っていて、自らチャレンジするのではなく、私に依存しているように思えます。

※「提案的」〜「解釈的」は、最後に「？」を付けて尋ねることで閉ざされた質問にすることが可能。
※Reddyは、「認知的」「アクティビティ・スキル」「行動記述的」「感情反射的」「解釈的」の5つの分類をしている。
※「受容共感的」は、土屋・中村（2020）により追加。

22.6　グループ・ダイナミックスに気づく10の手がかり

グループで起こっているグループプロセス、相互作用、**グループ・ダイナミックス**に目を向けて、意図をもって働きかけていくことが求められますが、どのようにそうしたプロセスに気づくことができるでしょうか。Reddyは、下記の10の視点を挙げています。これらは、グループプロセスの**氷山図**に挙げられている事柄（8章参照）について考えていくときにも助けとなるでしょう。

① ゴールの明確さ：メンバーはグループのゴールやミッションに合意しているか、ゴールやミッションは全員にとって明らかになっているか。

② ゴールの方向性：過度なコントロール下にあって構造化されているか、もしくは、ゴールがない状態か。構造と開放性のバランスはとれているか。

③ トーン：メンバー同士のやりとりは知的なものか、感情的なものか。

④ エネルギー：抑制的か、もしくは、熱狂的か。適度に刺激的な状態をもっているか。

⑤ 身体的姿勢：メンバーが腕を組んでいるような閉ざしたものか、もしくは、くつろいでいる状態か。

⑥ 緊張：わずかなプレッシャーによってバラバラになってしまうと感じられるほど不安定な感じか、もしくは、言葉による表現に長けていて大げさに感情を表すような状態か。

⑦ 流れ：とぎれとぎれか、もしくは、きっちりと進み逸脱するすきまがないか。

⑧ タスクとメインテナンスのバランス：タスク・プロセスとメンテナンス・プロセスの間での焦点化が適切か。

⑨ ユーモアの活用：ユーモアがまったくないか、もしくは、混乱を招くほど多いか。

⑩ 介入に対するグループの反応：ファシリテーターの介入に対して無視・拒否か、もしくは、議論なしに受容か。

これらを見ていくとわかるように、何について話しているか、ということだけではなく、メンバー同士の関わり、また、ファシリテーターの関わりに対する反応を含めた、全体のプロセスを扱っていくことがわかるでしょう。

22.7 ファシリテーターが意味のあるインパクトをもたらすために

ここでは上のような見出しをつけましたが、それはファシリテーターが真にグループに対して支援的であり、協働関係を作るからにほかなりません。ここでは2つの観点についてご紹介します。

22.7.1 ジョイニングの発想

第1は、グループとファシリテーターの協働関係の作り方についてのジョイニングという発想です。ジョイニングは、家族療法の考え方の1つで、グループのリズムや規範を読み、そこに合わせて入っていく（join）ことを指します。グループの歴史にもリスペクトをもつとともに、ファシリテーターの働きかけがグループで受け取ってもらえるような関係を作っておくことも大事になります（中野・吉川，2017）。

ジョイニングとは、グループの規範に迎合するということではありません。ファシリテーターだから与えられる視点、枠組みがあるということも自覚し（たとえば、タスク・プロセス、メンテナンス・プロセスについて話し合いのなかで扱うことの意味を理解し、気づきを伝えていく）、グループに入っていくことも大事になります。

22.7.2 バウンダリーの上に立つ

第2は、グループのバウンダリー（**境界**）とファシリテーターの立ち位置についてのことです。5章で、グループの関わりをシステムとしてとらえる考え方を紹介しました。ファシリテーターは、コンテントに関する決定権をもたない、という点ではメンバーではありませんが、グループが機能していく（とくにプロセスの面で）ことにおいては、無関係ではありません。メンバーからどう見えるかということも意識しつつ、自分の関わり自体も俯瞰的に見ていくことが大切です。

グループのなかに入りすぎず、また、外にいるのではなく、バウンダリーの上に立つというイメージも有効かもしれません。俯瞰視点ももちつつ、グループに愛をもち、働きかけを行っていくことも大事になってきます。

注
1 ただし、グループの進行状況によって、これらの比率が変化していくことも紹介しています。

引用文献

中野真也・吉川悟（2017）．システムズアプローチ入門——人間関係を扱うアプローチのコミュニケーションの読み解き方—— ナカニシヤ出版

Reddy, W. B. (1994). *Intervention skills: Process consultation for small groups and teams.* Jossey-Bass/Pfeiffer.（津村俊充（監訳）林芳孝・岸田美穂・岡田衣津子（訳）(2013)．インターベンション・スキルズ——チームが動く，人が育つ，介入の理論と実践—— 金子書房）

23章

長期的なグループの発達・成長をめざして

本章で取り上げていること

会議をファシリテーターとして支援することになったとします。この場合に、1回の会議のなかで課題が達成されることをめざしますか？　それとも、グループが長期的に継続することを想定して、グループが自分たちで効果的で健全な話し合いができるように、グループの発達を促進することをめざしますか？

本章では、グループの発達・成長にファシリテーションがどう関わっていくかについて、取り上げます。

23.1　課題達成の促進とグループの発達の促進

中村（2021）は、ファシリテーターが促進をめざす3つの側面として、**タスク、リレーション、ラーニング**を挙げています。ある会議で課題が達成されることをめざすファシリテーターは、タスクの促進をしようとしているといえます。一方で、長期的なグループの発達をめざす際には、リレーションやラーニングの促進も必要とされます。グループの発達をめざすためには、20章で説明したように、タスク・プロセスだけではなく、メンテナンス・プロセスに対する働きかけも必要となってくるのです。

グループがどのように発達・成長していくのかを示したモデルはいくつか存在しています（例：Tuckman, 1965；Gibb, 1964 など）。この第V部で取り扱っている、グループでの話し合いについて発達・成長した状態とは、20章ですでに述べたように、グループが自分たちで効果的で健全な話し合いができ、話し合いのプロセスを自分たちでよりよくしていくことができる、**自己革新力**が高まった状態だと考えられます。

ファシリテーターが外部者である場合、ファシリテーターによる働きかけによって話し合いがうまくいっている場合は、ファシリテーター依存が起こっていて、ファシリテーターがいなくなると効果的で健全な話し合いができません。この状態は、グループが自分たちで効果的で健全な話し合いができる力が養われていないことになります。ファシリテーターが外部者である場合を例として取り上げてきましたが、マネジャーがファシリテーターをする場合も同じことがいえます。グループの内部者であるマネジャーが、話し合いをうまく進めることによって課題が達成できた場合、そのマネジャーがいないとき、または、異動によりマネジャーが代わったとき、そのグループは効果的に話し合うことができません。

グループの発達をめざすなら、メンバーの力が最大限に発揮され、メンバー全員がファシリテーター的な機能を発揮できるようになることに向けて、マネジャーとして働きかけていく必要があり

ます。マネジャーが話し合いを先導していくのか、メンバーの力が最大限に発揮されるように働きかけていくのか、という姿勢の違いです。

23.2 先導型と伴走型のファシリテーション

20章の図 20-2 ですでに紹介しましたが、話し合いのファシリテーションには、**先導型ファシリテーション**から**伴走型ファシリテーション**までの幅があります。伴走型ファシリテーションの考え方や姿勢は、Schein（1999）による「プロセス・コンサルテーション」や Reddy（1994）による「グループプロセス・コンサルテーション」と共通しています。以下では、先導型と伴走型を対比させながら、その違いを説明していきます（**表23-1**）。

表23-1　先導型と伴走型のファシリテーションの対比

	先導型ファシリテーション	伴走型ファシリテーション
目的（何を促進するのか）	課題を達成すること	グループが自分たちで効果的で健全な話し合いをできるようになること
立場	内部者	主に外部者（内部者でも可能）
コンテントへの関与	時にする	しない
働きかけ方	提案による働きかけが多くなる　タスク・プロセスに働きかける（いわゆる「司会進行」に近い）	メンバーがプロセスに気づき、働きかけることを促進　メンテナンス・プロセスにも働きかける
ファシリテーター以外の進行の有無	なし	あり（グループのメンバーが進行役をすることがある）
メンバーへの期待	プロセスはファシリテーターが担って、メンバーはコンテントに集中して意見を出す	メンバーはコンテントおよびプロセスの両方に目を向け、全員で話し合いをよくしていく

23.2.1 先導型ファシリテーション

ちまたでは、ファシリテーターと司会進行が同じ意味で用いられていることも多いですが、進行を推進するファシリテーターは先導型に該当します。いわゆる、「仕切る」ファシリテーターであり、話し合いの時間のなかで課題達成や合意形成をめざして、手順や話す内容を提案していきます。先導型ファシリテーターが進行や時間管理、記録（ホワイトボードなどに話し合いを可視化していくこと）を1人で担います。

23.2.2 伴走型ファシリテーション

一方の**伴走型ファシリテーション**では、メンバーが進行、時間管理、記録を担い、**シェアード・リーダーシップ**をめざします。メンバーは、コンテントだけではなく、プロセスにも目を向け、働きかけることが推奨されます。その理想的な状態は、メンバー全員がファシリテーター的な機能を発揮できるようになること、すなわち、メンバー全員が**コンテント、タスク・プロセス、メンテナンス・プロセス**に目を向け、プロセスに働きかけるようになることです。

老子による「授人以魚　不如授人以漁」という格言があります。魚を与えるのではなく、魚の釣り方を授けるという意味です。話し合いがうまくいかないために課題達成や合意形成ができない状態のときに、課題達成や合意形成をファシリテーターがもたらすのか（＝先導型）、効果的で健全な話し合いができるようになる力を授けていき、その結果、自分たちで課題達成や合意形成ができるようになるのか（＝伴走型）、という支援のありようの違いがあるのです。

ちなみに、グループで効果的で健全な話し合いができる力が養われ、グループが発達するためには時間がかかります。そのため、グループが効果的で健全な話し合いができるようになることをめざして、何回かの話し合いに同席し支援を行うという心理的契約のもとで、伴走型ファシリテーションが可能になります。

23.3 組織開発というアプローチ

これまで、グループの発達・成長をファシリテーターが促進する、伴走型ファシリテーション

について検討してきました。ちなみに、継続的に活動するグループは**チーム**に位置づけられ、チームの発達を促進する取り組みは「**チーム・ビルディング**」とよばれています。さらに、複数のグループやチームから構成される、より大きなシステムが**組織**です。グループやチーム、組織の発達（development）を促進する理論や実践が探究されている領域は、**組織開発**（OD: organization development）とよばれています。

組織開発とは、「組織の健全さ、効果性、自己革新力を高めるために、組織を理解し、発展させ、変革していく、計画的で協働的な過程」（Warrick, 2005；中村 2015, p. 81）と定義されています。前述したチーム・ビルディングや、この第Ⅴ部が取り扱っているファシリテーション自体も、組織開発の文脈で発展してきました。伴走型ファシリテーションの理論的背景である、「**プロセス・コンサルテーション**」（Schein, 1999）も組織開発における中核的な考え方です。

グループの発達をファシリテーターが促進しようとする際には、会議やミーティングのなかでの働きかけだけではなく、会議以外の場で現状をよくしていくための対話を行う必要があります。その考え方や手法の体系が組織開発なのです。グループの発達についてさらに学びたい方は、組織開発を探究してみることをお勧めします。

引用文献

Gibb, J. R. (1964). Climate for trust formation. In L. P. Bradford, J. R. Gibb, & K. D. Benne (Eds.), *T-group theory and laboratory method* (pp. 279-309). John Wiley & Sons.（柳原光（訳）(1971)．信頼関係形成のための風土　三隅二不二（監訳）感受性訓練――Ｔグループの理論と方法――（pp. 367-408）　日本生産性本部）

中村和彦 (2015)．入門 組織開発――活き活きと働ける職場をつくる――　光文社

中村和彦 (2021)．ファシリテーション概念の整理および歴史的変遷と今後の課題　井上義和・牧野智和（編）ファシリテーションとは何か――コミュニケーション幻想を超えて――（pp. 93-121）　ナカニシヤ出版

Ready, W. B. (1994). *Intervention skills: Process consultation for small groups and teams.* Jossey-Bass/Pfeiffer.（津村俊充（監訳）林芳孝・岸田美穂・岡田衣津子（訳）インターベンション・スキルズ――チームが動く，人が育つ，介入の理論と実践――　金子書房）

Schein, E. H. (1999). *Process consultation revisited: Building the helping relationship.* Addison-Wesley.（稲葉元吉・尾川丈一（訳）(2002)．プロセス・コンサルテーション――援助関係を築くこと――　白桃書房）

Tuckman, B. W. (1965). Developmental sequence in small groups. *Psychological Bulletin, 63,* 384-399.

Warrick, D. D. (2005). Organization development from the view of the experts: Summary results. In W. J. Rothwell & R. Sullivan (Eds.), *Practicing organization development: A guide for consultants* (2nd ed.) (pp. 164-187). Pfeiffer.

ラボラトリー方式の体験学習の設計と実践

　　ラボラトリー方式の体験学習では、人と人との関わりのなかで起こるプロセスに目を向けて学びを進めていきます。人と人との関わりは誰もが日常的に体験しており、そこでもプロセスは起こっています。しかし、日常の関わり体験のなかで時間をとってプロセスに注目し、そこに関わる人同士でともに学ぶことは容易ではありません。そのためラボラトリー方式の体験学習では、「特別に設計された人と人とがかかわる場」（津村，2019，p. 140）、すなわち体験学習のプログラムを作ることで、体験を通して学ぶという目的の達成を促進します。

　　第Ⅵ部では、そのプログラムをどう作り、どう実践していくかということについて取り上げます。

24章

体験学習プログラム設計の6段階

本章で取り上げていること

プログラムを作成する指針やガイドラインとして、さまざまなものが提案されています。本章では、津村とWandersmanの考えにもとづいて、体験学習プログラムに限らず、包括的にプログラムを設計する段階について説明します。

24.1 プログラム設計のステップ

津村（2019）は、**体験学習プログラム設計のための6つのステップを提案しています**。ほかにもWandersman（2015）は、10個の質問に順番に答えることでプログラムの計画から実施、評価までを包括的に設計できる、"Getting to Outcomes™"[注1]というガイドラインを作成しています。

表24-1を見ると、津村（2019）のステップとGetting to Outcomes の質問は対照させることができ、Getting to Outcomes は津村のステップを詳細に補完する関係にあることがわかります。

ここでは津村（2019）の6つのステップを基本にしつつ、Getting to Outcomes を参照しながら、体験学習プログラムを設計する手順について概観していきます。なお、プログラムを実施する前段階にあたるステップ1から4については25章で、ステップ5の実施は26章で、ステップ6の評価は27章で、より詳しく論じています。

表24-1 津村のステップと Wandersman の質問の比較

津村（2019）	Wandersman（2015）"Getting to Outcomes"
ステップ1：プログラム設計計に向けての準備	l 自分のスキル、知識、経験の査定 l ファシリテーターチーム作り
ステップ2：学習者の理解（ニーズ調査）	l 対処すべき優先的な問題は何か？
ステップ3：学習目標と成果の設定	l 具体的な対象者、目標、および具体的な成果は何か？
ステップ4：プログラム設計・立案	l 目標を達成するために使用できる実践例は何か？ l 選択したプログラムが文脈に適合するようにするには、どのような措置が必要か？ l プログラムを実施するためのキャパシティをするためにどのようなことが必要か？
ステップ5：プログラムの実施	l プログラムの実施および評価するための計画は何か？
ステップ6：プログラム実施後の評価	l プログラムは計画通りに実施できたか？ l プログラムはどの程度効果的だったか？ l 継続的な品質改善をどのように行うか？ l プログラムをどのように継続するか？

24.2 ステップ1：プログラム設計に向けての準備

このステップは、プログラムを設計する前の段階に相当します。Getting to Outcomes では 10 個の質問には含まれておらず、事前準備に位置づけられています。この段階では、**ファシリテーター**が自分自身のスキル、知識、経験を正確に査定し、自分がどのように貢献できるかを考えます。

体験学習プログラムでは、複数のファシリテーターが協力しながら進めることも多いため、**ファシリテーターチーム**を結成することも必要です。ファシリテーター同士がお互いの得意不得意や特徴、体験学習における学習観やファシリテーター観を確認し、共有することで、プログラムの設計においてより効果的に役割分担することができます。これにより、ファシリテーターチーム全体のパフォーマンスを向上させることができます。

ファシリテーターチームは、プログラムの成功に不可欠な役割を担っています。そのため、チームメンバー同士の信頼関係を築くことも重要です。**ファシリテーター間の信頼関係**は、ファシリテーターチームの協力関係を強化するだけでなく、プログラム参加者との関係を築くためにも重要です。ファシリテーターが互いに信頼し協力し合う姿を見ることで、プログラム参加者がファシリテーターを信頼することができ、プログラム参加者はより積極的にプログラムに参加し、より深い学びを得ることができるようになります。

24.3 ステップ2：学習者の理解（ニーズ調査）

プログラムの設計段階に入ります。ここでは、想定される学習者を考慮し、優先的に取り組むべき課題（**ニーズ**）を考えていきます。学習者のニーズは、初心者か経験豊富な人か、中高生か会社員かなど、さまざまな要因によって異なります。

例えば、中高生の場合に友人関係の構築がテーマになる場合があります。会社員の場合は創造的な会議の進行に焦点を当てることが必要かもしれません。そのため、学習者のニーズに合わせた対処が必要です。ニーズによって体験学習の目的や目標、選択すべき実習課題やふりかえりを通して注目したいポイントが変わってきます。

24.4 ステップ3：学習目標と成果の設定

体験学習プログラムでは、プログラムの目標や成果を明確にすることが非常に重要です。ここではより具体的な学習者の像やニーズにもとづいて、詳細な目標や成果を決定していきます。

学習目標には次の3段階の階層構造をイメージする必要があります。

①**ビジョン**（最終的にこうなりたいと思い描く理想の将来像）
②**ゴール**（ビジョンを実現する過程でめざしたい長期的な目標で、プログラム全体として達成をめざすもの）
③**ねらい**（この時間／実習を通して達成したい目標）

複数回のプログラムを継続的に実施するような場合は、プログラム終了後に日常のなかで学習者がどのような人との関わりを実現しているか（ビジョン）を想定しながら、全プログラムを終了したときに達成していたいゴールを設定し、そのゴールに到達するためにこの時間／実習を通して達成したい目標を段階的に考えることが大切です。

このように、プログラムの目標や成果を明確にすることで、学習者たちは自分たちが何をめざしているのかを把握し、より意欲的にプログラムに取り組むことができます。プログラムの目標や成果は、そのままプログラムの成否を査定する**プログラム評価の視点**にもなるため、できるだけ具体的に設定することが肝要です。

24.5 ステップ4：プログラム設計・立案

プログラム設計のステップ4では、目標を達成するために実施するプログラムの内容を考えま

す。**実習集**が出版されている場合はそれを利用することもできますが、そのまま使用することができるとは限りません。選択したプログラムが文脈に適合するようにするためには、どのような措置が必要かを考える必要があります。

例えば、対象者の年齢が低い場合には実習時間を長くしたり、選択肢の数を調整したりする必要があります。

また、**ふりかえり用紙**は、学習者のポテンシャル（プロセスを言葉によって表現する力があるか）や、**ねらいに沿った項目**になっているかどうかを考慮して、独自に作成することもあります。

さらに、プログラムを実施するためのキャパシティを準備するために必要なことを検討する必要があります。キャパシティには、ファシリテーターの資質などの**人的キャパシティ**、教材や場所などの**物理的キャパシティ**、参加者同士の**関係性のキャパシティ**などがあります。ファシリテーターのキャパシティに応じて役割分担をすることで、プログラムの成功につなげることができます。物理的キャパシティについては、教材を準備できるか、実習に必要な場所を確保できるかなどを検討する必要があります。関係性のキャパシティによって、実習を行うグループの作成方法やグループの大きさなどを考慮する必要があります。これらの検討事項を総合して、プログラムの計画を詳細に決定していきます。

24.6 ステップ5：プログラムの実施

プログラムは、事前の計画通りに進めるのが基本ですが、実際には途中で変更が必要になることがあります。例えば、グループ作りや移動に予想以上に時間を要したり、ふりかえりの時間が長くなったりすることがあるでしょう。そうした場合、プログラムの基本設計が損なわれず、進行に影響を与えないような変更であれば、その場で対処することもできます。しかし、そのような変更が必要になった場合には、何を、何のために、どのように変更したのかを**記録**しておくことが必要です。この記録は、後にプログラムを評価する際

に重要な情報源となります。

プログラムの評価は、目標の達成の有無だけでなく、プログラムの実行過程に関する情報を収集して行われます。そのため、現場での変更についても、何が原因で変更が必要になったのか、どのような変更が行われたのか、そして変更がプログラムの評価にどのような影響を与えたのかを記録しておくことが重要です。

24.7 ステップ6：プログラム実施後の評価

プログラムの後の評価も重要なステップの1つです。プログラム評価には、**アウトカム評価**と**プロセス評価**の2つの視点があります。アウトカム評価は、目標やねらいが達成できたかどうかを評価することで、プログラムの成果について把握できます。一方で、プロセス評価は、計画どおりにプログラムが実施されたかどうかや、実施中に起こった事象などを評価することで、プログラムの実施状況について把握することができます。

プログラム評価の結果は、プログラム計画の改善や発展に役立ちます。アウトカム評価の結果が良好であった場合でも、プロセス評価を参照してプログラムの改善を検討することが重要です。

プログラムの実施状況について詳細に把握し、課題や問題点を把握することで、より効果的なプログラムの実施や、新たな目標の設定につながることが期待されます。また、プログラム実施中に起こった事象や参加者の感想などを記録しておくことも重要であり、プログラム評価の際には貴重な情報源となります。

注
1 「Getting to Outcomes」はサウスカロライナ大学と RAND の共同所有商標です。

引用文献
津村俊充（2019）．プロセス・エデュケーション──学びを支援するファシリテーションの理論と実際（改訂新版）── 金子書房
Wandersman, A.（2015）. Getting To Outcomes™: An empowerment evaluation approach for capacity building and accountability. In D. M. Fetterman, S. J. Kaftarian, & A. Wandersman (Eds.), *Empowerment evaluation* (2nd ed.) (pp. 150-164). Sage.

25章

設計する

本章で取り上げていること

ラボラトリー方式の体験学習には、その営みを支える考え方（体験学習のフィロソフィー）があります。それをふまえ、ファシリテーターは、ラボラトリー方式の体験学習を実践するために、事前にさまざまな準備をします。本章では、24章に示されたプログラム設計6段階のステップ1〜4について、その詳細と、ファシリテーターたちが大切にしていることを紹介していきます。

25.1 プログラム設計の土台となるもの

　星野（2007）は、**体験学習のフィロソフィー**として、次のことを示しています。

> ①個の尊厳（人はそれぞれが独自の、主体性をもった存在であり、学ぶ主体は学習者自身である）
> ②非操作（ラボラトリー方式の体験学習ファシリテーターは、教える人ではなく、学習の場を提供する人）
> ③共存在（学習の場にいるすべての人が平等に、ともにあり、学びを援助し合える）

　プログラムを設計する際、これらをしっかりと心に留めておくことが、あくまでも参加者を中心に据えた豊かな学びの場をつくることにつながっていくでしょう。

　プログラム設計のキーワードは"**わくわく感**"です。ファシリテーターは、参加者たちがわくわくしながら自分自身やメンバー・グループ全体の成長をめざし、ラボラトリーでさまざまな試みが生まれることを願いながら、実践に向けた準備をします。この、メンバー同士の豊かな関わりや笑顔をイメージしながら取り組む過程は、ファシリテーターにとってもわくわくする時間となります。

　なお、以下にご紹介する内容は、必ずしもこの順序どおりではなく、常に行きつ戻りつを繰り返し、進んでいきます。マニュアルのように明確な手順化が難しい営みであることを頭の片隅に置きながら、ご一読ください。

25.2 ステップ1：プログラム設計に向けての準備

25.2.1 自分についてのチェック

　ファシリテーターは、まず、自分が1人の人間として、どのような自分であるのかを知っておくことが大切です。そのための視点として、スキル、知識、経験、認知の傾向や価値観などを挙げ

ることができそうです。

(1) スキル

　ラボラトリー方式の体験学習は、1章にあるように、コンテントと同時に**プロセス**からも学ぶことを大切にしていきます。そのため、ファシリテーターにもプロセスをとらえる力が必須となります。また、この学び方の特徴である**体験学習の探究サイクル**を回しながら、個人やグループ全体の学びを深めていくスキルも必要となります。

　このようなスキルを身につけていくためには、自分自身もできるだけ多様な背景をもった人とラボラトリー方式の体験学習を体験していること、また、ファシリテーターのトレーニングプログラムなどに参加し、学び続けることがたいへん役立ちます。そのような体験を重ねるなかで、たとえば、「自分はプロセスのどのような側面に目が向きやすいのか」「どのようなプロセスに働きかけることが得意なのか」ということや、「体験学習の探究サイクルのうち、どのステップをとくに好んで取り組む傾向にあるのか」などに気づき、自分の特徴を理解しながら、ファシリテーターとしても少しずつ成長していくように感じます。

　さらに、1章の**図1-4**に示されているように、ラボラトリー方式の体験学習という学び方は、さまざまな学習内容と組み合わせることができます。そのため、それぞれの専門領域におけるスキルも、学びを促進するうえで大きな力となります。たとえば、臨床心理学を専門とする人がもっている傾聴のスキルは、参加者へ傾聴に関する知識や学びを提供するうえでも、ラボラトリーのなかで学ぶ参加者の言葉を聴きサポートするうえでも、有効なスキルとなります。ラボラトリー方式の体験学習という学び方を通して、自分の専門領域に関する学びも提供できる、二刀流のファシリテーターといえるかもしれません。

(2) 知　識

　ラボラトリー方式の体験学習に関する知識のなかでも、とくに、この学びの根底にある**人間観**や**教育観**を深く理解していることは重要だと感じます。お互いを観る眼差しや、ともにいる姿勢に、

きっと大きな影響を与えてくれることでしょう。また、ラボラトリー方式の体験学習という学び方を通して、どのように人間関係を学んでいく可能性があるのかを十分に理解していなければ、この実践はただのゲームになってしまう可能性がありますし、もしお互いを傷つけ合うような関わりが起きていても、気づくことができないかもしれません。多様なニーズをもつ参加者に対して、適切な課題を選んで提供し、"今ここ"のプロセスへ臨機応変に働きかけていくためには、実習やファシリテーションの手法に関する知識も不可欠となります。

　さらに、ラボラトリー方式の体験学習で得られた気づきや学びは、日常のなかで活用することに大きな意味があります。そのため、参加者たちがラボラトリーで体験したことや気づきを日常の場面とつなぐための知識も大切になってきます。たとえば参加者が、グループのなかでメンバーが発揮したリーダーシップについての気づきを伝えてくれたとき、研究で見出されている知見を提供することによって、参加者が自分の体験を理論的に整理したり、所属組織で起きているリーダーシップのありようを考えたりすることに役立つかもしれません。変化の激しい日々を生きる参加者たちの学びを支えるために、ファシリテーターは、人との関わりを理解するための知見を広げ、日々アップデートし続けることが大切です。

(3) 経　験

　どのようなことにも共通するのでしょうが、ラボラトリー方式の体験学習の実践も、経験を重ねることが大切だと感じます。人と人との関わりは、相手が変わればさまざまに変化しますから、ファシリテーターも多様な人との実践経験を重ねるほど、豊かな学びの場を提供できるようになっていきます。ともに学んだ仲間たちからのフィードバックも含め、これまでの自分の経験を多面的に把握していると、無理をすることなく、自身をよりよく活かすプログラムを考えていくこともできるでしょう。もし、実践したいプログラムを自分1人で実施するのが難しいと判断できれば、他のファシリテーターへ援助を求めることもできま

す。

このためファシリテーターは、さまざまな経験を重ね、体験を通して学び続けることが不可欠です。

筆者のこれまでの体験をふりかえると、ラボラトリー方式の体験学習というのは、"**ともにあること（WITH-ness）**"（星野，2005　本書7.5節参照）の探究をし続けることだとしみじみ感じます。ラボラトリーでは、そこで出会う1人ひとりのその人らしさを知り、お互いの違いをリアルに実感しつつも大切にしながら、ともにあることをめざし、さまざまなあり方や関わりを試みていきます。これは、参加者だけでなく、ファシリテーターも取り組み続けることになります。個性ある"**すべての人**"と"**ともに**"あり続けることは本当に難しいことですが、常にそれを探究し、味わい続けるのが仕事の1つといえます。そのため、人としての成長にチャレンジし続けるという自分の意思と行動を、折々に確認してみることが必要になるでしょう。

（4）認知の傾向や価値観

ファシリテーターが、自分自身のもののとらえ方や大切にしていることを理解することはとても重要だと感じます。これはまず、参加者のニーズを本当に大切にできているのか、自分の好みや関心に偏りすぎていないかを確認するために、たいへん役立ちます。また、同じコンテントを体験しても、それに対する観方やとらえ方は人によって本当にさまざまです。関わりのなかに立ち現れてくる、1人ひとりの認知傾向や価値観の違いに気づくことこそが、ラボラトリー方式の体験学習で大切にされていることの1つです。そのため、ラボラトリーのなかでは、ファシリテーター自身が自分のとらえ方や価値観を大切にしながらも、他のメンバーとの違いに気づき、すべてを尊重していくことが必須となります。

実践のなかでは、ときに、とても強い感情を感じることや、どうしても許せないと思う言動に出会うこともあるでしょう。そのような場合でも、自分の認知の傾向や価値観を把握しておくことによって、その感情にふりまわされることなく、「どのような違いからこのプロセスが生まれてい

るだろうか？」と、相手に関心を向けながら、ともにいるための探究を始められると感じます。

そして、メンバーと関わるなかでは、常に1人ひとりのもつよさや強みに関心をもち、探究し、光を当て続ける意識が大切です。私たちは物心ついたときから、自分たちの不十分な点に目を向け、反省し、悪いところを直すというサイクルを徹底的にトレーニングしてきています。しかし、このような人の見方やとらえ方を続けることで、私たちのなかにある変化・成長へのエネルギーが高まりにくくなっているのも事実ではないでしょうか。参加者たちが、1人ひとりの、そしてグループのなかにあるよさや強みに関心を向けられるようになると、お互いの関わりは大きく変わります。まずはファシリテーターが、1人ひとりのもつよさや強みを見つけ、その価値を認め、讃えることが、学びの場に生まれるプロセスにもポジティブな影響を与えることでしょう。

さて、もしかするとここまでを読み、「私には無理だ！」と思ってしまった方がいらっしゃるかもしれません。しかし、どうかそんな風に思わないでください。ラボラトリー方式の体験学習は、ファシリテーターと参加者が、いつもともに学び合いながら成長していくものです。どうぞ心配しすぎることなく、この続きもお読みください。

25.2.2　ラボラトリーの全体像の把握

いつ・どこで・誰を対象に実施するのか、それはどのような**タイミングと規模**で実施するとよいのかを考えます。たとえば、クラスの人間関係づくりプログラムや、企業のある職位を対象とした研修を実施するような場合、どのような期間を設けて取り組んでいくのか（例：単発、半年、数年間など）を考えます。その上で、もっとも適切な実施のタイミング（例：入社時に、新しいクラスが始まった月から毎学期の始まりに、毎年1回×5年間など）と、規模（例：クラス毎に、新入社員全員を集めて一斉になど）を検討していきます。その際、参加者たちが所属している組織全体のスケジュールとすり合わせることも大切になっ

144　第Ⅵ部　ラボラトリー方式の体験学習の設計と実践

てきます。プログラム全体にあてられる時間は設計に欠かせない情報となりますから、早めに把握する必要があるでしょう。

25.2.3　ファシリテーターチーム作り

ラボラトリー方式の体験学習は、2名以上のファシリテーターによる**チームティーチング**で学びの場を創ることを大切にしています。またこの際、できるだけ違いのある人とチームをつくることも大切にします。これは、参加者1人ひとりの存在をより豊かに受け止め、少しでも成長の可能性を広げていきたいと考えるためです。また、先に示したスキルや知識の観点から考えると、専門性の異なるファシリテーターが協力し合うことによって、より豊かな学びの場を提供することができます。

複数のファシリテーターで学びの場を提供するには、**事前のわかちあい**が欠かせません。津村（2019, p. 140）は、「プログラム設計に向けての準備において、それぞれのファシリテーターが、今回のプログラムにどのような思いで参加しようとしているのかを話し合う時間をもつことが大切になる」と述べ、このような事前の話し合いを通して、チームのなかに"自分たちも学習者とともに学び合う存在である"という教育観を醸成し、実践につなげていくことの重要性を説いています。この話し合いは、**スタッフミーティング**（通称スタミ）とよばれ、実際のプログラムの何倍もの時間をかけて実施されます。また、実践のあとにもスタミを実施し、実践のふりかえりと今後に向けての検討をしていきます。

これまでの筆者の体験をふりかえると、参加者の様子やプロセスをわかちあうなかで、「そんな観方・とらえ方があるなんて！」と驚いたことは一度や二度ではありません。また、個性あふれるファシリテーターたちの伝え方や関わりから学んだことも数えきれません。もちろん、違いの大きな人とともに仕事をすることには、勇気もエネルギーも必要となりますが、参加者には、そんなファシリテーター同士の関わりからも気づきが生まれ、学びの素材となっていくことでしょう。そ

のため、ファシリテーターたちは、参加者がより深い学びを得られるよう、常にお互いを信頼し、協力し合えるチームをめざしていきます。

25.3　ステップ2：学習者の理解（ニーズ調査）

一般的に学びのプログラムは、学びを提供する側が大切だと考えることや、「こういう人になってもらいたい」という期待に沿って設計されることも多いように感じます。しかし、つくり手がどれだけよいと思っても、参加者のニーズに合わないプログラムは、結果として学びにつながりにくいものです。ラボラトリー方式の体験学習では、参加者が主体的に学ぶ場を実現するために、以下のようにして参加者のニーズをとらえていきます。

25.3.1　参加者への肯定的な関心をもちながら

まずはなにより、参加者たちに肯定的な関心をもっていることが大切だと感じます。ファシリテーターは参加者から1歩離れたところで場を観ることも多いため、「こうすれば、きっとよりよい関わりが生まれるだろう…」「ここでこんなチャレンジをすれば、このような成長につながるだろう…」と考えることがあるかもしれません。相手の成長を願う気持ちが強いほど、あれこれ教えたり指示したくなる気持ちも生まれてきます。ただ、これらの思いが参加者の望んでいることと同じであるとは限りません。**体験学習のフィロソフィー**を実践につなげるためにも、まずは参加者1人ひとりが生きる世界に肯定的な関心を向け、参加者それぞれの思いのなかに身を置き、できるだけ感じてみることを大切にします。

25.3.2　ニーズアセスメント

そのうえで、具体的なニーズ把握の行動をします。たとえば、日頃から参加者と関わる機会がある場合には、会話を通して直接聞いてみる、メンバー同士が実際に関わっている様子を観る、

ジャーナルの記述内容を丁寧に読む、ことなどが役に立つでしょう。一方、外部から依頼される研修などでは、対象者全員の思いを事前に把握することが難しくなりがちです。この場合は、少人数であってもできるだけ多様な方へインタビューをする、なるべく多くの参加者を対象に負担の少ないアンケートを実施する、などの可能性があるでしょう。

ただ、参加者が自分のなかにあるニーズに気づくこと自体、そんなに簡単なことではないかもしれませんので、プログラムを通して自身のニーズに気づいていけるよう支援することも、ファシリテーターの大切な役割です。

また、このようなニーズの把握に加えて、参加者がプログラムへ主体的に参加できるような配慮も必須だと考えます。たとえば、職場の上司から強要されて参加するようなことが起きないよう、研修の主催者と事前に合意しておくことは不可欠でしょう。

25.4 ステップ3：学習目標（ねらい）の設定

プログラムの設計は、**ねらいづくりから始まる**といっても過言ではないくらい大切なステップです。1章から度々お伝えしているように、ラボラトリー方式の体験学習というのは『学び方』であり、何を学ぶかは学習者に委ねられています。とはいえ、ある程度の枠組みがなければ、参加者はとまどうばかりだとも思います。

人と人との関わりを学ぶラボラトリーでは、大枠ではありますが、図 25-1 に示すような学びの側面を置き、学びの場を設計しています。ファシリテーターは、今回のプログラムで人間関係のどのような側面に目を向ける機会としていくのか、よくよく考えながらねらいを設定します。

25.4.1 ねらい設定のポイント

ラボラトリー方式の体験学習の設計で、ねらいの設定はもっとも大切なポイントです。柳原（2003）によって示された**ねらいについての一般的留意事項**を要約すると、以下の5つとなります。

①抽象的なものより、はっきりとした特定な表現で
②これからしようとしている事柄の指針となる
③参加者が自分のねらいとして取り入れ、コミットできる
④すべての人が、その結果を観察し得る
⑤達成可能

つまり、ラボラトリー方式の体験学習におけるねらいは、教育的な側面やファシリテーターの思いだけで決めるのではなく、参加者が学びに対して明確な意識をもち、主体的に参加できるように設定することが大切になってきます。また、プログラム開始後は、お互いの達成状況を確認し、支え合いながら進むことによって、より豊かな学びが生み出されるでしょう。

ねらいは、主に以下のような2つの側面を検討しながら、徐々に形にしていきます。

25.4.2 ねらいの言語化

ファシリテーターチームは、把握した参加者のニーズと自分たちの願いをふまえながら、しかし、あくまでも参加者を中心に置き、その学びの場にふさわしいねらいを言葉にしていきます。

25.4.1項に示した**ねらいについての一般的留意事項**（柳原, 2003）を実現していくことは決して容易ではありませんが、参加者たちがねらいを理解し、自分自身の、またお互いの関係の変化・成長に対するイメージをもつことができると、学びの場へのコミットメントも大きく変わります。

図 25-1　ラボラトリー方式の体験学習で取り組む人間関係学習の側面

146　第Ⅵ部　ラボラトリー方式の体験学習の設計と実践

また、ねらいは、そのラボラトリー全体の軸となるものですから、常に意識し、取り組み続けられるものであることが大切です。そのため、このねらい作りは、ミーティングのなかでもっとも時間をかけることの多い、決して手を抜いてはいけない取り組みとなります。

25.4.3　ねらいの階層構造

ラボラトリー方式の体験学習は、1回で完結するプログラムもありますが、ある期間を通して実施する場合（例：合宿形式のTグループ・数日間に渡る研修プログラム）や、定期プログラム（週1回で開催される授業など）も多いと思います。そのため、その構造に応じて、いくつかの階層でねらいを設定する場合もあります。

まず必要なのは、**プログラム全体のゴール・目標**となるねらいの設定です。いい換えると、授業や研修全体に対するねらいです。さらに、そのなかで取り組む**個々の実習**にもねらいを設定し、**この時間／実習**を通して達成したい目標を明確にしていきます。一例として、筆者が南山大学人間関係研究センターにおいて担当した講座のねらいを**表 25-1**に示します。

なお、いったん言語化したねらいも、準備を進

表 25-1　ねらいの例

講座全体のねらい	・自分を知る ・「体験から学ぶ」ということを知る ・わかちあうことを通して、それぞれのなかで起こっていることに気づく
実習	ねらい
サインをください	お互いに知り合う
私の対人コミュニケーションの棚卸し	自分の対人コミュニケーションパターンに気づく
私の対人地図	・自分の対人関係に目を向ける ・自分の対人関係におけるコミュニケーションを、アサーションの観点からふりかえり、関わりのなかで起きていることを検討する
私が大切に思うこと	・自分の価値観に目を向ける ・相手に関心をもって聴くことに取り組む ・実習を通して、今ここで起きている自分の心の動きに気づく

南山大学人間関係研究センター　第8回人間関係講座（ベーシック）資料より作成

めるなかで、より適切な文言へ変更していくことも大切です。選択した実習とのつながりを吟味しながら、また、実習のなかで起きるプロセスをさまざまに想像しながら、ねらいを練り上げていきましょう。

25.5　ステップ4：プログラム設計・立案

25.5.1　体験学習プログラムの選択

（1）参加者をイメージして

ねらいがおおよそ明確になったところで、どのような体験を通して学んでいくのかを検討します。ラボラトリー方式の体験学習の構造は、**構成的なグループ・アプローチと非構成的なグループ・アプローチ**に大別されますが（2.4.1 項参照）、ここでは、授業や研修の場面で用いられることが多い、構成的なグループ・アプローチのプログラムに焦点を当てながら記していきます。

構成的なグループ・アプローチで用いられる実習にもさまざまなタイプがあります。そのためファシリテーターは、言語化したねらいをふまえ、ラボラトリーに参加する人たちのことをイメージしながら、適切な課題を検討していきます。この際、プロセスに気づくシステムのレベルと実習のタイプの関係（**表 25-2**）を把握していることは大切です。それぞれの実習タイプで代表的なものは 28 章に紹介されています。28 章で挙げられている実習のなかには、みなさんがこれまでに体験したことがあるものも含まれていると思いますので、ご自身の体験も思い出しながら、また、さまざまな実習集を参考にしながら選んでみてください。適切な実習が見つからない場合は、ファシリテーターが力を合わせて新しい実習を創り出すこともあります。

また、**表 25-1** に紹介したような連続プログラムの場合は、複数の実習体験を通してプログラム全体のねらいを達成できるように順序や構成を考えます。1人ひとりの試みと気づきを少しずつ深めていけるように意識しながら、プログラムを設計します。

（2）わくわく感をもてるような

ところで、多くの参加者にとって、ラボラトリー方式の体験学習はあまりなじみのない学び方ですから、この学びに取り組むなかで混乱や困惑を感じることも多いと思います。たとえば、自分の気持ちや考えをグループメンバーに伝えることや、ファシリテーターの関わり方が今まで関わってきた教師たちと随分違うことに、懸念やとまどいを感じることも珍しくありません。そんな自分に気づくことからこの学びは始まりますから、このようなプロセス自体もとても大事な体験なのです。

しかし、プログラムのスタート時は、あまり余計なストレスを感じることなく、**わくわく感**をもって課題に飛び込んでいけるような場づくりも大切です。そのため、参加者にとって意外なタイトルや課題であることは、学びの入り口として役立つ要素になるかもしれません。一瞬のとまどいを感じながらも、その目新しさからわくわく感が生まれ、みんなで思い切ってチャレンジしてみる。そんな様子をイメージし、楽しみながら実習を選び、プログラムの設計をしていきましょう。

表25-2　プロセスに気づくシステムのレベルと実習のタイプ

| | プロセスに気づくシステムのレベル | | | |
	個人	対人間	グループ	組織
実習のタイプ	・個人の気づきの実習 ・価値観明確化の実習（グループで実施される場合もあり）	・ロールプレイ ・コミュニケーションと観察 　〈ルールなし〉 　〈ルールあり〉 ・ノンバーバル実習	・情報紙を用いた実習 ・コンセンサス実習 　〈正解あり〉 　〈正解なし〉 ・アクティビティ・制作型実習 ・ロールプレイ ・コミュニケーションと観察 ・ノンバーバル実習	・組織実習

南山大学人間関係研究センター 第5回体験学習ファシリテーション（ベーシック）資料より

25.5.2　体験学習プログラムのカスタマイズ

多くの**実習集**には、実施の手続きや配布資料の例が示されていますが、何らかの変更を加えるほうが学びにつながると考えられる場合もあります。そのため、実習集に示されている内容を決してマニュアルのようにとらえることなく、参加者の状況やねらいに沿って、柔軟に対応することがとても大切です。

（1）実習の手順のカスタマイズ

たとえば、お互いの考えを丁寧に聴き合う体験の場を提供したいと考えたときに、正解のないコンセンサス実習として開発された課題を使いながら、メンバー全員のコンセンサスは求めず、一定のルールのなかでお互いの考えを聴き合うという手順に変更することがあります。これによって、「メンバー全員のコンセンサスを得る」ことに集中しがちな課題が、メンバー1人ひとりの思いを

じっくりと聴き、理解し合うものに変化する可能性が生まれます。

その実習の当初のねらいと内容のつながりを理解したうえで、今回のねらいの達成につながるよう手順を検討してみることは、とても意味ある試みでしょう。

（2）ふりかえり用紙のカスタマイズ

公刊されている実習集には、**ふりかえり用紙**の例が掲載されている場合もありますが、そのまま使うかどうかをよくよく吟味する必要があります。津村（2015, p. 164）は、「実習後のふりかえりをどのような視点でどのような方法でおこなうかがとても重要です。（中略）ふりかえりの時間はできる限り各メンバーがもっているデータを出し合い、十分に話し合えるだけの時間と風土をつくることが大切です」と述べています。わかちあいで、メンバーそれぞれの気づきを豊かに提供し合えるよう、既存のふりかえり用紙も参考にしつつ、じっくりと問いかけ（＝ふりかえりの項目）

を検討します。

ふりかえりの視点の軸は、常に「実習のねらい」です。ふりかえり用紙には、実習のねらいに沿った適切なふりかえりの項目を設け、参加者がプロセスに目を向けられるように問いかけていきます。実習開始時に示したねらいとのあいだにずれが生じることのないような、また、参加者が課題に取り組むなかで起きていたプロセスを想い起こし、言語化を助けるような問いかけを吟味していきましょう。

ふりかえりを通して**体験学習の探究サイクル**を進めていくことができるよう、問いかけの順序と内容を考えていくことも、参加者たちの学びを支えるポイントになっていきます。

25.5.3 事前準備

プログラムの大枠が決まったら、実施に向けての準備をします。準備は大きく、人・もの・場所・グルーピングなどに分けて考えるとよいでしょう。

(1) 人（人的キャパシティ）

複数のファシリテーターで実施する場合、まずはどのようなメンバーで構成するのかを考えます。25.2.3項に記したように、できるだけ違いのあるチームとなるよう、それぞれの専門性・キャリア・年齢・性別・価値観などの側面から考えていきます。

メンバー構成が決まったら、具体的に、誰が、どのような役割をするのか、事前準備と当日の両方について明確にしておきます。準備には、一般的に以下の（2）から（4）に示すようなことがありますが、当日の担当部分と関連づけて分担しておくと、より実践の様子をイメージしやすくなると思います。また、事務局のスタッフとの連携も欠かせません。当日だけでなく、事前の備品購入や準備、参加者との連絡をお願いすることも多いため、事前事後も含めてしっかりと打ち合わせます。

(2) もの（物理的キャパシティ①）

使用する一連の資料（日程表・指示書・記入用紙・ふりかえり用紙・小講義資料・ジャーナルの記入用紙、アンケートなど）を過不足がないようリストアップし、分担・作成します。作成したらお互いに確認し合い、全体として統一されたものになるよう整え、必要枚数を印刷します。

実習では、模造紙やカラーペンを始めさまざまな道具を使うことも多いので、早めにリストアップし、準備しておくことが大切です。また、実習の内容と会場の様子に応じて、自由に動かすことのできる机と椅子を必要数確保しておくとよいでしょう。

(3) 場所（物理的キャパシティ②）

室内で実施する場合、階段教室ではない平坦な部屋が望ましいです。広さは、参加者同士が余裕をもって座ることができ、話し合いの際に隣のグループの声が気にならない程度のスペースを確保できるとよいでしょう。絨毯や畳敷きの部屋で車座になっての実習も、リラックスできていいものです。全員にとって見やすいホワイトボードや全体向けの資料の提示位置、ファシリテーターの立ち位置を予め確認し、全体のレイアウトを考えておくと安心です。

宿泊形式で実施する場合は、**文化的孤島**（2.4.3項・9.2節参照）とよばれる、参加者たちの日常生活と少し切り離された雰囲気や場所であることが、学びを深めるうえで有効だと考えられています。

(4) グルーピング（関係性のキャパシティ）

グルーピングは、メンバー構成を事前に決めておく場合と、"今ここ"の状況に合わせて決める場合があります。ラボラトリー方式の体験学習では、新しい行動の試みを大切にするため、ふだんあまり関わりのない人とグルーピングしておくことによって、いつもの自分に縛られないチャレンジの場を提供しようと考えます。一方で、ある程度関係のできている集団では、「この機会にこの人と関わってみたい」という思いを大切にし、自分たちでグルーピングすることにも意味があると

考えます。

グループの大きさは、実習の内容や参加者の状態に応じて、適切な状況をつくっていきます。実習集に人数の目安が示されている場合は、それを参考にしながら、参加者たちの特徴に合わせて再検討することも大切です。

25.5.4 計画の際の留意点

事前準備をしながら、参加者の状況をさまざまに想像し、進め方の詳細と、ファシリテーターの関わりを考えていきます。体験学習のフィロソフィー、そして、ねらいを頭に置き、具体的な実施計画を立てていきましょう。

(1) 進め方

1回のプログラムに盛り込む内容と、その時間配分は重要です。ファシリテーターの側に立つと、できるだけ豊かな体験の場を提供し、たくさんの学びをもち帰って欲しいと思い、ついつい内容を詰め込みがちになるものです。ただ、体験から学ぶことに慣れていない方々には負担になるばかりですから、自分が初めてラボラトリーを体験したときのことを思い出しながら、体験を"味わう"ゆとりをもった進め方と内容を考えていきましょう。適切なタイミングでの休憩も必須です。

(2) 参加者に対して

参加者1人ひとりが、自分にも他の参加者に対しても開かれた気持ちで参加できるよう、工夫します。まずは、**アイスブレーキング**などを通して気持ちをほぐす場を設けるとよいでしょう。また、実習のねらいを理解し、自分の学びにつなげていくためには、自分がラボラトリーのなかでどのような目標をもって取り組んでいくのかをゆっくり考え、言語化しておくこと（例えば、今日の行動目標づくり）が有効です。このステップは、自分たちが学びの主役だという意識と、変化・成長への意欲を高めることにもつながります。

(3) ファシリテーターの動き

参加者たちをできる限り支えていくために、プログラム全体での役割分担を明確にしておきます。前に立って主に進行する人、実施記録をとる人、全体の様子を見ながら随時サポートをする人がいると、とても安心です。この役割は、お互いがさまざまな役割を通してスキルアップできるよう、プログラムの適切なタイミングで入れ替わるとよいでしょう。参加者数やグループが多い場合は、予め大まかに担当するグループやエリアを決めておくと、メンバーやグループの様子をとらえやすくなるかもしれません。

以上が、ラボラトリー方式の体験学習プログラム設計の一連の流れになります。まだ1度もラボラトリー方式の体験学習を体験したことがない方には少しイメージしにくいかもしれませんので、まずは参加者として学びの場を体験してみることをお勧めします。

人と関わる力というのは、一朝一夕に養われるものではないと感じます。また、それぞれのもつ認知や行動のパターンも、きっとすぐには変えられないものでしょう。もちろん、急に変化する場合もあるのですが、そのような変化は、すぐ元の状態に戻りがちです。そのため、人間関係を学ぶプログラムは、小さな変化を積み重ね、結果としていつか大きな変化・成長につながっていくようなものであることが、とても大切だと感じます。参加者1人ひとりが、人間関係の学びに取り組み続けたい、もっと探究したい！と、わくわくしながら取り組み続けられるようなプログラム作りを試みていきたいものです。

引用文献

星野欣生（2005）．ともにあること（WITH-ness） 津村俊充・山口真人（編）人間関係トレーニング 第2版（pp. 185-189） ナカニシヤ出版

星野欣生（2007）．小講義Ⅱ「体験学習について」 職場の人間関係づくりトレーニング（pp. 142-146） 金子書房

津村俊充（2015）．ラボラトリートレーニングを実施するために 津村俊充・山口真人（編）人間関係トレーニング 第2版（pp. 162-166） ナカニシヤ出版

津村俊充（2019）．教育プログラムを設計するための留意点 プロセス・エデュケーション 学びを支援するファシリテーションの理論と実際（pp. 140-155） 金子書房

柳原光（2003）．ねらい 復刻版 Creative O. D. vol. 1（pp. 19-20） プレスタイム

26章

実施する

本章で取り上げていること

実践について紹介しながら、ラボラトリー方式の体験学習プログラムのファシリテーターが大切にしたいことについて考えていきたいと思います。キーワードは、引き続き"わくわく感"です。参加者が、自分自身・メンバー・グループ全体の成長をめざして試みるさまざまなチャレンジを、ファシリテーターも一緒にわくわくしながらサポートしていきましょう。

この章では、**体験学習プログラム設計のための6つのステップ**（24章参照）のうち、ステップ5：**プログラムの実施**の段階に焦点を当て、プログラムの流れを追いながら記述していきます。ラボラトリー方式の体験学習のプログラムにはさまざまなタイプがありますが、ここでは、ある1回の授業や研修で、問題解決実習やコンセンサス実習のような構成的な実習（2章参照）に複数の小グループが取り組み、その学びの場を複数のファシリテーターで支援している状況を想定しました。このような実践での具体的な取り組みとともに、ファシリテーターとして意識していきたいことや大切にしたいことを紹介したいと思います。

なお、ラボラトリー方式の体験学習の実践は、関わりのなかで起きるプロセスをとらえながら、柔軟に対応していくことが基本ですから、決してマニュアル化できない営みだと実感しています。そのため、以下の内容にとらわれすぎることなく、参加者の様子を丁寧に見て、"今ここ"のプロセスに働きかけていくことが何より大切、ということをぜひ心に留めながらご一読ください。

26.1 プログラムの開始

26.1.1 アイスブレーキング

人と人とが関わる学びの場へ入る前は、緊張や不安を感じている参加者も多いと思います。そんなとき、心とからだのウォーミングアップとなるのが**アイスブレーキング**です。必ずやらなくてはいけないものではありませんが、5分でも時間をとれるようなら、ぜひ実施することをお勧めします。初めてラボラトリーに参加する人が多い場合は、まずは安心できるような、そして、ともに学ぶメンバーと今からの学びに対して関心をもてるような場づくりを大切にします。どのような人が、どのような思いで参加しているのかを知り合うことは、きっと参加への不安や抵抗感を減らしてくれることでしょう。

具体的な内容として、参加者全員が今の気持ちや参加の動機などをひとことずつ伝える「**チェッ**

クイン」や、参加者同士がゲーム感覚で楽しみながら関わる課題（例：全員の名前，総当たりインタビューなど）はおすすめです。今の気持ちなどを言葉ではない色・線・形・絵などを使って紙に表現し、お互いにわかちあってみるのもいいでしょう。

　ファシリテーターは、明るく温かな声かけをしながら、参加者たちがこれから始まる学びの場へわくわくしながら入っていくことができるようサポートします。ただし、若い元気な参加者が多い場合は、そのあとの課題に集中できないほど盛り上がりすぎないことにも気をつけます。

26.1.2　導　入

　自分がなぜ、今ここにいるのかを確認し、これから始まるプログラムにコミットしていくための準備をします。今日のねらいとスケジュールを示した**日程表**を配布してプログラムの概要を説明すると、全体像をイメージしやすいでしょう。

（1）ねらいの提示

　ねらいを常に意識しながら参加できるよう、日程表にわかりやすく記載し、見やすい場所にも大きく書いておくとよいでしょう。また、ねらいを提示する際は、参加者の様子をよく見ながら伝えます。もしピンときていないように感じたら、ファシリテーターがその言葉に込めた思いや、参加者たちの日常とどのようにつながっているのかイメージできるよう、説明を加えるとよいでしょう。このとき、せっかくのわくわく感が失われないよう、簡潔にわかりやすく伝えることも心がけたいです。

（2）行動目標づくり

　ねらいを自分ごととしてとらえていくために、プログラムのなかで具体的に取り組んでみたいことやチャレンジしたいことを考え、今日の行動目標として自分の言葉で表現しておくことは、とても有効だと感じます。行動目標づくりの際は、次のように考えていただくとよいでしょう。

①大きすぎず小さすぎない、プログラムのなかで少し頑張ると達成できそうなレベルで
②「〇〇しない」ではなく、「〇〇する」という、自分の行動をセーブしない方向性で
③できるだけ具体的な行動で（例：「がんばってみんなの話をきく」というような行動が不明確なものではなく、「話し合いのなかで3人以上の発言を聴いた後に、自分の意見を伝える」というような具体的な内容で）

　さらに、このタイミングでグルーピングをし、簡単な自己紹介とともに、それぞれが立てた行動目標をわかちあうと、実習のなかでお互いの取り組みを支え合うことにつながるでしょう。

26.2　課題の実施

26.2.1　課題の導入

　課題に取り組む準備の時間です。参加者へ指示書を配布し、今から何にどのように取り組むのかをしっかりと理解できるよう、かつ、わくわく感が失われないよう、簡潔にわかりやすく説明します。とはいえ、手順が複雑な課題の場合は注意が必要です。順を追って理解を確認しながら説明するとともに、デモンストレーションなどを加え、全員が確実に課題に取り組めるよう工夫します。

　この際、わからないことがあれば質問してもらうよう働きかけてみましょう。このタイミングで発言しやすい雰囲気が生まれると、あとに続くプログラムのなかで、自分の気持ちや考えなどを伝え合いやすくなります。

　また、話し合いをしやすいような机・椅子の配置、メンバーの座る位置の確認、実習で使う模造紙・マーカー・プリント類の準備など、場のセッティングもします。どのタイミングで行うのが適切か、事前に流れをしっかりとイメージし、判断しておきましょう。

26.2.2 課題の実施

体験学習のステップの「関わりの体験」（1.6.1項参照）にあたります。参加者は、たとえば問題解決実習やコンセンサス実習などの課題に取り組んでいきます。1人ひとりが、自分らしくメンバーと関わり、実習のねらいや今日の行動目標へチャレンジすることができるよう、サポートしていきましょう。

（1）課題の最終確認

課題に取り組み始めてから混乱しないよう、全員が今から取り組むことを理解できているか最終確認します。また、今一度、今日のねらいと自分の行動目標を思い起こすような声かけをすると、学びへの意識を高めたうえで課題に取り組むことができるでしょう。

（2）実施時間や質問への対応

課題の開始と終わりは、全員に伝わるよう明確に指示します。とくに、正解のある課題や成果を採点するような課題は、取り組む時間に不公平が生まれないよう注意する必要があります。また、途中の質問にも随時対応しますが、各グループのもつ情報量に差が生じないよう、必要に応じて全体へアナウンスすることも重要です。

（3）活動を見守る

課題がスタートしたら、基本的にはメンバーに任せ、グループの動きを見守ります。ラボラトリーでは、一見うまくいっていない体験であっても、そのプロセスから学ぶことがたくさんありますから、メンバーの力を信じてともにいることが非常に大切です。とはいえ、ただ横で見ているのではなく、参加者1人ひとりやグループの様子で気づいたことをメモし、後のコメントやフィードバックの際にできるだけ具体的に伝えられるよう記録を蓄えておくとよいでしょう。

（4）終了と時間延長

課題の終了時間が近づき、時間内に課題を達成できそうにないグループがある場合は、ファシリテーター同士で対応を相談します。課題終了のタイミングは、ねらいと各グループの様子をふまえながら判断しますが、課題を達成できるかどうかは参加者の気持ちに大きな影響を与える可能性があるため、時間にわずかでも余裕があるならば、全体に向けて時間延長の希望を確認してみるとよいでしょう。時間延長の有無は、グループの時間管理のプロセスに目を向けるきっかけになるため、どちらの選択にも意味があると考えられます。

26.2.3 結果発表・正解発表

各グループが課題へ取り組んだ成果を発表し、お互いに知り合う時間です。この際、時間の許す限り、できるだけ多くのグループの結果を伝えてもらうとよいでしょう。他のグループの結果を知ることは、お互いの違いや自分たちらしさを知ることにつながりますので、メンバーやグループへの関心がさらに高まるきっかけとなるかもしれません。

とはいえ、課題達成に至らなかったグループは、その悔しさからなかなか気持ちを切り替えられない場合があります。もしかすると、わくわくしていた気持ちがすっかり萎んでしまっているかもしれません。それぞれの様子をよく見て、ともに味わい、ふりかえりに向かうことができるようサポートしていきましょう。

結果発表・正解発表が終わったら、「課題への取り組みはここまで」としっかり区切りをつけ、ラボラトリー方式の体験学習でもっとも大切なふりかえりの時間に入っていけるよう声かけします。それでもまだ、参加者の気持ちが課題の結果に向いているようであればいったん休憩時間とし、正解についてより詳しく説明したり、できあがっていない部分に取り組んでいただくことも、気持ちの区切りをつけるうえで有効です。

26.3 ふりかえり

ラボラトリー方式の体験学習でもっとも大切な時間で、体験学習のステップでは、「意識化」

（1.6.2項参照）にあたります。課題に取り組むなかで、どのような体験や関わりが起きていたのか、そのなかでどのようなことを感じていたのか、などに目を向け、気づきを言語化し、ふりかえり用紙に記入していきます。そのあと、グループのメンバーとそれらをわかちあい、体験のなかで起きていたプロセスをともに探究していきます。

26.3.1 ふりかえり用紙の記入

参加者はいったん1人になり、**ふりかえり用紙**の問いかけに沿って自分自身の体験をふりかえり、気づきを言葉にしていきます。この気づきが豊かであるほど、次の**わかちあい**が充実する可能性も高まりますので、記入には十分な時間をとることが大切です。また、課題に夢中になってねらいがすっかり頭から飛んでいる場合もありますので、記入の前には今一度ねらいを確認し、ねらいに沿って自分の体験をふりかえることができるようサポートしていきましょう。

ふりかえり用紙記入の際には、1人で静かにふりかえることができるよう、お互いのスペースを広めにとっておくとよいでしょう。また、記入した内容は後ほどメンバーとわかちあうことを伝えておくと、心の準備ができてよいようです。ただ、思い浮かんでくることはいったんすべてメモしておくと自分の気づきが広がること、また、わかちあいの際にすべての気づきを伝え合わなくてもよいことを伝えておくと、安心して、前向きにふりかえりに取り組めるように思います。

また、ふりかえりをしているとだんだん反省モードになってしまう参加者がいらっしゃるかもしれませんが、自分・他のメンバー・グループのよさや強みにもしっかりと目を向け、謙遜せずに言語化するよう促していきましょう。

参加者のなかには、課題達成に強く意識が向いていたため、「他者やグループについて思い出せない」というような方がいらっしゃるかもしれません。その場合は、まず、自分のなかで起きていたことや行動に目を向け丁寧に言語化すること、また、メンバーの印象的な言動だけでもメモしておくことを伝えるとよいでしょう。一方で、自分

の気持ちや考えを言葉にすることが難しそうな様子を感じたら、あいまいなままでよいので、まずは今の感じをメモするよう勧めてみましょう。あいまいであっても、言葉にできる範囲でメモしておくこと（たとえば、「もやもやした感じ」「色にたとえると…」「音で表現すると…」など）も、探究の手がかりになっていきます。

26.3.2 グループでのわかちあい

課題に取り組んだグループメンバーとともに、それぞれの気づきや思いを伝え合い、広げ合う時間です。参加者たちが、関わりの体験のなかで起きていたことの**自己開示**や**フィードバック**（4章参照）に、安心安全な風土のなかで取り組むことができるようにサポートします。

わかちあいでは、ふりかえり用紙に記入したことを、1番目の項目から順に伝え合っていくのが一般的です。このとき、1人の人がずっと話している状況にならないよう、質問項目ごとにぐるぐると伝え合っていくのがよいでしょう。また、お互いの気づきや思いをよりわかり合うため、そのつど質問や反応をし合いながら進んでいくことも大切だと感じます。

ただ、自分の気づきや気持ち・考えを伝え合うというのは、参加者にとってかなり勇気のいる営みかもしれません。そのため、わかちあいに入る前に、参加するメンバー全員が「わかちあいではメンバーの力を合わせてプロセスを探究していく」という共通認識をもてるように働きかけておくことは、とても大切なことです。ファシリテーターは、「お互いの気づきをオープンに伝え合うことによってさらに気づきが広がり、お互いへの理解も深まる」ということを、ただ、その一方で「伝えたくないことは無理に話さなくてもよい」ことを丁寧に伝えたうえで、わかちあいを始めるとよいでしょう。

わかちあいは、「一緒に課題に取り組んでいても、そこで気づくことや感じることはそれぞれまったく違う」ことに気づき、メンバー1人ひとりのその人らしさを味わうことができると、とても興味深く、楽しい学びの体験になっていくと思

います。日常よりも少し丁寧に、「なぜ、そのように感じたのか、考えたのか」を伝え合い、聴き合うよう励まし、参加者の探究をサポートしていきましょう。また、ファシリテーターは、わかちあいの間もそれぞれのグループの様子をよく見、聴くことが大切です。もし、十分わかちあえていないように感じるグループがあれば、それぞれの気づきや、そこから見えてきたプロセスなどについて問いかけ、ともにグループのプロセスを探究してみることがサポートにつながるかもしれません。このとき、参加者に対して「気づいてほしい」「教えたい」というような思いをもつことなく、「私も、メンバーやグループのなかで起きていたことをもっと知りたい」という気持ちでいると、お互いの気づきや学びが深まっていくように感じます。

26.3.3　全体でのわかちあい

　グループメンバーと十分にわかちあった後は、他のグループのメンバーがどのような体験をしていたのか、インタビューとコメントを通して、全体で知り合う時間をもちます。時間の許す限り、参加者たちがここまでの体験から気づいたこと・感じたことなどを自由に発言していただき、このラボラトリーのなかでどのようなことが起きていたのかを知り、味わっていきます。

　ファシリテーターは、参加者たちの思いを大切にしながら、さらに問いかけ、そこで起きていたプロセスをともに探究していきます（1.6.3項参照）。また、体験や気づきを日常へつなげていくことを意識しながら、コメントをすることもあります（1.6.4項参照）。このような対話的な探究を通して、参加者自身が日常へもち帰りたいことを考え、見つけていく時を過ごします。

（1）インタビュー

　インタビューの時間は、ファシリテーターが参加者へ積極的にマイクを向けるよりも、伝えたいと思う人が伝えたいことを自由に発言できるような場づくりを心がけるとよいでしょう。ファシリテーターが、「どんな体験や気づきがあったのか

な？」と、わくわくしながら発言を待っていると、きっと、「聴いてほしい！」という思いをもって口火を切ってくださる方が現れると思います。そして、興味・関心をもちながら丁寧に聴き、わからないことやもっと聴いてみたいことなどを質問・確認しながら、そこで起きていたプロセスを味わい探究していきます。同じグループのメンバーへそのことについて問いかけ、それぞれの気づきや思いをつなげてみると、さらに、見方・感じ方の広がりを実感できるかもしれません。

　また、できるだけ多くのグループから発言していただくことも意識するといいでしょう。同じ課題に取り組むなか、それぞれのグループで起こっていたことを知り、気づきを広げ合う機会になることを願いながら、さまざまなグループの様子に関心を向けていきます。

（2）コメント

　ファシリテーターからコメントをする際は、あくまでも「私の1つの見方・とらえ方である」ことが伝わるように心がけます。このことは、参加者とファシリテーターの関係が、一方的に教え・教えられるものではない、ともに学ぶ関係であることを体現することにつながるかもしれません。「どこにも答えのないことだからこそ、選択肢や可能性は1つでも多い方がいいんじゃないかなと思って、私からも1つ提示してみますね。」という気持ちで関わり続けていると、参加者たちはファシリテーターの言葉を鵜呑みにすることなく、それぞれの言葉を自分で味わい、選び、さらなる探究を深めていくものと実感しています。

　また、参加者の様子を見ていると、十分に伝わり切っていない感じや、学びが深まっていない感じをもつことがあるかもしれません。ただ、今、目の前にいる参加者から強いニーズを感じない場合は、あまり深追いしないことも大切です。ぼんやりと残った気がかりやあいまいさは、何かのきっかけでふいに実感とともに理解されたり、もう一度向き合ってみたくなることがあるものです。一度のプログラムで解決しようとせず、「学びの旅は一生涯続くものだ」と大きくとらえ、そのときを信じて楽しみに待つくらいが丁度いいよ

26章　実施する　　*155*

うに思います。

26.4　さらに体験学習の探究サイクルを深めるために

26.4.1　小講義

　ファシリテーターは、参加者たちにとってさらなる探究や意味づけにつながることを願い、その日の体験やプロセスと関連づけながら、**小講義を**行うことがあります。たとえば、体験学習に取り組んで間もない頃、「コンテントとプロセス」に関する小講義にふれた人は多いことでしょう。本で読んでもピンとこなかった説明でも、実習を体験してすぐに「コンテントとプロセス」に関する知識を受け取ることで、「コンテントとプロセス」の概念が自分の体験とつながり、なるほど！と腑に落ちた人もいらっしゃるのではないでしょうか。

　小講義による知識のインプットは、自分が体験したことを意味づけるうえでも、次の新しいチャレンジを考えるうえでも、1つの指針になってくれると思います。体験学習は、どうしても体験から学ぶことに比重が偏りがちですが、知的な理解と体験を融合することで、私たちのなかに深い納得感を伴った理解が生まれます。小講義の時間を十分取れない場合は、各自で理解を深められるよう、参加者たちが手に取りやすい資料をプログラムの最後に配布するのも1つです。

26.4.2　ジャーナルの記述

　授業のように連続してプログラムに取り組む場合はとくに、プログラム終了後に、その日全体をふりかえって**ジャーナルを**記しておくことを強くお勧めします。参加者たちにとってジャーナルの記述は、自分のその日の体験を改めてふりかえり、気づいたことや感じたことをさらに探究し、意味づけることにつながっていきます。ジャーナルを書くことによって、どのようなことを日常へもち帰るのか、また次の授業やそれまでに何に取り組んでみたいかが明確になることも多いです。

　ファシリテーターにとっては、参加者たちの

ジャーナルを読むことで、プログラムのなかではとらえることのできなかったそれぞれの思いや気づきにふれることができます。これは、参加者1人ひとりをより深く理解することにつながるとともに、次回のプログラムを検討するうえで、とても重要な資料となります。そのため、できるだけ丁寧な記述をお願いし、ファシリテーターもじっくりと味わいながら読んでみることが大切です。できれば、さらに自分を探究したくなるような問いかけやコメントを書き込み、それぞれの元へお返しすると、学びの促進やお互いの関係作りにつながると思います。

　あらかじめ参加者たちの了解を得たうえで、ともに学ぶ方々とのあいだでジャーナルの内容を共有することもあります。学びの仲間たちがどのような体験をし、どのようなプロセスをとらえていたのかを深く知ることによって、自分のなかにはなかった視点が増え、1人ひとりの違いを深く実感する機会となるようです。

　また、自分のなかで起こる感覚をとらえること、あるいは、とらえていてもそれを言葉にすることに難しさを感じている人にとっては、他者の記述にふれることで、自分の気持ちや考えを表現する可能性を広げることにも役立っていくようです。

26.5　全体を通しての留意点

　ここまで、ラボラトリー方式の体験学習プログラムの流れに沿って、ファシリテーターが大切にしたいことを記してきました。これに加え、常に取り組んでいることや意識していることを3点ほど記しておきます。

26.5.1　実施過程の記録

　実践のなかで起きていたプロセスをふりかえり、次に向けて検討するために、実施過程を記録しておくことはとても大切です（27.1.2項参照）。複数のファシリテーターで担当する場合は、進行役ではないファシリテーターが記録係となり、時

間と実施内容、参加者たちの様子、ファシリテーターの発言内容や関わり方、参加者からの質問や全体シェアでの発言内容などを、できる限り細かく記録しておきます。スタッフミーティングでは、この記録に沿って実践全体をふりかえり、ファシリテーターのあり様や関わりについてもフィードバックし合います。

また、この記録は数年程度保管しておくと、前回の様子をふまえてプログラムを再検討したいときや、別の担当者が同じプログラムを実施する際、大きな助けとなります。

26.5.2　プログラム実施中の変更

前もって入念に計画をしても、実際にプログラムを開始してみると、思い描いていたようにはいかないと感じることがあります。そんなときはいったん立ち止まり、参加者たちの "今ここ" の思いを尋ねてみることも大切です。

たとえば、課題の終了時間が迫っているのに話し合いがまとまりそうにないグループがあるとします。このような場合、もしその日のねらいが「グループでの時間管理に取り組む」というようなことであれば、課題を終えられなくても予定どおりの時間で切り上げ、そのプロセスを全員でふりかえってみることが大切でしょう。しかし、あと少しで課題が達成できそうな状況で、メンバー全員が最後までやり遂げたいと感じているならば、その思いを大切にするほうが、心残りなくプロセスをふりかえっていけるかもしれません。

ファシリテーターは常にねらいを頭に置き、"今ここ" で起きていることと参加者たちの気持ちを確認しながら、柔軟に対応していくことがとても大切です。

また、勇気を出して立ち止まり、参加者たちの思いを尋ねてみると、とても大切な "今ここ" のプロセスを知るきっかけが生まれるかもしれません。たとえば筆者はこれまでに、以下のような声を聴かせていただいたことがあります。

「この課題はつまらない。でも、準備されたものに対してそんな風に感じるのは良くな

いと思って、一生懸命盛り上げようとしていた。でも、他のメンバーはそんな自分の努力にまったく乗ってくれないので、だんだんやる気がなくなってしまった」

「日常のなかで気がかりなことがあって、どうしても集中できない。休んだら他のメンバーに迷惑をかけると思って無理して来たけれど、こんな状態ではきっとみんなにやる気がない人と思われているだろう。でも、自分の問題をここで話すのも違うと思うし、どうしていいかわからなくてすごく辛い」

「実は、前回のわかちあいのことが気になって、自分らしく動くことができずにいる。先回のAさんからのフィードバックは、どれも的を射ているけど厳しい内容で、自分も含めメンバーはかなり傷ついた。今回もそのようなフィードバックをされるかもしれないと思うと怖いし、他のメンバーも、もしかすると同じ気持ちなのかな？と思っているが、Aさんのいるところでメンバーの本音を聞くこともできず、ずっと不安な気持ちでいる」

このような思いを勇気をもって伝えていただくことは、学びの場をともにするすべての人にとって、グループのなかで起きていることに気づくチャンスへとつながります。気がかりがあれば恐れずいったん立ち止まり、それぞれの今を否定することなく丁寧に扱ってみる。このことが結果として、参加者とファシリテーターそれぞれの深い学びにつながっていくところは、ラボラトリー方式の体験学習の醍醐味だと感じてます。

ファシリテーターはいつも、「何が起きても不思議じゃない」と大きく構えて、一見ネガティブな様子にも勇気をもって働きかけてみると、思いがけない発見につながるかもしれません。

26.5.3　ファシリテーターの役割と協働

ここまでにも度々お伝えしてきましたが、ラボラトリー方式の体験学習のファシリテーターは、参加者との関係をとても大切にします。ファシリ

テーターは、一般的な教育場面にありがちな、教え・教えられる関係性ではないことを意識しながら、学習場面を設計し、参加者が自分たちで学びに取り組み、深めていくことができるように関わっていきます。複数のファシリテーターで担当できるときは、1人が全体のファシリテーションを担い、その他の人は、参加者やグループの様子を見ながらサポートしていきます。もし、気がかりなメンバーやグループがある場合、誰か1人がそのサポートに専念することもできるので、1人体制にはない心強さがあります。

このファシリテーターが協働する様子は、参加者たちからいつも見えていますから、きっとその関わりからもいろいろと学びとっていかれることでしょう。**ファシリテーターチーム**のなかに少しずつ安心できる関係を作っていくこと。参加者とともにわくわくしながら学び合い、それぞれの成長を喜び合うこと。そんなファシリテーターのリアルな試みやチャレンジが、人と人との関わりを学ぶ生きた素材になっていきます。

26.5.4 ファシリテーターとして大切なこと

体験学習の実践はずいぶん盛りだくさんだなあ…という感じをもたれたかもしれませんが、実際のところ、1回のプログラムで、ここに記したことすべてを実施するのは難しい場合も多いと思います。参加者や時間の状況に応じて、適切なボリュームと流れでプログラムを設計し、"今ここ"のプロセスをよく見ながら柔軟に対応することを大前提に、取り組んでみてください。

たいへん興味深いことに、ラボラトリー方式の体験学習を繰り返していると、参加者たちは学びのプログラムのなかにいなくても、日常のさまざまな体験から気づき、その場で主体的に探究し、意味づけることが増えていきます。ラボラトリーで得た気づきや学びを日常で試してみる。そこで生まれた体験や気づきをまたラボラトリーにもち帰り、新しい自分にチャレンジしてみる。体験学習を実践していると、このように参加者が体験学習の探究サイクルを自らぐるぐると回していく姿に出合うことが、きっとあるでしょう。

日々、盛りだくさんの準備を整え、実践を続けていくことはなかなかたいへんな側面もありますが、参加者たちの日々の成長を一緒に喜び合えるところは、この役割の大きなやりがいだと感じます。ラボラトリー方式の体験学習は、すぐに学びの効果が見えてくるような営みではありません。だからこそ、参加者1人ひとりの力を信じて、その人がその人らしさをこの世界のなかで発揮し、いきいきと生きていってくださることを願いながら、ともに歩み続けていくことが大切だと感じています。

27章

体験学習プログラムをふりかえる（評価する）

本章で取り上げていること

計画していた体験学習プログラムが終了したら、次はファシリテーターチームによるふりかえりの時間となります。本章では、体験学習プログラムの改善や発展に役立つふりかえりの観点や進め方について、プログラム評価の理論やモデルをもとに考えていきます。はじめに、ふりかえりの観点や方法を考える基礎となるプログラム評価について概観していきます。そのうえで、プログラム評価の理論やモデルにもとづいた、ふりかえりのための情報収集の方法やふりかえりの進め方について論じていきます。

ふりかえりでは、次のことなどを検討していきます。

①今まさに終了したプログラムが、もともと設定していたねらいを達成できたのか
②もし、ねらいを達成できていなかったならば、その原因は何か
③次に同様のねらいを設定するならば、どのようにプログラムを変えるべきか

こうして得られた情報は、継続的に実施されている体験学習プログラムの場合には、次回のプログラムを計画する際に、参加者の状況や特徴により適したねらいの設定や、実習、小講義の選択、進め方の計画に活用できます。次回のプログラムの予定がない場合でも、より効果的なプログラムの計画に役立つ情報として蓄積していくことができます。

27.1 プログラム評価の概観

プログラム評価とは、「プログラムや政策の運用状況や成果に関する体系的な査定であり、明示、あるいは暗示された基準と比較をしながら、プログラムや施策の改善、発展に寄与する手段となることをめざすもの」（Weiss, 1998, p. 4）と定義されています。つまり、プログラム評価とは、プログラムの効果の有無や程度という視点（①）にとどまらず、より効果的なプログラムを計画し、実行するための包括的な情報を収集し検討すること（②③）を意味しており、プログラムの開発、計画、実践を含めた包括的な取り組みであるといえます。

プログラムの開発実施と評価は、図27-1にあるように、車の両輪のような関係にあるといえます。図27-1 最下段にあるプログラム評価のルートのうち、「ステップ1：ゴール評価」は、事前に行った計画のなかで設定したねらいが、本当に“今ここ”の参加者にとって適切・有用であるかを査定するものです。これは、前節のプログラムの準備から実施までの部分で、すでに述べられています。

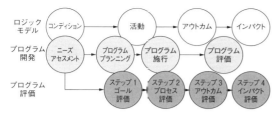

図 27-1　ロジックモデルとプログラム査定モデル
(Linney & Wandersman, 1991, p.9)

本章で取り上げるふりかえりは、プログラムの実施過程から終了直後に行われる、プロセス評価とアウトカム評価の部分に相当します。[注1]

27.1.1　プロセス評価とアウトカム評価

一般に、目標達成に関わる評価を**アウトカム評価**、その原因を明らかにするために行われる評価を**プロセス評価**[注2] とよんでいます。

(1) アウトカム評価

プログラムの効果の査定をすることを意味します。簡単にいえば「プログラムがめざしている目標は達成できたのか？」という問いに答える評価です。厳密なアウトカム評価を行うためには、

> ①プログラムがめざしている目標を測定可能な形で定義し
> ②その目標の測定方法を決定したうえで
> ③事前事後比較など、適切な要因計画を設計して測定する

ことが必要です。しかし実験室で行う実験とは違い、現実社会のなかで行われるプログラムの場合は、こうした厳密なアウトカムの評価の実施は困難です。そのため、厳密さは劣るものの、説得力のある評価を行う方法が考えられています。

(2) プロセス評価

プログラムのプロセス、すなわち実施過程を対象とした評価を指します。ここでの中心的な問いは、「プログラムは計画したとおりに実施できたか？」というものです。また、プログラムが計画どおりに実施されなかった場合、その原因を検討することもプロセス評価の重要な目的の1つです。なぜなら、計画どおりに実行されなかった原因によって、改善方法も変わるからです。

例えば、「実習の導入に予定より時間がかかってしまった」とき、手順が複雑で口頭で説明しても参加者が理解しにくかったことが原因であるなら、手順書を作成して配布することが改善方法になります。あるいはファシリテーターが手順を誤解していたことが原因であるなら、事前に十分理解することやファシリテーターチームで理解の確認、共有をしておくことが改善方法となります。

(3) プロセス評価とアウトカム評価の関係

実施過程のふりかえりであるプロセス評価と、プログラムの効果の査定であるアウトカム評価は、プログラムを異なる視点から見ている点に注意する必要があります。上の例で、実習の導入に時間がかかってしまった（プロセス評価）からといって、必ずしもプログラムの効果がない（アウトカム評価）とは限りません。逆に、プロセス評価ですべてが計画どおりにうまくいった場合でも、想定していた効果が得られないこともあります。

しかし、プロセス評価とアウトカム評価の視点や意味が別個のものであるとしても、両者が無関係ということではありません。むしろ、プログラムの改善や発展のためには、プロセス評価とアウトカム評価を組み合わせ、プログラムの成功や失敗の原因を詳細に検討することが必要になります。

27.1.2　プログラムが失敗する（成功する）原因

プログラムが失敗する原因には、大きく分けて、**理論の誤り**（theory failure）と**実践の誤り**（implementation failure）という2つの側面があります（Kloos et al., 2012）。

理論の誤りとは、プログラムの理論に誤りがあることを意味します。プログラムの理論とは、特定の対象者集団の、特定の目標を達成するためには、特定の実践が効果的であるという根拠を指します。つまり、プログラムが取り扱う問題領域、対象者、ねらいや目標、実践の内容において、相

互に不一致があることを理論の誤りとよびます。

一方、**実践の誤り**とは、プログラムの実践の質に問題があることを意味します。どれだけ理論的に完璧なプログラムを計画しても、ファシリテーターの資質や能力、使用する教材や資材、適切な時間などがそろっていなければ、計画どおりにプログラムを実践することはできません。

プログラムが失敗したとき、プログラムを改善し、次に実践するときに成功させる方法を考えるためには、その失敗の原因が理論と実践のどちらにあるのかを明らかにする必要があります。もし理論に誤りがあるのであれば、プログラムの内容を根底から考え直さなければいけないかもしれません。一方、もし実践に誤りがあるならば、プログラムの内容そのものを大幅に変更するのではなく、予定していた内容を十全に実施できるために計画を練り直すことが必要になるかもしれません。

プログラムの成否の原因が理論と実践のどちらにあるのかを明らかにするためには、**アウトカム評価**（プログラムの効果の有無）だけでなく、**プロセス評価**（プログラムの実践の質）にも着目し、**相互参照**をする必要があります。

(1) 理論の誤りの例

ここで例として、「グループプロセスに気づく」というねらいを設定し、体験学習の初心者に対してプログラムを計画する場面を想定しましょう。あるファシリテーターは、グループで協力して1つのものを作り上げる課題（中村・津村，2012「ブリッジ・ビルディング」）を実施することにしたとします。プログラムを実施してみると、実習そのものはうまくいき、小講義やふりかえりも一見すると順調に進んだように見えたのですが、参加者のジャーナルやその後の感想を見てみると、実習のなかで起こる多様なプロセスに気づくことはできていないようでした。参加者がふりかえり用紙を記入しているところを見ていたファシリテーター自身も、参加者が用紙に何を記入すればよいのか困っていて、記述の量が少ないことに気づいていました。この例では、実習やふりかえりは計画どおり順調に進めることができたにもかかわらず、ねらいを達成できませんでした。

グループでの制作課題は、多数のメンバーが話し合う場面や作業を分担したり統合したりする場面など、多くの、そして多様なプロセスが生じやすく、グループプロセスの学びに適した実習課題である一方で、制作課題はコンテンツに没入してしまい、プロセスに目を向けにくいという性質もあります。この例では、まだプロセスを見ることそのものに慣れていない体験学習の初心者と、コンテンツに目が向きがちでプロセスに気づきづらい実習内容との間の不一致、つまり理論の誤りのために、プログラムがうまくいかなかったと考えることができます。そうすると、このプログラムをもし改善するならば、初心者がコンテンツに注意を奪われにくい課題、例えば情報カード型実習などを選択すればよいと考えられます。

この例では、プロセス評価の結果としては順調にプログラムが進んだといえますが、アウトカム評価の結果、ねらいが達成できていなかったことから、理論に誤りがある可能性に気づくことができるわけです。

(2) 実践の誤りの例

別の例を考えてみましょう。ねらいは先の例と同じく「グループプロセスに気づく」ことで、実習課題も同じく制作型を選びました。今回の対象者は体験学習の経験を豊富に有している人です。今回のプログラムはうまくいきそうに見えましたが、実習課題が難しく、時間内に課題を達成することができたグループは1つもありませんでした。参加者のジャーナルやその後の感想を見てみると、時間内に課題を達成できなかった原因をグループプロセスの視点から分析する人もいたものの、時間が足りなかったことで達成できなかったという原因の記述のほうが大半を占め、グループプロセスへの視点の深まりはあまり見られませんでした。

2つ目の例では、1つ目の例と同じく、ねらいが達成できていないことから、アウトカム評価の結果としてプログラムはうまくいかなかったという結論になります。しかしその原因は1つ目の例とは少し異なる可能性があります。課題を達成できたグループが1つもなかったということは、実

習の時間配分や手順など、プログラムの実施過程に問題があった、つまりプロセス評価の点で順調に進まなかった可能性が考えられます。正解や成果物がある実習の場合、課題が難しすぎて正解にたどり着けなかったり、時間が足りずに成果物が完成しなかったりすると、「難しい」「時間が足りない」という見えやすいプロセスばかりに目が向き、その他の多様なプロセスに気づきにくくなることがあります。この例では、理論の誤りがなかったと断定はできないものの、実践に誤りがある可能性が高いため、課題に取り組む時間を長くする、あるいは手順を明確化するなど実践を改善し実践過程の質を高めることで、ねらいが達成できる可能性が見えてきます。

(3) 目標を達成したときのプログラムの改善

　ここまでの2つの例は、どちらもねらいが達成できなかった、つまりアウトカム評価の結果、プログラムが失敗したケースでしたが、プログラム評価の定義に立ち返ると、失敗したプログラムの改善だけでなく、うまくいったプログラムをさらに向上させるためにも評価を活用できます。**表27-1**は、上記の例を含め、アウトカム評価とプロセス評価を組み合わせることで、プログラムの改善、発展へ向けてどのような情報を得ることができるかをまとめた概念図です。

　先の2つの例は、ともにアウトカム評価でよい結果が得られなかったケースでした。1つ目の例は、プロセス評価の結果、計画どおりに進んでいたため、**表27-1**の（b）にあたります。2つ目の例はプロセス評価の結果、計画どおりに進んでいなかったため、**表27-1**の（d）に相当します。では、アウトカム評価でよい結果が得られた場合は、それで満足してしまってよいのでしょうか？

　表27-1を見ると、アウトカム評価でよい結果が得られた（目標が達成できた）場合でも、プロセス評価を参照して改善する余地があることがわかります。プロセス評価を見て実践が計画どおり順調に進んだ場合（a）は、おそらく参照した理論にも、実践の計画にも問題がなかっただろうと、いったん、結論づけることができます。ただしそれでも、実践をより効果的、効率的にするための検討や議論をすることは可能ですし必要でしょう。例えば、目標達成に不要な要素が含まれていなかったでしょうか？　時間に十分な余裕がある場合にはそのままでもよいかもしれませんが、不要な要素を取り除くことで、さらに目標達成を容易にしたり、より発展的な目標を設定したりすることを可能とする、新たな内容を組み込む余裕を生み出すことができるかもしれません。

　一方、実践が計画どおり順調に進まなかったにもかかわらず、アウトカム評価の結果では目標が達成できた場合（c）はどうでしょうか？　一見すると、目標が達成できたのだからそれでよいと思うかもしれません。しかし、この場合、「なぜ目標を達成することができたのか？」という疑問に答えることができず、順調に進まなかった実践計画を再び実施すべきなのか、それとも実践計画を変更するべきなのか判断することができません。もしかすると、今回、目標が達成できたのは偶然かもしれません。あるいは計画どおりにうまくいかなかった実践内容こそが、目標達成に有効に働く実践計画だったのかもしれません。

　プログラム評価では、目標やねらいが達成できたかどうかというアウトカム評価の結果に目が向きがちになり、目標が達成できればそれで満足してしまうことも多いですが、実施過程をふりかえり、プロセス評価に関わる情報を集め、検討していくことでプログラムの改善や発展を実現することが可能となります。つまり、アウトカム評価の

表27-1　アウトカム評価、プロセス評価の対応からみたプログラム成否の原因

		アウトカム評価	
		良い結果が得られた （目標が達成できた）	良い結果が得られなかった （目標が達成できなかった）
プロセス評価	計画どおりに進んだ	（a）理論、実践ともに誤りなし	（b）理論の誤り
	計画どおりに進まなかった	（c）実践に誤りがあった可能性	（d）理論の誤り、実践の誤り

162　第Ⅵ部　ラボラトリー方式の体験学習の設計と実践

観点で目標達成ができなかったとき以上に、目標
が達成できたときにこそ、プロセス評価の情報を
精査することが重要であるといえるでしょう。

27.2 体験学習プログラム評価のための情報源

　ここまで、体験学習プログラムを評価する際の
基本的な理論モデルについて考えてきました。次
に、実際に体験学習プログラムを評価するうえ
で、プロセス、アウトカムそれぞれの評価を行う
ための情報（評価情報）をどのように収集するの
かを論じていきます。

27.2.1　プログラム実施中の記録

　プログラムを実施している最中に起こったこと
を細かく記録していくことが、プログラム評価の
情報収集の一番の基本です。例えば、体験学習プ
ログラムでは課題の導入や実施、ふりかえり用紙
の記入とわかちあい、小講義など、構成するプロ
グラムそれぞれをどのくらいの時間で実施するの
かを事前に細かく計画します。こうした実習や小
講義は、計画していた時間どおりに進めることが
できたでしょうか？　もしできなかった場合は、
短縮したり延長したりした時間とともに、なぜ時
間の短縮や延長が必要だったのか、その理由とと
もに記録をしておきましょう。理由が明らかに
なっていることで、変更や改善をする際に、その
目的や方向性を明確にすることができます。

　例えば、想定していた以上にわかちあいに時間
がかかってしまったとき、単純にわかちあいの時
間をあらかじめ長く設定すれば解決ができそうで
す。しかし、全体で使える時間が決まっているの
ですから、わかちあいを長くした時間の分、他の
何かの要素を削る必要が生じます。しかし、わか
ちあいが長くなってしまった原因がふりかえり用
紙の項目の多さにあることが原因であることがわ
かっていれば、重要度の低い項目を削除したり、
項目ごとにわかちあいに費やす時間をあらかじめ
伝えて構造化して、重要度の低い項目に時間をか
けすぎないように促したりするなど、他のプログ

ラム要素を削ることなく時間内にプログラムを収
める方法を考えることができます。

　このように、**プログラム実施中の記録**は、詳細
であるほど、後にプログラム評価を行う際の豊か
な情報源となります。ペアやグループを作って取
り組む課題のときに欠席者がいてグループの人数
が想定どおりに均一でなかった、実習のために用
意した用具が不適切だった（マーカーペンの色が
見づらかった、実習内容に照らして色数が足りな
かったなど）といった客観的な事実だけでなく、
プログラムを計画していたときにファシリテー
ターが思い描いていたものと異なる部分につい
て、些細なことでもメモを取るとよいでしょう。

　ファシリテーターが複数いるチームで実施して
いる場合には、記録はより容易になります。その
ときには、記録をしているファシリテーターが感
じたことや気づきなどもメモをしておくと、のち
の参考になります。

27.2.2　ジャーナルや参加者アンケートなどの実施

　体験学習プログラムでは、終了時に参加者に
ジャーナル（学習ジャーナル）や**参加者アンケー
ト**の記入を求めることもよく行われています。

　ジャーナルの本来の目的は、体験学習のなかで
の体験や気づきを記録し、それらを日常にもち帰
り定着させることにあり、参加者自身のためのも
のです（3.4節参照）。しかし、ジャーナルに書か
れている内容は、参加者の目を通した体験学習プ
ログラムの全体像を語るものであり、プログラム
を評価するうえでの重要な情報源となります。そ
のため、学習者の同意を得たうえで、ジャーナル
を回収したり写しを入手したりするなどして、プ
ログラムの発展に役立つ情報源とすることが望ま
れます。その際には、ジャーナルのなかに、参加
者がプログラムに対して抱いた感想や改善提案な
どを記載する項目を含めてもよいでしょう。

　もしジャーナルの情報を入手することが難しい
場合には、代わりに参加者アンケートを実施し
て、プログラムに関する情報を収集するとよいで
しょう。

27.2.3 ファシリテーターの気づきや内省

体験学習プログラムを実施している最中の**ファシリテーターの気づきや内省**も、重要な情報源となります。

先に、参加者がふりかえり用紙への記入に困難を感じている様子にファシリテーターが気づいた例を挙げました。ファシリテーターは、プログラムの単なる司会者や進行役ではありません。プログラムの実施過程をよく観察し、参加者の様子から小さなことに気づく敏感さや力量が求められます。経験豊富なファシリテーターであれば、過去に同じ実習を実施した同様の参加者と、今、目の前で実習に取り組んでいる参加者との様子の違いに気づくかもしれません。

経験の浅いファシリテーターの場合、過去の自分の経験との比較は難しいかもしれませんが、それでも自分のなかで生まれた気づきや思いはあるはずです。ファシリテーター個人のなかで生まれた気づきそのものは主観的なものですが、その主観的な気づきを他のファシリテーターとわかちあったり、実施過程の記録や参加者が書いたジャーナルの内容と照らし合わせたりすることで、より客観性を高め、精度の高い情報源とすることができます。

27.2.4 アウトカム測定のための事前事後調査

一般的にプログラム評価では、プログラムの実施前（事前）と後（事後）に調査を行い、望まれる変化が生じたかを数量的に比較することがよく行われています。体験学習プログラムでも、この手法を用いることは可能です。

しかし、ラボラトリー方式の体験学習の場合、ねらいの形で表現される"期待される変化"が、「自己を知る」といった個人の内的変化の意味合いが強いものや、「グループの影響過程を、体験を通して理解する」といった包括的概念であることが多いことから、測定可能な指標を設定し事前事後調査を行うことは必ずしも容易ではありません（詳細は池田（2017）参照）。

より説得力のあるプログラム評価を実現するためには、測定可能な指標を設定して事前事後測定を行う手法が望ましいことは明らかなため、今後、さまざまな試みが求められます。

27.3 評価の進め方 ── ファシリテーターによるふりかえりミーティング

体験学習の評価は、先に記した、プログラムのプロセスやアウトカムの手がかりとなるさまざまな種類、形式の情報を統合しながら行う必要があります。そのためプログラムに携わったファシリテーターチームで、議論（ふりかえりミーティング）をして行うことになります。ここでは、プログラムの体系的な評価を可能とするミーティングの進め方を考えていきます。

27.3.1 プログラム全体を通してのふりかえり

ミーティングでははじめに、参加者やプログラム全体の状況について共有します。具体的には、

- 欠席者や遅刻者の有無、参加者の体調など参加者の状況
- プログラムを実施した会場の状況
- ファシリテーターの状況

など、プログラム全体に影響を及ぼしうることについて、気づきを共有していきます。さらには、天候や社会的できごとなどについて取り上げることもあります。たとえば、荒天によって遅刻者が多かったり、スポーツの世界イベントが深夜にテレビ中継されていたりするときには、翌日は寝不足気味の参加者が多いということもあります。

そして、こうしたことがプログラムの進行にどのような影響を与えたのかを検討していきます。

27.3.2 個々のプログラム要素のふりかえり

次に、実施された個々のプログラム要素につい

164　第Ⅵ部　ラボラトリー方式の体験学習の設計と実践

て、時系列に沿ってふりかえっていきます。プログラムの要素（全体導入、実習の実施、ふりかえり、小講義など）ごとに区切りながら、まずは実施中の記録にもとづいて、当初計画していたとおりに進んでいたのかを確認していき、計画どおり・時間どおりでなかった場合には、何がどんな理由でどのように変わったのかを確認します。

　そのうえで、プログラムの内容についての気づきを共有していきます。たとえば、

- 小講義や課題の導入の際、伝えるべき情報に過不足はなかったか
- ファシリテーターが意図していたとおりに参加者は情報を理解できていたのか
- 参加者の取り組みの様子はどうだったのか
- 使用する資料が適切、十分であったのか

などを、記録やジャーナル、アンケート、ファシリテーターの内省を総合しながら、互いに共有し、吟味していきます。

　吟味していく際、ファシリテーターが互いにどれだけ率直に気づきを共有できるかが、より良いふりかえりを進めるうえで重要となってきます。

　例えば、Aファシリテーターは小講義を担当していて、参加者の様子を見ながら、さらに高度な内容を含めたいと考え、話を進めました。しかしジャーナルを見てみると、参加者は基本的な部分さえ十分に理解できていなかったことが明らかになりました。実は、参加者は高度な話を十分に理解できず混乱してしまい、むしろ基本的な部分の理解もあやふやになっていました。

　このとき、小講義の様子を見ていたBファシリテーターは、参加者が混乱しているかもしれないという気づきを得ていたとします。両ファシリテーターから見た参加者の様子は主観なので、立ち位置や経験、願望や個性によって異なることも珍しくありません。ふりかえりで、互いの見え方を共有することで、どの部分がどのようにずれていたのか、それがプログラムの成果にどのように影響していたのかを詳しく吟味していくことができます。

　しかし、Bファシリテーターが見え方について

発言することで、「Aファシリテーターに対して、過ちを指摘することになるのではないか」という懸念をもっていると、見え方のずれを共有することができず、参加者が基本的な部分を理解できなかった原因を明らかにすることができなくなってしまいます。

　このように、ファシリテーターチームのなかでは、互いに信頼関係を構築したうえで、**フィードバックの留意点**（4.3.2項参照）にもとづいて率直に伝え合うことが、より良いふりかえりを行っていく前提となります。

27.3.3　次のプログラムへ向けての計画

　複数回のプログラムで構成されている体験学習プログラムでは、ふりかえりミーティングに引き続いて、次のプログラムの計画を策定していくこともあります。

　複数回で構成される体験学習の場合、プログラム全体を通して達成したいねらいが決まっているため、そのねらいの達成へ向けて、事前に実施するプログラム内容の概略も決まっています。しかし、ふりかえりミーティングを通して検討した評価結果によって、事前に決めていた内容から変更することも珍しくありません。実習内容などはそのままに、さらにねらいの達成を促進するようにふりかえり用紙の変更をしたり、小講義で話す内容を調整したりする程度の変更も多いですが、ときには事前に考えていた実習を変更することもあります。

　事前に決められた計画にとらわれることなく、ふりかえりを通したプログラム評価の結果にもとづき、毎回、“今ここ”の参加者、ファシリテーターによって、最適なプログラム内容を作り上げていくことができるのが、ラボラトリー方式の体験学習の最大の利点ともいえます。

27.3.4　ふりかえりミーティングでの留意点

　いうまでもなく、ここまでのふりかえりについても、記録をしておくことが重要です。**図27-2**

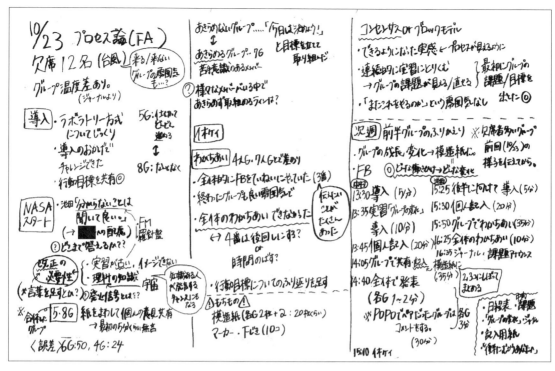

図27-2 ふりかえりミーティングの記録例

はふりかえりミーティングの記録例です。

　毎回のプログラム後に行われるふりかえりミーティングは、単なる反省会ではなく、次のプログラムへ向けての学びの場となる必要があります。したがって、プログラム評価の理論にもとづき、**プログラムのプロセスに関わる評価情報**（このようなことを行った／が起こった）と、**アウトカムに関わる評価情報**（参加者がこのようなことに気づき、学んだ）を明確に区別しながら検討を進めることが大切です。

　先に述べたように、ラボラトリー方式の体験学習では、いまだ、アウトカムに関する客観的な情報源が確立しているとはいえず、参加者の内省とファシリテーターから見た気づきに頼らざるを得ません。そうであればなおのこと、とくにアウトカムについては、参加者による言葉をファシリテーターが正しく読み取り、ねらいがどの程度、どのように達成できたのか、アウトカム評価の正しい査定を心がける必要があります。また、そのアウトカムが生まれた要因となるプロセスと適切に結び付け、プログラムが成功したのかうまくいかなかったのか、うまくいかなかった原因は**理論の誤り**（theory failure）によるものか、**実践の誤り**（implementation failure）にあるのかを明らかにしていくことが求められます。

注
1 インパクト評価とは、プログラムによる直接的な効果が蓄積、波及することで生じることが期待される中長期的な変革に対する評価を指します。体験学習プログラムでも、中長期的な変化を期待してプログラムを計画していくことがありますが、中長期的な追跡が必要となるため、体験学習プログラムそのものの設計や実践の範囲を超えるため、本章では取り扱いません。
2 ここでいう「プロセス」とは、プログラムの実施過程を指しており、ラボラトリー方式の体験学習でいう、人と人との関わりの過程を意味する「プロセス」とは異なります。

引用文献

池田満（2017）．「ラボラトリー方式の体験学習」のプログラム評価へむけて　人間関係研究（南山大学人間関係研究センター紀要），16, 14-33.

Kloos, B., Hill, J., Thomas, E. Wandersman, A., Elias, M. J., & Dalton, J. H. (2012). *Community psychology: Linking individuals and communities.* (3rd ed.). Wadsworth.

Linney, J. A., & Wandersman, A. (1991). *Prevention plus III: Assessing alcohol and other drug prevention programs at the school and community level: A four-step guide to useful program assessment.* US Department of Health & Human Services.

中村和彦・津村俊充（2012）．実習「ブリッジ・ビルディング」人間関係研究（南山大学人間関係研究センター紀要），11, 146-149.

Weiss, C. H. (1998). *Evaluation* (2nd ed.). Prenctice Hall. （佐々木亮（監修）前川美湖・池田満（監訳）（2014）．入門評価学——政策・プログラム研究の方法——　日本評論社）

28章

体験学習プログラムのバリエーション

本章で取り上げていること

第Ⅵ部では、ラボラトリー方式の体験学習のなかでも、実習を用いた「構成的な体験」から学ぶプログラムの設計とファシリテーションについて説明してきました。本章では、ラボラトリー方式の体験学習で用いられる実習には、どのようなタイプのものがあるのかをまずは解説していきます。そして、実習を選ぶ際の視点や、連続した体験学習プログラムを設計する際の各回の実習の選び方について触れていきます。

28.1 非構成的な体験と構成的な体験

第Ⅰ部（2.4.1項）では、ラボラトリー方式の体験学習が、構成的なプログラムと非構成的なプログラムに大別できることを紹介しています。**構成的な体験**と**非構成的な体験**の違いは、参加者が取り組む課題がファシリテーターによって予め構成されている程度（度合い）です。

第Ⅰ部で触れられている、非構成的な体験であるTグループでは、時間と場所とメンバー、そして、トレーニング全体のねらいは決まっていますが、参加者が取り組む課題や話題は予め決められていません。参加者が何を話すかについて自由度が高く、どんなテーマや内容が話されるかはセッションが始まってみないとわかりません。

一方の、構成的な体験とよばれている、授業や研修のなかで行われることも多い、実習を用いた体験学習では、参加者が取り組む課題が予めファシリテーターによって計画されています。実習のなかで参加者が話すテーマや内容は、予め構成された課題に関することになります。

以下では、参加者が話し合う課題があらかじめ決められている体験学習プログラム（＝構成的な体験）を設計する際に、どのようなタイプがあり、それぞれのタイプにどのような実習が該当するのかを解説していきます。

28.2 実習のバリエーション

さまざまな実習を整理し分類するために、ここでは、**レベル**と**タイプ**の2軸でとらえていきます。レベルというのは、第Ⅱ部5.1節で説明してきた、システムのレベルです。参加者が体験し学ぶプロセスのレベルとして、次のものがあります。

ⅰ）個人内プロセス
ⅱ）対人間プロセス
ⅲ）グループプロセス
ⅳ）組織内プロセス

タイプというのは、実習のなかで参加者が取り組む課題の特徴で、次のものがあります。

①情報紙
②コンセンサス（全員による合意）
③アクティビティまたは制作型
④ロールプレイ
⑤価値観明確化
⑥コミュニケーション実習または観察実習
⑦ノンバーバル実習

表28-1 には、レベルごとに用いられる実習タイプ別に、代表的な実習名を挙げました。表28-1 の中で、［ a ］〜［ l ］の記号を付けていますが、以下では［ a ］〜［ l ］の順に実習の特徴や実習名の例を挙げていきます。なお、表28-1 の実習名に＊が付いているものは、南山大学人間関係研究センターの機関誌『人間関係研究』に掲載された実習で、以下の文中にもどの号に掲載されたかを括弧内に記しています。『人間関係研究』はWeb ページでも公開されていて、オンライン上で見ることができます（https://rci.nanzan-u.ac.jp/

表28-1 実習のタイプと代表的な実習名

プロセスに気づくシステムのレベル	実習のタイプ	代表的な実習例
ⅰ）個人	［a］個人の気づきの実習 （アクティビティ・制作型実習）	私の対人関係地図（星野，2007） 私の BOX（津村・星野，1996e） 私をあらわすオブジェ作り（青木他，2021）＊
	［b］価値観明確化の実習	価値のランキング（津村・星野，1996f） ルナ系第5惑星（楠本，2017）＊ うた えらび（楠本・土屋，2020）＊
ⅱ）対人間	［c］ロールプレイ	聴かない（柳原，2003） 援助的コミュニケーションの2つのタイプ（楠本・中村・中野，2008）＊
	［d］コミュニケーションと観察 〈ノールなし〉 〈ノールあり〉	たずねる・こたえる・観る（星野，2003） 流れ星（星野，2003） 聴く（津村・星野，1996a）
	［e］ノンバーバル実習	無言の探索（津村・星野，1996e）
ⅲ）グループ	［f］情報紙を用いた実習	匠の里（津村・星野，1996a） トシ君のおつかい（津村，2019） 駅伝大会（中村，2009）＊ 持ち寄りホームパーティ（中村，2016）＊
	［g］コンセンサス実習 〈正解あり〉 〈正解なし〉	NASA（津村・星野，1996d） サバイバル（星野，2003；津村・星野，1996d） 尾びれを持ったお姫様（南山大学人間関係研究センター，2008）＊ ボランティア（福山，1998） 5人のツアーガイド（津村，2019）
	［h］アクティビティ・制作型実習	ブロックモデル（津村・星野，1996c） オブジェ作り（津村・星野，1996b） タワー・ビルディング（中村・津村，2010）＊ ブリッジ・ビルディング（中村・津村，2012）＊
	［i］ロールプレイ 〈リーダーシップ実習〉	住宅問題（星野・津村，1996c） チャイナボード（星野・津村，1996c）
	［j］コミュニケーションと観察	POPO（津村・星野，1996b）
	［k］ノンバーバル実習	ハナブサ・フィギャーズ（津村・星野，1996b） 協力ゲーム（津村・星野，1996a）
Ⅳ）組織	組織実習 ［l］アクティビティ・制作型実習 およびロールプレイ	マネージャーゲーム（星野，2007） トランプ企業体（津村・星野，1996d） ニューモデル航空機（星野・津村，1996c）

168　第Ⅵ部　ラボラトリー方式の体験学習の設計と実践

ninkan/publish/bulletin.html）。

28.2.1　個人内プロセスに焦点づける実習

[a] アクティビティ・制作型実習

　今の自分自身を色や形で表現し、その体験から今の自分自身に気づくことをねらいとした制作型の実習があります。今の自分を画用紙に描く、紙袋や箱の外側に他者に見せている自分を、内側に内面的な自分を表す、などの制作に個人で取り組みます。実習名としては、「私の対人関係地図」、「私のBOX」、「私をあらわすオブジェ作り」（『人間関係研究』第20号）、などです。

　また、このアクティビティと**ノンバーバル実習**の両方の要素を含んだものとして、**自分自身の身体に気づく実習**（ボディワーク、フォーカシングやゲシュタルト療法のワークを応用した実習）もあります。これらは、6章で紹介されている**個人内プロセス**に気づくことをねらいとした実習です。ちなみに、フォーカシングを応用し、**コミュニケーション実習**（傾聴実習）の要素も採り入れた実習として、「最近の私ってキュウリやねん（野菜フォーカシング）」（青木，2020）が紹介されています。

[b] 価値観明確化の実習

　自分が好きなことや大切にしていることを用紙に記入する、挙げられた項目について**順位づけ**をする、などの個人記入を通して、**個人が大切にしていることや価値観に気づく実習**です。個人で順位づけしたものをグループで話し合う場合もあります。その場合、個人で順位づけしたものをグループで話し合うステップは、[g] コンセンサス実習に似ていますが、個人の**価値観の明確化**をねらいとする場合は、グループの順位を合意することを求めません。グループで話し合うのは、他のメンバーとの違いに気づくことや、他のメンバーからフィードバックをもらうためです。

　個人で選択した後にグループで話し合いを行う実習としては、「価値のランキング」、「ルナ系第5惑星」（『人間関係研究』第16号）、「うた　えらび」（『人間関係研究』第19号）があります。また、個人で順位づけをした後にグループで話し合う実習は、「尾びれを持ったお姫様」（『人間関係研究』第7号）、「私が大切にしていること」などがあり、これらの実習は**表28-1**では「コンセンサス実習（正解なし）」として挙げられています。

28.2.2　対人間プロセスに焦点づける実習

　対人間プロセスに焦点づける実習では、1対1のやりとりで起こっているプロセス、たとえば、どのように話しているか、どのように聞いているか、やりとりで起こっているパターン、などに気づくことをねらいとすることが多いです。実習はペアで行われるのが基本ですが、観察者を含めて3〜4人組で行われることもあります。

[c] ロールプレイ

　1対1でやりとりをする際に役割が与えられ、その役割を演じるものです。**カウンセリングや対人援助の実習**として行われることも多いです。具体的な実習は、「聴かない」、「援助的コミュニケーションの2つのタイプ」（『人間関係研究』第7号）を挙げることができます。その他、カウンセリングや対人援助のワークの多くに**ロールプレイ**が用いられています。

[d] コミュニケーションと観察

　自分の話し方や聴き方に気づくことや、聴くことについて体験から学ぶことなどをねらいに行われます。コミュニケーションをする際に、ルールがない実習のタイプと、あるルールのもとで話し合う実習があります。ルールがないコミュニケーション実習である「たずねる・こたえる・観る」では、2人が数分間やりとりするプロセスを観察者が観てフィードバックを行います。ルールがある実習としては、「流れ星」や「聴く」があります。

[e] ノンバーバル実習

　ペアで言葉を使わずに関わるものです。1人が目隠しをしたうえでもう1人が無言で関わり、周囲を探索する「無言の探索」がこのタイプの代表

的な実習です。

28.2.3　グループプロセスに焦点づける実習

　ラボラトリー方式の体験学習は、グループを用いたトレーニングとして始まりました。そのため、グループのレベルの実習が数多くあります。以下では、**表 28-1** に挙げたタイプ別に、実習の概要と実習名を挙げていきます。

［f］情報紙を用いた実習

　各メンバーに**情報紙**が配布され、情報を共有することで課題を達成することができる実習です。「トシ君のおつかい」、「匠の里」、「駅伝大会」（『人間関係研究』第 8 号）、「持ち寄りホームパーティ」（『人間関係研究』第 15 号）などがあり、ほかにもさまざまな実習があります。

［g］コンセンサス実習

　このタイプは、**正解があるコンセンサス実習**と**正解がないコンセンサス実習**に大別されます。

　正解があるコンセンサス実習とは、話し合って合意する課題について正解があるものです。代表的なものとしては、「月で遭難したときにどうするか」（ほかに砂漠や海があります）、「サバイバル」があります。また、調査結果を予想する実習もこのタイプに含まれます。

　一方の、正解のないコンセンサス実習とは、グループで話し合って合意する課題に正解がないものです。話し合われる内容としては、［b］個人レベルの価値観明確化実習で挙げた、「尾びれを持ったお姫様」（『人間関係研究』第 7 号）や「私が大切にしていること」、ほかには「ボランティア」があります。

［h］アクティビティ・制作型実習

　グループで動く実習や、グループで協働して制作する実習があります。「ブロックモデル」、「オブジェ作り」、「タワー・ビルディング」（『人間関係研究』第 9 号）、「ブリッジ・ビルディング」（『人間関係研究』第 11 号）などがあります。

［i］ロールプレイ

　グループメンバーに異なる役割が記されたカードが渡され、各メンバーはその役割を演じながら、グループで課題に取り組む実習がいくつかあります。また、ロールプレイの 1 つの形態として、メンバーの中の 1 人がリーダー役となってグループで課題に取り組むもの（「チャイナボード」など）もあります。

［j］コミュニケーションと観察

　伝統的な実習として、グループプロセスを観察する実習「POPO」（別名「フィッシュボール」）があります。1 つのグループが話し合いをしているのを、もう 1 つのグループが観察をする、というものです。

［k］ノンバーバル実習

　紙片を用いた課題を無言で行う「ハナブサ・フィギャーズ」や「協力ゲーム」、無言で制作や描画をグループで行う実習があります。なお、実習「名画鑑賞」は、ノンバーバル実習として無言で描くフェーズがあり、その後、コンセンサス実習として描かれた絵の題名をメンバーで合意するフェーズがあります。

28.2.4　組織内プロセスに焦点づける実習

［l］アクティビティ・制作型実習およびロールプレイ

　「**組織実習**」ともよばれる、このカテゴリーの実習では、参加者に役割（社長、部長、課長、一般社員など）が割り当てられます。そして、グループや組織として課題に取り組みます。実習名としては、「マネージャーゲーム」、「トランプ企業体」、「ニューモデル航空機」などがあります。

28.3　プログラムを設計する際の実習の選び方

　ラボラトリー方式の体験学習のプログラムを設計する際には、オリジナルの実習を作成するか、

既存の実習から選ぶか、のどちらかになります。28.2節で挙げたような、既存の実習から選ぶ場合に大切なことは、選んだ実習をそのまま使うのではなく、参加者に合わせた**カスタマイズ**をすることです。また、実習集には**ふりかえり用紙**の例が掲載されていますが、ふりかえり用紙もねらいに合わせてカスタマイズする必要があります。

既存の実習から選んでプログラムを設計する場合、以下の点について留意してください。

（1）どのレベルのプロセスについて参加者が学ぶことをねらいとするか

24章「体験学習プログラム設計の6段階」で紹介されているように、プログラムを設計する際には、まずはねらいが明確になったうえで、内容の設計、つまり、どのような実習を行うかを検討することになります。ねらいを考える際に、プロセスのどのレベルに焦点づけるかを意識することは非常に大切です。**表28-1**の左列（**個人内プロセス、対人間プロセス、グループプロセス、組織内プロセス**）のどのレベルについて参加者が学ぶことをねらいとするのかを設定した後に、そのプロセスについて体験から学ぶのに適した実習を選ぶというステップで設計していきます。

（2）プログラム全体の時間と課題を実施する時間

体験学習プログラムは、導入、課題の実施、結果発表、ふりかえり、などのフェーズから構成されます。課題の実施に割り当てることができる時間の目安は全体の1/3です。たとえば、全体が60分なら課題の実施は15〜20分、全体が90分なら課題の実施は20〜30分、全体が120分なら課題の実施は30〜40分、全体が180分ならば課題の実施が60分またはそれ以上、というのが目安となります。ラボラトリー方式の体験学習ではふりかえりの時間が重要なため、実習で参加者が取り組む課題を選ぶ際には、時間に余裕がある実習を選択する必要があります。

（3）参加者のこれまでの経験

ラボラトリー方式の体験学習を経験したことがない参加者は、プロセスから学ぶという学び方に慣れていません。そのため、難易度の高い課題よりは、難易度が低めの課題を選ぶとともに、導入や意味づけを促進するための小講義をていねいに行うことが大切です。初めてラボラトリー方式の体験学習を経験する参加者には、比較的簡単に解決することができる、情報紙を用いた実習を用いるのがよいかもしれません。

（4）複数回にわたる実施の場合

大学の授業や社会人向けの連続講座のように、複数回にわたって体験学習プログラムを実施する場合、プログラム全体の流れを意識したうえで、各回の実習を選ぶ必要があります。課題の難易度について、比較的簡単なものから始めて、ある程度難しいものになっていく設計をしていくのが基本です。

たとえば、グループプロセスに焦点づけた連続プログラムなら、最初は情報紙を用いた実習から始め、その後、コンセンサス実習やアクティビティ・制作型実習を用いていく流れがあり得ます。複数回にわたるプログラムの場合、各回でグループメンバーを固定するのか、毎回メンバーが変わる形で行うのか、を意図的に選択することも大切です。

（5）ファシリテーター自身が体験してみること

ファシリテーター自身が参加者として体験したことがない実習を用いる場合、まずは自らが体験してみることが大切です。ファシリテーターが参加者と「ともにある」（星野, 2005）ためには、実習を通して参加者が体験するであろうプロセスを自らも事前に体験しておくことが望ましいでしょう。

引用文献

青木剛（2020）．「最近の私ってキュウリやねん」への傾聴から学ぶフォーカシング指向リスニングワーク　人間関係研究（南山大学人間関係研究センター紀要）, *19*, 110-122.

星野欣生（2005）．ともにあること（WITH-ness）　津村俊充・山口眞人（編）　人間関係トレーニング（第2版）——私を育てる教育への人間学的アプローチ——　(pp. 185-189)　ナカニシヤ出版

表28-1に掲載した実習例の出典

青木剛・市川紗理奈・山崎綾介・坂中正義（2021）．オンライン授業に対応したワークの開発——私をあらわすオブジェ作り——

人間関係研究（南山大学人間関係研究センター紀要），20，167-180．
福山清蔵（1998）．カウンセリング学習のためのグループワーク　日本・精神技術研究所
星野欣生（2003）．人間関係づくりトレーニング　金子書房
星野欣生（2007）．職場の人間関係づくりトレーニング　金子書房
楠本和彦（2017）．実習「ルナ系第5惑星」　人間関係研究（南山大学人間関係研究センター紀要），17，152-160．
楠本和彦・土屋耕治（2020）．南山大学人文学部心理人間学科科目「体験学習実践トレーニング」におけるオリジナル実習の作成と実施についての検討——実習「うた　えらび」——　人間関係研究（南山大学人間関係研究センター紀要），19，89-109．
楠本和彦・中村和彦・中野清（2008）．実習「援助的コミュニケーションの2つのタイプ」　人間関係研究（南山大学人間関係研究センター紀要），7，116-122．
中村和彦（2009）．実習「駅伝大会」　人間関係研究（南山大学人間関係研究センター紀要），8，174-82．
中村和彦（2016）．実習「持ち寄りホームパーティ」　人間関係研究（南山大学人間関係研究センター紀要），15，136-144．
中村和彦・津村俊充（2010）．実習「タワー・ビルディング」　人間関係研究（南山大学人間関係研究センター紀要），9，120-127．
中村和彦・津村俊充（2012）．実習「ブリッジ・ビルディング」　人間関係研究（南山大学人間関係研究センター紀要），11，146-149．
南山大学人間関係研究センター（2008）．コンセンサス実習「尾びれを持ったお姫様」　人間関係研究（南山大学人間関係研究センター紀要），7，155-160．
津村俊充（2019）．改訂新版　プロセス・エデュケーション——学びを支援するファシリテーションの理論と実際——　金子書房
津村俊充・星野欣生（1996a）．Creative Human Relations Ⅱ　プレスタイム
津村俊充・星野欣生（1996b）．Creative Human Relations Ⅲ　プレスタイム
津村俊充・星野欣生（1996c）．Creative Human Relations Ⅳ　プレスタイム
津村俊充・星野欣生（1996d）．Creative Human Relations Ⅴ　プレスタイム
津村俊充・星野欣生（1996e）．Creative Human Relations Ⅵ　プレスタイム
津村俊充・星野欣生（1996f）．Creative Human Relations Ⅶ　プレスタイム
柳原光（2003）．復刻版 Creative O. つ. vol. 2　プレスタイム

コラム

体験学習の成果をどうとらえるか

宇田　光

確かな学力と体験学習

学習指導の研究で、体験学習は「系統学習」と対比される。系統学習は、親学問を土台とする教科を中心に組み立てられるから、学習内容がはっきり決まっている。それに対して体験学習は、子どもたちの日常生活での経験から始まる問題解決学習のことだな、ととらえるのである。この体験学習と系統学習との綱引きが、延々と続いてきており、「総合的な学習の時間」の是非論争もこの延長線上にある。ただ、この議論は長くなるので、ここでは深入りしない。

系統学習は学習指導要領に従って一斉に整然と進められ、成果の測定もしやすい。ただし、直後のテストで良い点を取れたとしても、それは「確かな学力」なのか？　と疑問をもたれてきた。知識の詰め込みであり、一時的で脆弱な成果しか残せていないのではないか？

一方、体験学習は見るからにアクティブだし良さそうだ。体験で得られる成果は意義深いに違いない、と漠然と信じられてきた。しかし、その効果測定は難しい。エビデンスが重視されるなか、体験学習はその成果を客観的にとらえる方法がネックなのである。

本コラムでは、従来では測定が困難だった学習成果を測る試みを紹介する。国際学力調査の PISA における協同問題解決能力のことである。

PISA2015 と CBT

PISA は、OECD 諸国を中心として 2000 年から始まって 3 年おきに実施されてきた。そして、日本の 15 歳児は、一貫して高い水準の学力を示してきた（読解力の低下が、少々懸念されてはきたのだが）。この PISA は、2015 年に大きく変わった。第 1 に CBT（コンピュータを用いたテスト：Computer Based Testing）方式を採用したこと、第 2 には「協同問題解決能力」の部門を加えたことである。

まず、CBT では、従来のように採点にコンピュータを用いるだけではなく、テストそのものをコンピュータで実施する。つまり、受験者は 1 人 1 台の PC を与えられて、画面上で提示されるテスト問題に解答していく。このことで、従来ではできなかった新たな出題形式が可能になっている。例えば、ある状況で受験者がシミュレーションをおこなって、その結果から法則を推論させる問題が出せる。また、受験者の反応しだいで次の問題を変えるなど、柔軟性が高まる。さらに、遠隔地で受験できる機会も広がる。ただしこの場合、本人が不正なく受験していると確認する方策が欠かせない。

協同問題解決能力

では、協同問題解決能力は、どうやって測定するのだろうか。協同で作業するといっても、受験した生徒たちは、隣の人と話し合って解答したわけではない。実は、これも CBT ならではの独特の方法となっている。

例となるある問題で、受験者は、架空の国である「ザンダー国」の地理や人口、経済に関するデータを示される。そして、コンピュータ上の複数の仮想的な「友人」と協力して、問題解決に臨んでいく。具体的には、「友人」から届くチャットに対して、次々と返事を選択していくのである（**図 1**）。図では、三郎君の発言に対して示された 4 つの選択肢のうち、「そうだけど、どうすればいいのかな」が正解となっている。

この**図 1**にあるチャットのやりとりを見ると、参加者の間で調整が求められる場面で、生徒がどの選択肢を選ぶかが問われている。またこの後、あかねさんが、「私は，いろんな国の人や暮らしにすごく興味があるの。いつもそれについての本を読んでいるわ」と情報提供してくる。そこで出

てくる4つの選択肢のなかから、「『人口』はあかねさんにまかせたほうがよさそうだね。三郎君、それでいい？」を選択すると、これが正解となっている。

PISA2015の結果、参加しているOECD諸国のなかで、日本は学級雰囲気がトップクラスである。教室がざわついていて、先生が授業を始められないなどの混乱は、比較的少ないのである。そして、協同問題解決能力もまたトップクラスの成績となっている。

体験することは1人ひとりみな違うのだから、協同的な学びの成果を一律の物差しで測ることは難しい。知識や技能、理解度を測定する場合とは別の見方が必要となる。しかし、もし体験学習の効果が測れるようになったら、その必要性をエビデンスをもとに示せる。エビデンスが重視される時代、その成果の一端を測定する方法が開発されつつあることは、体験学習にとっては良いニュースだといえよう。

引用文献
国立教育政策研究所（2017）．OECD 生徒の学習到達度調査 Programme for International Student Assessment　PISA2015 年協同問題解決能力調査──国際結果の概要──　https://www.nier.go.jp/kokusai/pisa/pdf/pisa2015cps_20171121_report.pdf

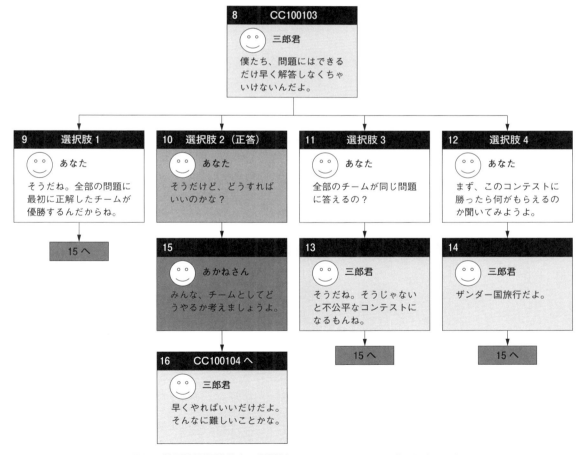

図1　協同問題解決能力の課題例　PISA2015（国立教育政策研究所，2017）

おわりに

　『人間関係トレーニング』の後継本となるよう意識して作られた『人間関係の学び方』はいかがだったでしょうか。

　関わりの体験からともに学ぶ、という軸はありながらも、さまざまな視点があること、また、その広がりについて感じていただけたのではないかと思います。

　繰り返しになりますが、ここで紹介されている言葉や考えは、こうすべきというものではなく、皆様の体験からの学びを掘り下げたり、豊かにしたりする補助線のように使っていただければと思っています。

　また、この本を読んだだけでは、体験から学ぶことにはならないことは、この本の限界でもあります。

　この本を片手に、目の前の人とともに探究する場をもっていただくことが何よりです。

　体験学習の学びは、その場、状況で変化していくものです。

　1回やって終わりではなく、都度、紡ぎ続けるものだとも思います。

　この書籍を通して、出会いに拓かれていくことの後押しになれば幸いです。

2024 年 10 月

編者を代表して　土屋耕治

事項索引

欧　文

Getting to Outcomes　138
Minahan の氷山図　58
PCA　73, 97
PISA　172
PM 理論　60
Reddy の氷山図　58
T グループ　2, 8, 11, 13, 63, 97
T セッション　9, 11, 13
WITH-ness　51, 143

あ　行

アイスブレーキング　149
アウトカムに関わる評価情報　165
アウトカム評価　140, 159, 160, 161
アウトサイダー・ウイットネス　25
アウトプット　46
アクティビティ・制作型実習　168, 169
アクティブリスニング　81, 90
アサーション　46
アサーティブ　46
アジェンダ　129
アニマ　114
アニムス　114
暗黙の約束事　6
意識化　5, 6, 34, 35, 108, 152
依存　67
一致　79
異文化間でのコミュニケーション　43
今ここ　2, 16, 17, 19, 34, 91, 93, 95
意味帰属　69
意味づけ　7, 18
イメージ　40, 94, 115, 116
　　──化　34
　　──法　94
インクルーシブ　51
動きの感覚　36
運営機能　69
運動感覚　34
エクスペリメント　92, 93
エディプスコンプレックス　114
エンカウンター・グループ　10, 97
エンコーディング　45
エンプティ・チェア　92, 94
思いやり　69
オンライン会議　120

か　行

会議ファシリテーション　118
外受容感覚　36
解読　45
開放の領域　21
カインコンプレックス　114
カウンセラー　79, 102
カウンセリング　72, 75, 103

──・アプローチ　13
──や対人援助の実習　168
関わりの体験　5, 152
隠された領域　22
学習共同体　9
学習ジャーナル　18
学習目標　139
影　114
加算型　55
語る　106
価値観の明確化　168
関係的存在　10
感情　36
　　──の反射　82
　　──の明確化　83
関連性の認知　110
記号化　45
気づき　33, 93, 111
規範　60
規範期　66
基本的想定　67
教育観　142
教育ファシリテーション　118
境界　30, 132
共感的理解　78
凝集性　64
協働的　17
共同ふりかえり　3
協同問題解決能力　172
クライエント　75, 79, 92, 102
　　──の沈黙　103
グラウンドルール　130
クリアリングスペース　88, 89
繰り返し　82
グループ
　　──規範　69
　　──・ダイナミックス　131
　　──としての実現傾向　124
　　──・ノーム　6
　　──の発達　65
　　──・パフォーマンス　55, 57
グループプロセス　32, 54, 124, 125, 126
　　──・コンサルテーション　128, 135
グレートマザー　114
グローバル化　51
経験　84
芸術療法　38
形成期　66
傾聴　50, 90
系統学習　172
ゲイン　55
ケーラー効果　57
ゲシュタルト　91
　　──的特徴　54
　　──療法　91, 111

懸念　65
元型　114
言語化　34, 108
顕在化　111
現象としてのフォーカシング　89
効果的　120
構成的なグループ・アプローチ　2, 9, 11, 12, 14, 146
構成的な体験　166
構造化の程度が高い形態　11
構造化の程度が低い形態　11
肯定的感情　110
効率化　119
コード化　45
ゴール　139
五感　35, 36, 95
国際協力のファシリテーション　119
国際理解教育ファシリテーション　118
個人的無意識　113
個人内プロセス　32, 33, 35, 36
個性化　115
言葉の発達　43
個の尊厳　141
コミュニケーション　42
　　──実習　168
　　──プロセス　43
コンサルテーション　46
コンセンサス実習　11
コンテント　4, 5, 10, 42, 54, 59, 128, 129, 135
コンプレックス　114
混乱期　66

さ　行

サブシステム　31
参加者アンケート　162
ジェスチャー　42, 50
自我　114
自覚　105
自己　115
自己開示　21, 24, 25, 50, 153
自己概念　35, 48, 84
　　──による経験の否認　85
　　──による経験の歪曲　85
　　──の変容　85
自己革新力　122, 133
自己実現　75, 115
自己実現力　102
自己受容感覚　37
自己成熟力　102
自己成長　20
自己治癒力　102
自己洞察　109, 110
仕事の個業化　120
自己の受容　110

システム　30
　　——の階層性　31
　　——論　30
しっくり　107
実現傾向　75, 102, 124
　　——を促す関わり　76
実習課題　11
実習集　140, 147
実践の誤り　159
シナジー効果　53
自分自身の身体に気づく実習　158
ジャーナル　13, 18, 19, 155, 162
社会構成主義　18
社会的競争　57
社会的手抜き　57
社会的補完　57
社会の縮図　92
集団精神療法　64
受信者　44
主体的参加者　127
ジョイニング　132
小講義　155
象徴化　108
情緒的洞察　109
情動刺激　69
情報紙　169
ジョハリの窓　21, 26
助力関係　9, 72
自律性　102, 115
身体感覚　34, 35, 36
身体のサイン　35
身体反応　36
心理的安全性　122
心理的成長　82
心理療法　72
親和期　66
遂行期　67
スタッフミーティング　12, 144
ステレオタイプ　18
図と地　5
スプリッティング　68
正解があるコンセンサス実習　169
正解がないコンセンサス実習　169
省察の実践家　47
生産性阻害　56
成長　20
積極的傾聴　81
セラピスト　92
前意識　113
潜在力　55
前親和期　66
全体会　13
全体は部分の総和とは異なる　31
選択要素　110
先導型ファシリテーション　120, 121, 135
専門的助力　72
相互作用　31
相互理解　20
創造的表現　38
素材　33, 35, 39

組織　54, 136
組織開発　136
　　——ファシリテーション　119, 121
組織実習　169
ソマティック心理学　35

た　行

体験学習
　　——における探究プロセス　39
　　——の探究サイクル　4, 33, 108, 142, 148
　　——のファシリテーション　118, 119
　　——のフィロソフィー　141, 144
　　——プログラム設計のための６つのステップ　138, 150
対自的コミュニケーション　34, 115
対人学習　69
対人間のグチャグチャ　54
対人間プロセス　32, 42
　　——に焦点づける実習　168
対人フィードバック　69
対他的コミュニケーション　115
ダイバーシティ　51
対話による援助　73
タスク　55, 130
　　——・プロセス　60, 61, 121, 123, 128, 129, 135
多層性のラボラトリー　19
ただ乗り効果　57
多様性　51
探究　7, 18
単純な受容　82
チーム　54, 136
　　——ティーチング　12, 144
　　——・ビルディング　119, 136
チェックイン　150
知的洞察　109
知的理解　109
チャンネル　45
中核３条件　77, 92
調整　56
　　——の要因　56
　　——ロス　56
沈黙　103
データ　25, 33, 35, 39
デコーディング　45
投影　68
　　——同一化　68
動機　56
　　——の要因　56, 57
洞察　109
統制期　66
逃走　67
闘争　67
ともにあること　143
トレーニング・ラボラトリー　2, 8

な　行

内受容感覚　36
内省的　17

内臓の感覚　36
悩み　107
ニーズ　139
日程表　151
人間観　142
人間関係　4
人間性
　　——教育　8
　　——心理学　8, 91, 93
　　——の尊重　73
　　——豊かな関係　16, 20
人間尊重の姿勢　77
人間尊重の態度　81
人間中心の教育　8
人間的な成長　9
人間を大切にする姿勢　77
ねらい　139, 140
　　——づくり　145
　　——についての一般的留意事項　145
能力構築　127
ノンバーバル実習　168, 169

は　行

パーソンセンタード・アプローチ　73, 87, 97, 102
バイアス　18
バウンダリー　30, 132
発信者　44
話す　106
場面構成　82
反省的実践家　47
伴走型ファシリテーション　121, 135
ハンドル表現　89
非言語
　　——コミュニケーション　42, 43
　　——的感覚　108
　　——的サイン　95
　　——的表現　38
非構成グループのプロセス　32
非構成的なグループ・アプローチ　2, 9, 11, 12, 63, 146
非構成的な体験　166
非指示的リード　83
ビジョン　139
非操作　141
ぴったり　107
否定的感情　49, 110
ヒューマニスティック・グループ・アプローチ　92
表出　46
ファシリテーション　118
　　——・アプローチ　13
ファシリテーター　2, 61, 70, 118, 126, 139
　　——チーム　139, 157
　　——の気づきや内省　163
フィードバック　21, 24, 25, 44, 45, 47, 153
　　——の留意点　164
フェルトシフト　88, 112
フェルトセンス　39, 87, 89
フォーカシング　39, 87, 88, 111

178　索　引

──簡便法　89
物理的・空間的バウンダリー　64
普遍的無意識　113
不要性効果　57
ふりかえり　2, 3, 4, 6, 98
　　──ミーティング　163
　　──用紙　6, 11, 140, 147, 153, 170
プログラム評価　158
プロセス　4, 5, 10, 42, 54, 59, 128, 129, 142
　　──から学ぶ　9
　　──・ゲイン　55, 57, 120
　　──・コンサルテーション　121, 135,
　　136
　　──に関わる評価情報　165
　　──評価　140, 159, 160
　　──・ロス　55, 56, 120
文化　43
分化期　67
文化的孤島　64
分析的な思考　10
分離期　67
ペアリング　67
別離期　67

変革媒体者　72
補償作用　115
ポテンシャル　140

ま　行

マイクロコスモス　92
まちづくりファシリテーション　119
待つ　102
学び方を学ぶ学習　10
未知の領域　23
民主主義　9
民主的　17
無意識　113
無条件の積極的関心　78
メッセージ　45
メンテナンス・プロセス　60, 61, 121, 122,
　　125, 128, 129, 135
盲点　22

や　行

有能なコミュニティ　124
ユング心理学　102, 113

ら　行

ラーニング　134
ラボラトリー・トレーニング　2
リーダーシップ　60
離接型　55
リフレクション　25, 47, 81
リフレクティング・プロセス　47
リモートワーク　120
リレーション　134
理論の誤り　159
リンゲルマン効果　56
臨床心理学　72
ルビンの壺　5, 6
劣等コンプレックス　114
連接型　56
ロールプレイ　168, 169

わ　行

ワークショップのファシリテーション　118
わかちあい　2, 3, 11, 39, 153
わくわく　141, 147, 151, 152
「私」メッセージ　25

人名索引

A

Allport, G.　17
Andersen, T.　25, 47

B

Benne, K. D.　8, 72
Berta, W.　127
Bertalanffy, L. Von　30
Bion, W.　67
Bohart, A. C.　124
Bourne, E. J.　46
Bradford, L. P.　8, 9, 10, 17, 72, 73
Brodbeck F. C.　55, 56, 60
Bruun, S. E.　57
Bushe, G. R.　54, 58

C

Cottrell, L. S.　124

D

Dewey, J.　17
Dryden, W.　103, 104, 109, 111, 116

F

Feltham, C.　103, 104, 109, 111, 116
Forsyth, D. R.　54
Frank, J. D.　73
Freud, S.　109, 113, 116

藤岡俊子　33
福島宏器　36

G

Garland, J.　66, 67
Gendlin, E.　87, 89
Gergen, K. J.　18
Gibb, J.　65, 134
グラバア俊子　12, 36, 37, 73
Goldstein, K.　75

H

Hackman, J. R.　55
原田華　103
東山紘久　34, 103, 115
平木典子　46
星野欣生　10, 15, 33, 35, 42, 51, 59, 141,
　　143, 170

I

池田満　163
池見陽　81, 89, 92, 106, 111
Ingham, H.　21, 56
井上文彦　93
伊東博　15
伊藤雅子　12
伊東留美　40

K

Kalff, D.　104
Karau, S. J.　57
河合隼雄　40, 102, 114, 115, 116
Kerr, N. L.　57
Kiesler, D. J.　106
Klein, H. J.　57
Kloos, B.　159
Köhler, O.　57
Kolb, D.　7
Korthagen, F.　7
Kravitz, D. A.　56
久保隆司　35
鯨岡峻　35
倉戸ヨシヤ　91, 92, 93, 94, 95, 109, 111
倉戸由紀子　92
楠本和彦　8, 9, 12, 13, 14

L

Latane, B.　57
Lewin, K.　16, 17, 64
Lieberman,　68
Linney, J. A.　159
Luft, J.　21

M

前田重治　113
Mann, R.　66

Marshak, R. J.　*120*
Martin, B.　*56*
Maslow, A.　*75*
増田實　*15*
Minahan, M.　*58*
三隅二不二　*60*
文珠紀久野　*36*
Morris, C. G.　*55*
Mulvey, P. W.　*57*
村山正治　*14, 39*
Myron, R. C.　*48*

N

中原淳　*120*
中堀仁四郎　*9, 14, 48*
中村和彦　*119, 120, 134, 136, 160*
中西美和　*92*
中西龍一　*112*
中野清　*12*
中野真也　*132*
中野民夫　*118*
成田善弘　*113*
Nijstad, B. A.　*54*

O

Obholzer, A.　*67*
Ormont, L.　*69*

P

Pearson, J.　*42, 43, 44, 51*
Perls, F.　*91, 92, 93, 94, 95, 96*

Polster, E.　*92*
Polster, M.　*91, 92*

R

Reddy, W. B.　*58, 59, 121, 128, 129, 130, 131, 135*
Rees, F.　*118*
Rice, P.　*73*
Ringelmann, M.　*56*
Roberts, D. F.　*43*
Roberts, V. Z.　*67*
Rogers, C. R.　*73, 75, 76, 77, 81, 83, 84, 85, 87, 92, 102, 103, 106, 109, 110, 112, 124*

S

坂中正義　*63, 73, 77, 81, 83, 85, 108, 110, 111*
Sanders, P.　*87*
Schein, E. H.　*121, 122, 135, 136*
Schön, D. A.　*47*
Schramm, W.　*43*
Schultz-Hardt, S.　*55, 56, 60*
Shannon, C. E.　*43*
Sherrington, C. S.　*36*
Singer, E.　*109*
Stroebe, W.　*57*

T

竹内敏晴　*42, 43*
寺澤悠理　*36*
徳田良仁　*38*

土屋耕治　*13*
津村俊充　*2, 7, 24, 25, 43, 44, 45, 58, 59, 60, 118, 138, 144, 147, 160*
Tuckman, B. W.　*66, 67, 134*

U

内田伸子　*43*
梅田聡　*36*

W

Wandersman, A.　*138, 159*
Warrick, D. D.　*136*
Weaver, W.　*43*
Weiss, C. H.　*158*
Wheelan, S. A.　*66, 67*
Whitman, R. M.　*73*
Williams, K. D.　*57*
Witte, E. H.　*57*

Y

Yalom, I.　*64*
山口真人　*9, 10, 12, 13, 43, 44, 45, 72, 73, 97*
山本雅美　*104*
柳原光　*10, 15, 145*
安村通晃　*43*
米山正信　*116*
吉川悟　*132*
吉野真紀　*93*

執筆者紹介

（五十音順 / ＊は編者）

青木 剛（あおき つよし）　　　南山大学 人文学部 心理人間学科 講師　【11章・12章・13章・14章・17章・18章】

池田 満（いけだ みつる）　　　南山大学 人文学部 心理人間学科 准教授　【21章・24章・27章】

伊東 留美（いとう るみ）　　　南山大学 人文学部 心理人間学科 准教授　【6章・7章】

宇田 光（うだ ひかる）　　　　南山大学 教職センター 教授　【コラム】

大塚 弥生（おおつか やよい）　南山大学 教職センター 准教授　【4章・7章】

＊楠本 和彦（くすもと かずひこ）　南山大学 人文学部 心理人間学科 教授　【2章・10章・16章・18章・19章】

坂中 正義（さかなか まさよし）　元 南山大学 人文学部 心理人間学科 教授　【コラム】

＊土屋 耕治（つちや こうじ）　　南山大学 人文学部 心理人間学科 准教授　【1章・3章・5章・9章・22章】

中尾 陽子（なかお ようこ）　　南山大学 経営学部 経営学科 准教授　【25章・26章・28章】

中西 美和（なかにし みわ）　　南山大学 人文学部 心理人間学科 教授　【15章】

＊中村 和彦（なかむら かずひこ）　南山大学 人文学部 心理人間学科 教授　【20章・23章・28章】

畑山 知子（はたやま ともこ）　南山大学 体育教育センター 准教授　【6章】

森泉 哲（もりいずみ さとし）　南山大学 国際教養学部 国際教養学科 教授　【8章】

■ 編 者

土屋 耕治（つちや こうじ）
南山大学人文学部心理人間学科准教授　修士（心理学）
専攻分野は、社会心理学、組織開発、体験学習
著書に、『対人関係の社会心理学』（共著・ナカニシヤ出版）、『体験で学ぶ社会心理学』（共著・ナカニシヤ出版）など

楠本 和彦（くすもと かずひこ）
南山大学人文学部心理人間学科教授　博士（教育学）
専攻分野は、臨床心理学、ラボラトリー方式の体験学習
著書に、『心理学 第2版』（共著・ナカニシヤ出版）、『人間関係トレーニング 第2版』（共著・ナカニシヤ出版）など

中村 和彦（なかむら かずひこ）
南山大学人文学部心理人間学科教授　教育学修士
専攻分野は、人間関係トレーニング、組織開発、グループ・ダイナミックス
著書に、『マネジャーによる職場づくり』（単著・日本能率協会マネジメントセンター）、『組織開発の探究』（共著・ダイヤモンド社）、『入門 組織開発』（単著・光文社）など

イラスト ©Loose Drawing

人間関係の学び方
人間性豊かな関係を育む「ラボラトリー方式の体験学習」の理論と実践

2024 年 11 月 20 日　初版第 1 刷発行　〔定価はカヴァーに表示してあります〕

編著者　土屋耕治・楠本和彦・中村和彦
発行者　中西　良
発行所　株式会社ナカニシヤ出版
〒606-8161　京都市左京区一乗寺木ノ本町 15 番地
Telephone　075-723-0111
Facsimile　075-723-0095
Website https://www.nakanishiya.co.jp/
Email　iihon-ippai@nakanishiya.co.jp
郵便振替　01030-0-13128

装幀＝白沢　正／印刷・製本＝創栄図書印刷（株）
Printed in Japan.
Copyright © 2024 by K. Tsuchiya, K. Kusumoto, & K. Nakamura
ISBN978-4-7795-1826-3

本書のコピー，スキャン，デジタル化等の無断複製は著作権法上での例外を除き禁じられています。本書を代行業者等の第三者に依頼してスキャンやデジタル化することはたとえ個人や家庭内の利用であっても著作権法上認められておりません。